LA TEORÍA LET THEM

La clave está en soltar

LA TEORÍA LET THEM

La clave está en soltar

Mel Robbins

con Sawyer Robbins

#1 *bestseller* de *The New York Times*

PAIDÓS

Obra editada en colaboración con Editorial Planeta – España

Título original: *The Let Them Theory*

Traducido por: © Cristina Baquerizo Castillo
Créditos de portada: © Pete Garceau
Ilustración de portada: © iStock / Getty Images
Fotografía de la autora: © Mel Robbins

Bajo el sello editorial PAIDÓS M.R.
Avenida Presidente Masaryk núm. 111,
Piso 2, Polanco V Sección, Miguel Hidalgo
C.P. 11560, Ciudad de México
www.planetadelibros.us

Primera edición impresa en esta presentación: junio de 2026
ISBN: 978-607-639-237-9

Impreso en los talleres de BR Printers
665 Lenfest Road, San Jose, CA 95133, USA.
Impreso en EE.UU. - *Printed in the United States of America*

Para mi hija, Sawyer, que me ha ayudado a escribir este libro.

*Me ha encantado compartir esta experiencia contigo,
incluso en aquellos momentos en los que querías matarme.*

Como ambas sabemos, la clave está en soltar.

ÍNDICE

INTRODUCCIÓN

MI HISTORIA

A la edad de 41 años me hallé a mí misma debiendo 800 000 dólares, sin empleo y con el negocio de mi marido —un restaurante— desmoronándose. Ambos nos sentíamos como si hubiéramos fracasado en la vida, sin perspectiva alguna de pagar aquella deuda.

Observaba con envidia cómo mis amigos lograban un éxito tras otro mientras a nosotros nos costaba incluso poder comprar comida. A mí me acababan de despedir y no tenía ni idea de qué hacer con mi vida: ya había intentado ser abogada de oficio en la Legal Aid Society de Nueva York, ser abogada en un gran bufete de Boston, trabajar en algunas empresas emergentes, dedicarme al desarrollo de negocio en una agencia de publicidad, convertirme en *coach* de vida, presentar un programa de radio de llamadas telefónicas e incluso abrir un pequeño estudio de «pinta tu propia pieza de cerámica». Me sentía completamente perdida, como si no hubiera nada en el mundo que pudiera hacer para sacarnos de aquel pozo en el que nos encontrábamos.

Para lidiar con la ansiedad y la inseguridad, mi principal estrategia fue la evasión. Posponía la alarma para evitar despertarme. Bebía para evitar el dolor. Culpaba de mis penas a mi marido para evitar asumir mi responsabilidad. Procrastinaba de mil formas diferentes para evitar buscar trabajo.

Si te has encontrado alguna vez en una situación similar, seguro que entiendes lo grandes que se vuelven las tareas más simples: levantarse de la cama, revisar las facturas, disfrutar de la compañía de tu familia, cocinar un plato rico, enviar el currículum, dar un paseo, cancelar una suscripción o incluso aceptar lo mal que lo estás pasando. Todo parece imposible. Cada mañana, al despertarme, la ansiedad me comía por dentro y me preguntaba: «¿De verdad esto es lo que me espera durante el resto de mi vida?».

¿Sabes qué es lo más gracioso de encontrarse en el fondo del pozo? Que sabía exactamente lo que tenía que hacer: levantarme, encarar la pila de facturas, llevar a mis hijos a la escuela, dar un paseo, pedirles ayuda a mis amigos, hacer y seguir un presupuesto, buscar trabajo. Y, aun así, me sentía incapaz de llevar nada de ello a cabo.

CÓMO CAMBIÉ MI VIDA

Nunca olvidaré la mañana en que todo cambió. Pospuse la alarma y me quedé ahí, tirada en la cama, completamente abrumada por todos los problemas que teníamos. Como muchos de nosotros, me sentía paralizada por mis propios pensamientos, y lo último que quería era levantarme y tener que hacer frente a otro día más.

Pero entonces, de repente, me pasó algo muy extraño: tuve una idea que acabaría cambiándome la vida. Era tan sencilla que incluso parecía una necedad. Recordé, como por arte de magia, aquella vez que vi el despegue de un cohete de la NASA y cómo hicieron la cuenta atrás: 5-4-3-2-1. Y me dije: «¿Y si hago lo mismo para despegar de la cama?».

Se trataba de algo ridículo, pero estaba desesperada, así que no perdía nada por intentarlo. Conté desde cinco hasta uno y me levanté. Así de fácil. No me permití pararme a pensar en lo cansada que estaba o en lo mucho que deseaba huir de mis problemas: simplemente actué antes de que mi cerebro pudiera disuadirme de hacerlo. Era, tal cual, como el despegue de un cohete: una vez empiezas la cuenta atrás, no hay más opción que seguir adelante.

En aquel punto de mi vida estaba ya tan acostumbrada a que mis pensamientos me paralizaran y que el miedo y el estrés me consumieran, que la idea de actuar sin darle más vueltas me era completamente ajena. Cuando me di cuenta de que, por muy mal que me sintiera, podía realizar aquello que debía hacer, me pareció todo un descubrimiento. Y funcionó.

Gracias a aquellos primeros cinco segundos logré interrumpir el círculo vicioso en el que me encontraba presa. Lo que desde fuera podía parecer una pequeña victoria fue también una revelación. Si había podido superar aquellos cinco segundos de miedo, quizás podía superar todo lo demás.

Así que empecé a aplicar esa cuenta atrás en cada aspecto de mi vida.

5-4-3-2-1. Levántate de la cama en cuanto suene el despertador.

5-4-3-2-1. Toma el teléfono y ponte a hacer contactos y a buscar trabajo.

5-4-3-2-1. Abre las facturas que llevas meses acumulando en el cajón.

Llamé a esta idea «el poder de los 5 segundos».

Es muy sencillo: en el momento en que tengas el instinto de actuar, debes moverte físicamente en un lapso de cinco segundos o tu cerebro te disuadirá. Cuenta hacia atrás: 5-4-3-2-1 y muévete. Actúa antes de que te asalten las dudas.

He aquí por qué funciona: contar hacia atrás requiere concentración y te saca del piloto automático, dándote el empujón suficiente para que empieces a actuar. Te ayuda a superar el miedo, la duda o la procrastinación. Cada vez que cuentas 5-4-3-2-1 es como tirar la primera ficha de dominó, el impulso se pone en marcha y, *BUM*, ya no estás pensando en qué tienes que hacer, porque ya lo estás haciendo. ¿Y lo mejor de todo? Una vez que empiezas a moverte, es mucho más fácil seguir haciéndolo.

Gracias a ella, me obligué a poner un pie delante del otro para, poco a poco, rehacer mi vida. No pienso mentirte: no fue fácil. Los siguientes dos años fueron de los más difíciles de mi existencia.

No es fácil pagar una deuda ni hacer frente a los problemas de tu matrimonio. No es fácil aprender a gestionar la ansiedad ni a confiar en una misma. Cuesta actualizar tu currículum y buscar trabajo cuando no estás segura de tu propia valía. Es un suplicio obligarse a seguir hábitos más saludables después de un tiempo sin cuidarse.

Y cuesta muchísimo pasarse el día trabajando para luego volver a casa, volcarte en el cuidado y la educación de tus tres hijos, pasar apenas unos minutos con tu marido y quedarte cada noche despierta hasta tarde para intentar dar con formas de ganar más dinero.

Pero eso fue lo que hice.

El poder de los 5 segundos me enseñó que la respuesta consiste en pasar a la acción. Darles vueltas a los problemas no los solucionará. Procrastinar y fingir que estás haciendo algo solo resultará en fracaso. El poder de los 5 segundos me enseñó que nadie va a venir a salvarte, sino que eres tú quien debe salvarte de ti mismo. Es imperativo que te obligues a dar pequeños pasos hacia adelante, todos los días a cada minuto, sobre todo cuando no te apetezca.

Gracias al poder de los 5 segundos dejé atrás las excusas, la ansiedad, el agobio y el miedo. Y poco a poco, día tras día, semana tras semana, fui llevando a cabo las acciones necesarias para volver a encarrilar mi vida. Luego mi marido empezó a usar la misma regla para obligarse a hacer frente a los problemas de su restaurante, y también le funcionó. Pero pasarían tres años antes de que le hablara a alguien más acerca del poder de los 5 segundos. Me costó compartir el secreto porque, para empezar, ni siquiera entendía por qué funcionaba, y, además, no me sentía en condición de dar consejos a nadie.

Pero todo eso cambió un fatídico día en el que una antigua compañera de departamento pensó en mí como la «persona perfecta» para dar una charla motivadora sobre cambios de carrera en un pequeño evento. Me imagino que la idea se debía a que yo había cambiado de camino profesional muchas veces, tantas que incluso yo había perdido ya la cuenta. La organización del evento nos pagaba a mi marido y a mí el vuelo a San Francisco y el hotel. Cuando llevas tiempo con problemas económicos, una propuesta así suena a vacaciones gratis, así que acepté dar la charla. Aquella era la primera vez que hablaba sobre un escenario, habiendo cursado una única clase de oratoria en mi vida, en el bachillerato. En cuanto me subí al avión, el pánico empezó a invadirme: «¿En qué diantres me metí?».

Al subir al escenario y ver a un público de setecientas personas observándome, me quedé en blanco. Toda yo me puse roja de vergüenza.

A continuación, me pasé veintiún minutos en el escenario, balbuceando consejos mientras internamente sufría un ataque de ansiedad. Cuando ya habían pasado diecinueve minutos, se me olvidó cómo terminar la charla, así que solté el poder de los 5 segundos porque no se me ocurría nada más que decir. Luego me imagino que me desmayé, porque no recuerdo la parte en la que le di a la audiencia entera mi dirección de correo electrónico. Mientras bajaba del escenario, pensé que aquella había sido la peor experiencia de mi vida. Menos mal que se había terminado.

Bueno, pues resulta que ese pequeño evento fue una de las primeras charlas TEDx que se celebraron. Mi participación fue grabada y, un año después, publicada en internet. El video no solo se volvió viral: se convirtió en una de las charlas TEDx más vistas de todos los tiempos. Así que el poder de los 5 segundos se difundió por todo el mundo gracias al boca a boca y, conforme lo hacía, empecé a recibir en la dirección de correo que había dado en la conferencia mensajes en los que diferentes personas me contaban cómo la regla les estaba cambiando la vida. Aquellos correos me llegaron tan al corazón que, tras acostar a mis hijos, me quedaba despierta hasta tarde respondiéndolos todos uno a uno.

Cuando me encontraba tan atrapada en mis problemas, me sentía la única persona en el mundo a la que le costaba encarar las cosas que debía hacer. No es cierto: a todos nos cuesta encontrar, a veces, la motivación necesaria. Es un asunto universal, y el poder de los 5 segundos resultó no funcionarme solo a mí, sino a muchas personas distintas en todo el globo.

Las historias que me encontré en aquellos correos me resultaron fascinantes: el poder, en toda su simplicidad, había ayudado a la gente a superar el miedo, la procrastinación y las excusas para cambiar de trabajo, perder peso, dejar de beber, emprender negocios o mejorar su salud y sus matrimonios. Sus usos médicos y clínicos me dejaron sin palabras: médicos y psicólogos la utilizaban para tratar el trastorno de estrés postraumático, el TOC y la depresión. Hace poco, de hecho, me enteré de que también se está usando como medio de prevención del suicidio.

Conforme aquella charla TEDx se fue haciendo más y más viral, empezaron a lloverme invitaciones para hablar en otros eventos. Me llamaron, por ejemplo, para impartir una miniconferencia en un bar, dirigida a agentes inmobiliarios. Recuerdo la vergüenza que me dio estar allí de pie, cerveza en mano, intentando hablar por encima de la música y el bullicio de la sala de al lado. Pero lo hice. Di charlas en sótanos de iglesias, clases de bachillerato, en el trabajo de un amigo... y, poco a poco, todo fue creciendo.

Lo pasaba fatal cada vez que me enfrentaba a un micrófono, y encima ni siquiera me pagaban. Pero cuanto más hablaba de la regla y más cuenta me daba de su poder, de sus consecuencias, más quería entender la razón por la que un truco tan sencillo tenía unos resultados tan increíbles.

Así que empecé a investigar los hábitos y los comportamientos humanos y la ciencia detrás de la motivación, buscando comprender por qué aquella simple cuenta atrás desde cinco funcionaba. Asimismo, reuní testimonios de personas corrientes que la habían utilizado, y también hablé con terapeutas, médicos y especialistas de todo tipo que se la recomendaban a sus pacientes. Todas las pruebas apuntaron a una explicación sencilla:

Los pasos pequeños, pero consistentes, tienen el poder
de cambiarlo todo.

Mientras tanto, mis amigos y familiares no tenían ni idea de lo que estaba pasando en mi vida porque me asustaba contárselos. Me daba miedo que pensaran: «¿Mel dando consejos? Pero si casi arruinó su propia vida».

En aquel momento, mi marido se había rendido del todo con el restaurante y sufría depresión. Todavía teníamos deudas que pagar, por lo que yo trabajaba a tiempo completo para intentar mantener a flote a los cinco miembros de la familia, mientras dedicaba las noches y los fines de semana a impartir charlas en pequeños eventos y, a la vez, escribir un ensayo sobre la motivación.

Ya por aquel entonces tenía claro que quería dedicarme profesionalmente a esto, pero no sabía cómo lograrlo. Ahora, mirando hacia atrás, me doy cuenta de lo impedida que me encontraba por culpa del síndrome de la impostora. ¿Qué derecho tenía, después de todo, a considerarme una experta en algo? Así que me dedicaba a esperar a que alguien me diera permiso para hacerlo.

Puede que ese sea el punto en el que tú te encuentres ahora: esperando el momento perfecto, esperando a encontrarte preparado o, al menos, un poco menos asustado; esperando a que alguien venga y te diga que hoy es el día. Pero el problema de esperar es que no va a aparecer nadie. El único permiso que te hace falta conseguir es el tuyo propio.

En mi caso, elegir intentar de verdad ganarme la vida como oradora motivacional fue una de las mejores decisiones que he tomado nunca. Te contaré más al respecto en capítulos posteriores.

Una vez que empecé a ganar dinero con ello, me centré en liquidar la deuda que teníamos. El primer año di diecisiete charlas pagadas; el siguiente, cuarenta y siete, y pude dejar mi antiguo trabajo. No daba crédito a lo que estaba pasando. El tercer año la cifra ascendió a noventa y nueve charlas, e hice una gira por veinticuatro ciudades con JPMorganChase. Me había convertido en la oradora más solicitada del mundo, contratada por compañías que admiraba.

¿Y cómo empezó todo? Obligándome a levantarme de la cama a pesar de sentirme incapaz. Aprender a encontrar en ti mismo la motivación necesaria para pasar a la acción por mucho miedo, dudas o ansiedad que sientas es una habilidad que todos podemos aprender. Una vez que la dominas, entiendes que puedes conseguir lo que te propongas a través de pequeños, pero constantes, pasos hacia adelante.

De repente estaba de viaje ciento cincuenta días al año, llenando conferencias sobre el poder de la motivación y el poder de los 5 segundos mientras mi marido cuidaba de nuestros hijos. Así pues, mi oratoria y mis conocimientos fueron creciendo más y más. Llegué a impartir una conferencia ante una audiencia de 27 000 personas.

Atletas profesionales, médicos, neurocientíficos, autores superventas y algunas de las marcas más famosas del mundo empezaron a recomendar mi trabajo. Tuve que hacerme un boletín electrónico porque ya no me era posible seguir respondiendo a todos los correos que me llegaban; de hecho, terminé pidiéndole al equipo de TEDx que eliminaran mi dirección de email del video.

Cuando la gente me pregunta si tengo algún doctorado o si fui psicóloga en el pasado, siempre respondo lo mismo: «No, he aprendido todo lo que sé a la mala: casi arruinando mi propia vida y teniendo que arreglarla».

En 2017, por fin, tras años de experiencia e investigación a las espaldas, pude publicar un libro sobre el tema: *El poder de los 5 segundos*. Se convirtió en la sexta obra más leída del año en Amazon, y su audiolibro, en el de mayor éxito de la historia hasta el momento. El libro ha sido traducido ya a cuarenta y un idiomas, por lo que millones de personas han podido disfrutarlo.

A lo largo de todo este tiempo desde que empecé como oradora, he descubierto tres cosas importantes.

En primer lugar, que la mayoría hacemos lo que podemos por seguir adelante, pagar las facturas, formar una familia, enamorarnos, divertirnos y sentirnos realizados. Todo lo que deseamos es dar con formas sencillas de ser un poco más felices y mejorar nuestra vida dentro de lo posible. Y no solo lo deseamos para nosotros mismos, sino también para aquellos que nos rodean.

En segundo lugar, que, según me dicen siempre, tengo una capacidad asombrosa para sintetizar ideas complejas e investigaciones científicas en consejos sencillos y prácticos que cualquiera puede aplicar en su día a día.

Y en tercer lugar, que nada me hace más feliz que compartir mis aprendizajes y hallazgos con los demás.

Así que me he propuesto dedicar mi vida a encontrar y difundir herramientas sencillas que nos ayuden a mejorar nuestra existencia. Y la clave aquí está en «sencillas», porque el objetivo es usarlas. Por ejemplo, ¿sabías que chocarte los cinco en el espejo es una de las formas más rápidas de ganar confianza en ti mismo? Es el tema principal de mi libro *1 hábito para cambiarte la vida*, porque una vez que lo descubrí, no pude sino investigarlo todo sobre ello y querer compartirlo con ustedes.

Cuanta más gente recomendaba el poder de los 5 segundos y el hábito para cambiarte la vida, más instituciones, compañías, medios de comunicación y marcas me pedían contenido para sus equipos y audiencias. Así que creé una empresa con sede en Boston, 143 Studios, que produce contenidos de calidad, eventos, pódcast, cursos, libros y formación profesional para clientes como Starbucks, Audible, Ulta Beauty, JPMorganChase, LinkedIn y Headspace.

En 2022 dimos vida al pódcast *The Mel Robbins Podcast*, que se escucha actualmente en 194 países y es uno de los programas más populares del mundo. Más de un millón de alumnos han completado nuestros cursos gratuitos. Y aquel pequeño boletín electrónico llega ahora dos veces por semana a las bandejas de entrada de un millón y medio de personas. Puedes encontrar más información sobre mi empresa, el pódcast, los cursos, etcétera, en mi página web: <www.melrobbins.com>.

Es mucho lo que he conseguido, y todo ello sin tener experiencia previa ni los estudios «adecuados». Simplemente me obligué a hacerlo. Tenía 41 años cuando di aquella primera charla TEDx muerta de ansiedad, y 46 cuando me pagaron por primera vez por una conferencia. Tenía 49 años cuando autopubliqué mi primer libro, y 50 cuando monté mi empresa. Y tenía 54 años cuando lancé uno de los pódcast de más rápido crecimiento del mundo.

Mi vida no cambió por una sola cosa, sino que lo hizo gracias a todas esas mañanas en las que no me sentía con fuerzas para salir de la cama, pero conté atrás desde cinco y me obligué a ello.

CAMBIAR DE VIDA NO ES AGRADABLE: ES AGOTADOR

No alcancé el éxito ni la libertad financiera gracias a una magia secreta, sino que conseguí lo que me propuse porque estaba dispuesta a hacer aquello que mucha gente no: madrugar cada día e, independientemente de cómo me sintiera, pasarme más de una década avanzando, poco a poco, hacia mis objetivos, un proceso sumamente lento. Algunos días solo era capaz de centrarme en intentar ser un poco mejor que el día anterior. Aunque suene extraño, esto suele ser muchas veces lo único que hace falta hacer. No soy una persona especial ni diferente ni más afortunada que el resto: simplemente encontré las herramientas que me funcionaban. Ahora, mi propósito laboral y vital es enseñar a los demás a utilizar esas mismas habilidades.

No te cuento esto para presumir, sino para que entiendas que no tienes ni la menor idea de todo de lo que eres capaz de conseguir, pues yo tampoco era consciente de ello. Si he alcanzado estos éxitos ha sido gracias a pasar a la acción, lo que significa que tú también puedes.

No va a llegar jamás el momento en el que te sientas preparado para cambiar: más bien, llegará el día en el que te canses de tus propias excusas y te obligues a actuar. No va a apetecerte de repente empezar a ir al gimnasio, así que ve y punto. No va a apetecerte nunca tener una conversación difícil, así que deja de huir y da el primer paso. Las ganas de buscar un mejor trabajo no van a aparecer de forma espontánea, así que simplemente dedícate a ello.

El poder de los 5 segundos te ayudará a superar tus obstáculos internos y a pasar a la acción cuando no halles motivación en ningún lugar. Y si eres constante, te sorprenderá descubrir todo lo que puedes lograr con ella. La cuenta atrás funciona porque nos permite ganar las batallas que luchamos contra nosotros mismos, pero no puede eliminar de nuestro camino los problemas que la vida nos pone por delante. Da igual cuántas veces cuentes hacia atrás desde cinco: no desaparecerán los atascos de tráfico, las personas maleducadas, los malos jefes, los juicios ajenos, los comentarios pasivo-agresivos ni los conflictos familiares. Aunque si algo es cierto es que, cuanto más uses el poder de los 5 segundos, cuanto más te esfuerces por mejorar, más querrás que los demás también lo hagan.

Eso es lo que nos trae al libro que ahora sostienes en las manos.

Me he pasado toda una década trabajando en el desarrollo personal, pero en este tiempo nunca me he centrado en el factor que, según la ciencia, más condiciona la felicidad: las relaciones. He aquí el porqué de esta obra. Ha llegado el momento de abordar la forma de tratar con otras personas y de profundizar en el secreto para mejorar las relaciones que tenemos con los que forman parte de nuestra vida.

Hace dos años me topé con una idea que me cambió la forma de pensar: el concepto de soltar, de dejar que los demás piensen, hagan o digan lo que sea. Lo llamé «la teoría *Let Them*».

El poder de los 5 segundos mejoró mi relación conmigo misma.

La teoría *Let Them* mejoró mi relación con los demás.

Permíteme explicártelo.

El poder de los 5 segundos es una herramienta de AUTOSUPERACIÓN, de crecimiento personal. Eso significa que te ayudará a salir de la cama, ir al gimnasio, escribir, encarar las facturas, arriesgarte, apuntarte a esa clase a la que quieres ir, poner lavadoras atrasadas, etcétera. Cada vez que cuentes 5-4-3-2-1 te estarás ayudando A TI MISMO a vencer las dudas, el miedo, la procrastinación y la ansiedad, y estarás, pues, aprendiendo a pasar a la acción independientemente de cómo te sientas. Por eso funciona.

Pero durante estos años no he parado de preguntarme: «¿Por qué siento siempre la necesidad de seguir avanzando? ¿Por qué me da tanto miedo equivocarme, fracasar? ¿Por qué me pongo tan nerviosa por arriesgarme a algo? ¿Por qué me cuesta tanto pedir lo que necesito? ¿Qué es exactamente lo que se interpone en mi camino?».

¿Te has preguntado alguna vez lo mismo? ¿Por qué dudas, qué provoca que procrastines o que estés tan cansado? ¿Por qué sobrepiensas tanto cada decisión? ¿Qué reside bajo tanta inseguridad en ti mismo? ¿Qué te impide realizar lo que tienes que hacer o vivir la vida que deseas? ¿De qué tienes miedo? A mí me costó mucho aceptar la respuesta: los demás. O, más bien, cómo dejaba yo que los demás me influenciaran. Dedicaba demasiado tiempo y energía a preocuparme por los demás, por lo que hacían, decían, pensaban, sentían o esperaban de mí, cuando la realidad es que no puedes controlar nada de ello por ningún medio. Y, aun así, vivimos como si pudiéramos.

Como si, por decir lo correcto, fuéramos a caerle bien a todo el mundo. Como si nuestro jefe fuera a respetarnos por trabajar más y más. Como si, por hacer lo que tu madre quiere o lo que hace felices a tus amigos o lo que se espera de ti, fueras a estar en paz. No es así.

En este libro, veremos cómo la teoría *Let Them* puede ayudarte a ser libre. Libre de las opiniones ajenas, los dramas, los juicios de los demás. Libre del agotador círculo vicioso de intentar controlarlo todo y a todos los que te rodean.

Es posible vivir mejor. La teoría que te enseño en este libro sobre cómo soltar es un método probado que te enseñará a proteger tu tiempo y tu energía, para que puedas así centrarte en aquello que de verdad importa. Nos esforzamos demasiado por conseguir la aprobación de los otros y por hacerlos felices, así como les damos demasiada importancia a sus opiniones. Es hora de, por fin, dejar de malgastar nuestra energía y empezar a construir una vida en la que nos demos la importancia que merecemos, a nosotros y a nuestros sueños, metas y felicidad. ¿Y sabes qué es lo mejor? Que esto no solo mejorará tu vida, sino que transformará por completo la de todos los que te rodean.

CÓMO TE AYUDARÁ ESTE LIBRO

En este libro profundizaremos en el cómo soltar: en qué consiste, por qué funciona y cómo aplicarlo en las ocho áreas clave de la vida. Para desarrollarlo nos apoyaremos en investigaciones científicas, testimonios reales y consejos, e incluso en la filosofía antigua —como el estoicismo—, algunas modalidades terapéuticas, las enseñanzas fundamentales de las principales religiones del mundo y otras prácticas espirituales, pues, en realidad, es un concepto con raíces remotas. Aunque mucho de lo que veremos se encuentra sustentado por la ciencia, esta obra no es un ensayo, pues está pensada para aplicar los principios que se explican en ella en la vida de cualquier persona. Es por ello que presenta un estilo divulgativo, fácil de entender, divertido de leer y repleto de historias reales y consejos. También por ello encontrarás resúmenes de cada parte al final de las mismas, para que, de esta forma, puedas tener a mano los conceptos clave.

Deseo que te sumerjas en las páginas siguientes y pruebes de primera mano todo lo que en ellas te cuento. Lo primero que descubrirás con la lectura es cómo has vinculado sin darte cuenta tu felicidad a las opiniones, los sentimientos y los comportamientos de otras personas, saboteando así tu capacidad para ser más feliz, tener más salud y conseguir lo que quieres.

Todo ello termina ahora, con este libro. Si eres capaz de comprometerte a prestar atención a la lectura y probar a poner en práctica lo que aprendas en ella, te lo garantizo: tu vida será un poco más fácil y tus relaciones, mucho mejores. El camino que estás a punto de emprender será una de las cosas más liberadoras y fortalecedoras que jamás experimentarás. Y todo comienza con un simple concepto: la clave está en soltar.

LA TEORÍA *LET THEM*

CAPÍTULO 1

DEJA DE DESPERDICIAR TU VIDA PREOCUPÁNDOTE POR COSAS QUE NO PUEDES CONTROLAR

Si te gustaría cambiar tu vida, alcanzar ciertas metas o sentirte más feliz y no lo consigues, quiero que sepas algo: el problema no eres tú, sino la energía, el poder, que le das a otra gente sin darte cuenta.

Todos nosotros lo hacemos, normalmente sin ni siquiera ser conscientes de ello. Creemos que, si decimos lo correcto, a todo el mundo le parecerá bien. Que, si cedemos, nuestra pareja estará contenta. Que si somos más simpáticos, caeremos mejor a nuestros compañeros de trabajo. Que si no nos molestamos por nada, nuestra familia dejará de juzgarnos.

Sé cómo es porque yo también he estado ahí. Me dediqué durante años a intentar serlo todo para todo el mundo, creyendo de corazón que si conseguía llegar a todo, decir lo correcto y hacer felices a los que me rodeaban, lograría por fin sentirme bien conmigo misma.

Sin embargo, ¿qué es lo que suele ocurrir? Que te esfuerzas, cedes más y más y te haces diminuta y, aun así, siempre hay alguien a quien algo no le parece bien, siempre hay juicios. Y terminas pensando que da igual lo que hagas: nunca nada es suficiente.

Pero no tiene por qué ser así, y para eso está este libro: para ayudarte a recuperar tu poder, a recuperar tu tiempo, energía y felicidad dejando de intentar controlar cosas que se hallan fuera de tu control, como las opiniones, y los comportamientos y los actos ajenos, para, en cambio, centrarse en lo único que sí puedes controlar: tú mismo.

Y aquí se encuentra la primera de muchas claves: cuando dejas de intentar controlar todo y a todos, te das cuenta de que tienes más poder, más autoridad, de lo que pensabas. Simplemente, estabas cediéndoles tus capacidades a otros sin darte cuenta.

Permíteme presentarte la idea más sencilla, pero revolucionaria, que conozco: la teoría *Let Them*.

LA TEORÍA *LET THEM:* EN QUÉ CONSISTE

Este concepto tan simple consiste en ser más libre: libre de la maldición de intentar controlar a los demás. Cuando dejas de obsesionarte con lo que la otra gente piensa, dice o hace, encuentras por fin la energía necesaria para centrarte en tu propia vida. Dejas, así, de reaccionar y empiezas a vivir. En vez de volverte loco tratando de controlar o complacer a los que te rodean, aprendes a soltar.

Pero ¿en qué consiste esto concretamente? Imagina que estás en el trabajo y uno de tus compañeros tiene un mal día; en vez de permitir que su mal humor te afecte, dite: «Déjalo». Déjalo estar gruñón: no es tu problema. Céntrate en tus tareas y en cómo te sientes tú.

O imagina que tu padre suelta otro comentario despectivo sobre una decisión tuya y te molesta. En vez de permitir que te arruine el día, repite: «Déjalo». Déjalo juzgarte, pues sus opiniones no cambian quién eres o lo que has logrado o tu derecho a tomar las decisiones que te hagan feliz.

La realidad es que los demás no tienen poder sobre ti a menos que se los permitas.

¿Y por qué funciona? Porque cuando dejas de intentar controlar cosas que no dependen de ti, dejas de desperdiciar energía. Te das cuenta del valor de tu tiempo, de tu paz mental y de tu capacidad de concentración. Te das cuenta de que tu felicidad es indisoluble de tus acciones, pero no de los comportamientos, estados de ánimo u opiniones ajenas.

Parece fácil, y lo es: por eso este concepto tiene el poder de cambiarlo todo. Y, sea cual sea su título, esta obra trata sobre ti, tu tiempo y tu energía, porque son los recursos más preciados que posees.

La idea de aprender a soltar te enseñará que cuanto más dejamos que los demás vivan su vida como quieran, más disfrutamos de la nuestra; que cuanto más les permitimos ser ellos mismos, o sentir o pensar lo que les venga en gana, más mejoran nuestras relaciones.

Aprender a dejar que los adultos sean adultos es algo que a mí, sin duda, me ha cambiado la vida. Estoy segura de que también te la cambiará a ti, sobre todo porque dejarás de regalar tu energía de forma inconsciente y empezarás, pues, a descubrir todo tu poder.

Sin embargo, puede que lo que más te sorprenda de toda esta idea es cómo di con ella. Siendo sincera, me da hasta vergüenza contarlo. Se reveló ante mí, cambiando por completo mi forma de ver la vida hasta entonces, en… un baile de graduación de bachillerato. (¡Vaya!, una frase que jamás pensé que escribiría).

EL MOMENTO QUE LO CAMBIÓ TODO

No sé qué pasa con los bailes de graduación pero, Dios mío, qué estresantes son. Después de haber pasado cuatro con nuestras dos hijas, me atreví a creer que la de nuestro hijo Oakley sería un paseo. Me equivoqué.

Nuestras hijas se obsesionaron durante meses con cada detalle: los vestidos, los acompañantes, los peinados, el autobronceado, el maquillaje, los ramilletes, las ubicaciones, las fiestas de después. Era el cuento de nunca acabar, por lo que no pude estar más contenta cuando sus graduaciones por fin pasaron.

Nuestro hijo, por el contrario, ni siquiera tenía claro si él y sus amigos irían al baile. A pesar de mi insistencia, no nos contó nada: no teníamos ni idea de qué se le pasaba por la cabeza. (Creo que todos aquellos con un hijo, hermano o novio saben de lo que hablo).

Pero luego, por supuestísimo en la misma semana del evento, decidió que quería ir. Todo se convirtió, pues, en una carrera a contrarreloj: el esmoquin, los tenis especiales que sí o sí quería llevar, la organización. Incluso dejó para las últimas cuarenta y ocho horas el tema de buscar acompañante, algo por lo que mis hijas se pasaron meses agonizando.

Cuando por fin llegó el gran día, milagrosamente tenía el esmoquin, los tenis deseados, una cita y hasta lugar y hora para tomarse unas cuantas fotos. Encima, aún no sé cómo, nos había convencido para ser los anfitriones de la fiesta posgraduación. ¡Uf!

Justo antes de que saliéramos corriendo por la puerta, mi marido, Chris, le colocó de nuevo bien la corbata de moño a Oak una última vez. Nuestra hija Kendall, que iba ya a la universidad pero se encontraba ese día en casa, miró a su hermano pequeño y le dijo: «Estás realmente guapo, Oakley».

Sus palabras me hicieron detenerme a saborear el momento. La verdad era que nuestro hijo se había convertido en un joven muy guapo. Me costó aceptar lo rápido que aquellos últimos dieciocho años habían pasado, o que Kendall estuviera ya terminando la carrera, o que nuestra otra hija, Sawyer, se hubiera graduado ya y estuviera trabajando para una importante empresa tecnológica en Boston.

Ahí, de pie en medio de la cocina, dejé que aquella certeza me invadiera: el tiempo volaba por mucho que yo deseara que avanzara más despacio. Esa es la cruel realidad del tiempo: nunca cesa en su avance, da igual el ritmo al que vayamos nosotros. El tiempo que tenemos para disfrutar de las personas que queremos es como un cubito de hielo bajo el sol. Un instante está aquí, pero al siguiente ya no.

Y la triste verdad es que ni tú ni yo podemos impedir que ese cubito de hielo se deshaga. Lo único que sí podemos hacer es aprovechar al máximo el tiempo que tenemos con la gente que amamos. En momentos como aquel, en los que me detengo y soy consciente del avance imparable del tiempo, siempre me pongo un poco triste. No sé tú, pero la impresión que yo tengo es que continuamente estoy yendo a contrarreloj, sin permitirme disfrutar del presente. Y me preocupo tanto por cosas que no importan que arruino los breves momentos que poseo con mis seres queridos.

¿De verdad tenía, por ejemplo, que estresarme tanto porque Oakley lo hubiera dejado todo para última hora y pagarlo con él? No.

Seguro que alguna vez te ha pasado algo parecido, incluso si no tienes hijos ni graduaciones. Tal vez hayas dejado que los comentarios de tu familia te arruinen unas vacaciones juntos, o hayas tenido tanto trabajo o deberes que hayas cancelado otro plan más con tus amigos. Nos pasamos años permitiendo que cosas que no tienen importancia nos consuman, nos agobien, y olvidamos que el sentido de la vida es vivirla.

Mientras Chris le colocaba bien la corbata de moño a mi hijo en medio de la cocina, entendí todo esto de golpe. Respiré profundamente, me acerqué a Oak y lo abracé. Luego lo miré a los ojos y le dije: «Qué guapo eres». «Gracias, mamá», me respondió antes de darse cuenta de qué hora era y soltar: «Ey, tenemos que irnos!».

Y en ese instante aquel momento se esfumó y el tiempo volvió a correr. La vida es irónica: en un instante te lamentas del paso del tiempo y de lo mayores que tus hijos se han hecho, y al siguiente estás buscando las llaves del coche y maldiciendo porque alguien de nuevo dejó los platos en el fregadero.

Antes de salir de casa, abrí el refri para sacar el bonito ramillete que había hecho para la cita de Oakley. Él le echó un vistazo y me dijo: «Mamá, ella no quiere ramilletes. Ni se te ocurra dárselo».

Me le quedé mirando.

«Pero me quedó muy bien —repliqué—. ¿Estás seguro?».

«Ya te lo dije, no le gustan».

«Bueno, ¿y si lo llevo por si acaso, y así si le gusta puede ponérselo y si no, no?».

Entonces Oakley me gritó:

«¡Mamá, por Dios! Que no quiero que lo traigas».

Busqué con la mirada a mi hija Kendall para pedirle en silencio que me apoyara. Ella, no obstante, negó con la cabeza y me dijo: «Mamá, déjalo. Está nervioso. Apenas conoce a la chica con la que va a ir... No le metas aún más presión».

Lo cierto es que me molestó, incluso me dolió. Me había pasado un buen rato en internet buscando qué flores estaban de moda para las graduaciones, se me había ocurrido una combinación muy linda y me había tomado la molestia de acercarme a la florería del barrio para pedirlas, comprarlas y, por supuesto, pagarlas. Todo por tener un detalle con mi hijo y, en vez de darme las gracias, se había enojado conmigo. Además, era su primera graduación... así que qué sabría él.

Me guardé el ramillete en el bolso y nos fuimos al estudio donde iban a tomarse las fotos. Una vez allí, Oakley nos presentó a la chica a la que le había pedido ser su acompañante, la cual había traído una flor para el saco de Oak y le preguntó a Chris si podía ponérsela. Yo, claro está, no pude contenerme. Saqué del bolso el ramillete como si fuera un billete dorado y le dije: «Oakley me dijo que tú no querías nada, pero te hice esto por si acaso».

Mi hijo me atravesó con la mirada, por lo que deseé no haber hablado. Luego le pidió perdón: «No tienes por qué ponértelo». Pero la chica le respondió: «No pasa nada, no me importa ponérmelo».

Y entonces es cuando me di cuenta de que ella se había hecho su propio ramillete, que ya llevaba puesto en una de sus muñecas. Kendall puso los ojos en blanco. Chris suspiró. Si hubiera podido desaparecer, lo habría hecho sin pensármelo dos veces.

Oakley me quitó el ramillete de la mano y se lo colocó en la muñeca libre, que ella había extendido por educación. Luego Chris le colocó la flor a nuestro hijo en el esmoquin y nos tomamos unas cuantas fotos, hasta que, de repente, empezó a llover.

Y con «llover» me refiero a «diluviar». No se había hablado de precipitaciones en el parte meteorológico, por lo que ninguno de los niños ni de los padres presentes tenía un impermeable o un paraguas.

Lo único en lo que podía pensar era en que los chicos iban a empaparse, pero entonces me di cuenta de que a ellos no parecía importarles. Seguían hablando en grupo, y ahí fue cuando oí que uno decía: «Bueno, ¿adónde vamos a cenar?». Me acerqué a Oakley y le pregunté en un susurro: «¿No reservaron en ningún lugar?». Me respondió que no. Miré a mi marido y entré en pánico: «¿¡No reservaron en ningún lugar!?». Él se encogió de hombros: «Pues parece que no».

Nada de aquello daba la impresión de molestarles, ni a mi marido ni a mi hijo. Pero a mí... vaya que sí me molestaba. ¿Cómo podía ser que veinte niños no solo no hubieran reservado, sino que ni siquiera habían pensado dónde cenar? Para sus graduaciones, mis hijas reservaron la cena con meses de antelación.

Oak y sus amigos siguieron un rato más viendo qué hacer. Yo, ansiosa, les pregunté de nuevo: «Bueno, chicos, ¿dónde van a cenar?». Mi hijo me miró y, en un tono que solo un adolescente sabe usar, me dijo: «Creo que en el Amigos». El Amigos es una taquería maravillosa del centro..., pero muy chica, con como mucho cuatro mesas. Todas las madres nos quedamos de piedra, e incluso los padres se dieron cuenta de que el plan era malo: veinte jóvenes vestidos de gala andando hasta el centro bajo un diluvio, sin paraguas ni impermeables, para cenar en un restaurante de comida rápida en el que quizás no cabían ni diez de ellos... ¿y todo eso antes de la graduación?

Obviamente, no pude quedarme sin hacer nada. ¿Te ha pasado alguna vez que tu cuerpo va más rápido que tu cabeza y no puedes evitar decir o hacer algo irracional? En mi defensa, no fui la única madre que intervino: unos cuantos padres se arremolinaron alrededor de sus hijos para intentar ver qué hacer. Yo saqué el teléfono y me puse a llamar a restaurantes en los que cupiesen todos para ver si tenían espacio para veinte.

Pero no había nada libre, en ningún lado. Noté que Kendall me observaba, impasible, mientras yo me dirigía al resto de los padres: «Imposible. Voy a llamar a alguna pizzería a ver si pueden traernos unas *pizzas* aquí mismo». Y entonces fue cuando mi hija se me acercó, me agarró y me miró a los ojos: «Mamá, si Oak y sus amigos quieren ir a una taquería, *déjalos*».

«Pero no van a caber todos, y se van a empapar», le respondí.

«Pues *déjalos* que se empapen, mamá».

«Pero va a arruinar sus tenis nuevos».

«*Déjalos*».

«Kendall, ¡son nuevos!».

«¡Mamá, no es asunto tuyo! *Déjalos* presentarse a la graduación empapados. *Déjalos* comer donde les dé la gana. Es su graduación, no la tuya».

Déjalos...

El efecto que sus palabras tuvieron en mí fue inmediato. Algo dentro de mí cambió. Pude sentir la tensión disipándose, mi mente acallándose, el estrés de tratar de controlarlo todo esfumándose. ¿Por qué necesitaba intentar solucionarles la vida, controlar la situación? ¿Por qué no estaba pensando en lo que iba a cenar yo, en vez de lo que iban a o no hacer ellos? De hecho, ¿por qué me estresaba por ellos?

«*Déjalos*: es su graduación, no la tuya». Deja de intentar que todo salga bien, deja de juzgarlos, deja de intentar solucionarles la vida. *Déjalos*.

Así que eso fue lo que hice. Mientras otros padres seguían intentando razonar con sus hijos, me acerqué a Oakley y le sonreí. «¿Y ahora qué?», me espetó. «Toma, cuarenta dólares para el Amigos —me despedí—. Pásenla genial». En su cara apareció una sonrisa gigante. Me abrazó y me dijo: «Gracias, mamá. Lo haremos».

Luego los observé internarse en la tormenta. Oak y su acompañante corrieron bajo la lluvia, llenando de lodo el vestido de ella y los tenis de él. Y me dio igual. De hecho, me pareció una escena bastante bonita.

Lo que no podía ni imaginarme era que aquel momento cambiaría para siempre mi forma de ver la vida.

DÉJALOS

Al cabo de una semana, me sorprendió darme cuenta de lo diferente que me sentía. Había empezado a repetirme las palabras de mi hija cada vez que algo me agobiaba, me frustraba... y, al hacerlo, había descubierto que la mayoría de las veces que no me sentía bien era por algo relacionado con los demás.

Deja que los *bagels* se agoten en la panadería.

Deja que Oakley se enoje porque no le permito quedarse hasta tarde por ahí.

Deja que la abuela lea las noticias en voz alta.

Deja que hagan obras que produzcan un embotellamiento un lunes por la mañana.

Déjalos no meter los platos en el lavavajillas.

Deja que el perro del vecino ladre todo el día.

Deja que mi familia llegue tarde a absolutamente todo.

Deja que mis parientes juzguen mi carrera profesional.

Deja que a la gente no le guste la foto que acabo de publicar.

Deja que mi suegra no coincida conmigo en mis decisiones de crianza.

Un concepto tan simple —el dejar, el soltar— lo había cambiado todo. Era como si, de repente, muchas cosas no me importaran, como si me encontrara por encima de ellas. Aquello que solía molestarme, de pronto... no lo hacía. La gente que me sacaba de quicio simplemente me daba igual. La mano férrea con la que trataba de asir la vida había empezado a aflojarse. Situaciones que, por lo general, me hubieran preocupado o me hubieran hecho quejarme, ya no me afectaban. El espacio mental que antes les dedicaba a asuntos banales, tonterías y dramas aleatorios ahora estaba libre para albergar cosas más importantes.

Cuanto más soltaba, más cuenta me daba de que mucho de lo que siempre me había preocupado no valía mi tiempo, no se merecía mi atención, y que no todo el mundo era digno de mi energía. Tomar conciencia de aquello me resultó liberador. Y cuanto más soltaba, más tiempo tenía para mí misma. Tiempo para pensar, para respirar, para divertirme. Tiempo para dedicarlo a las cosas que sí me importaban de verdad. Tiempo para cuidarme a mí misma.

Al hacerlo, me sentía a gusto, feliz y centrada. El cambio fue innegable; incluso Chris se dio cuenta de que algo en mí era ahora diferente, y la realidad era que me sentía diferente. Me encontraba tan bien de repente que tuve el impulso de compartir mi descubrimiento en redes sociales, por lo que publiqué un video de un minuto en el que decía lo siguiente:

> Si tus amigos no te invitan a almorzar este fin de semana, déjalos. Si la persona que te gusta no desea comprometerse, déjala. Si tus hijos no tienen ganas de acompañarte a ese sitio, déjalos. Malgastamos demasiado tiempo y energía intentando forzar a los demás a cumplir con nuestras expectativas. Si alguien —una persona que te gusta, un compañero del trabajo, un pariente— no actúa como a ti te gustaría, no lo fuerces a cambiar. Déjalos ser ellos mismos, pues te están demostrando quiénes son. Simplemente, déjalos, y luego decide qué quieres hacer tú.

En veinticuatro horas, más de 15 millones de personas lo habían visto. En una semana, 60 millones, y el video había recibido decenas de miles de comentarios. Los medios de comunicación empezaron a escribir artículos sobre mi teoría y su eficacia. Gente de todo el mundo me escribió mensajes con preguntas, historias personales y ejemplos de cuándo usaban mi consejo. Psicólogos y terapeutas desarrollaron la idea en sus blogs.

Me sorprendió tanto la inmensa e inmediata respuesta que grabé un episodio de mi pódcast al respecto, el cual también se hizo viral: Apple lo nombró el sexto episodio de pódcast más compartido del año a nivel mundial.

Y aquello era solo el principio, porque entonces empezaron a llegarme imágenes de gente que se había tatuado el concepto.

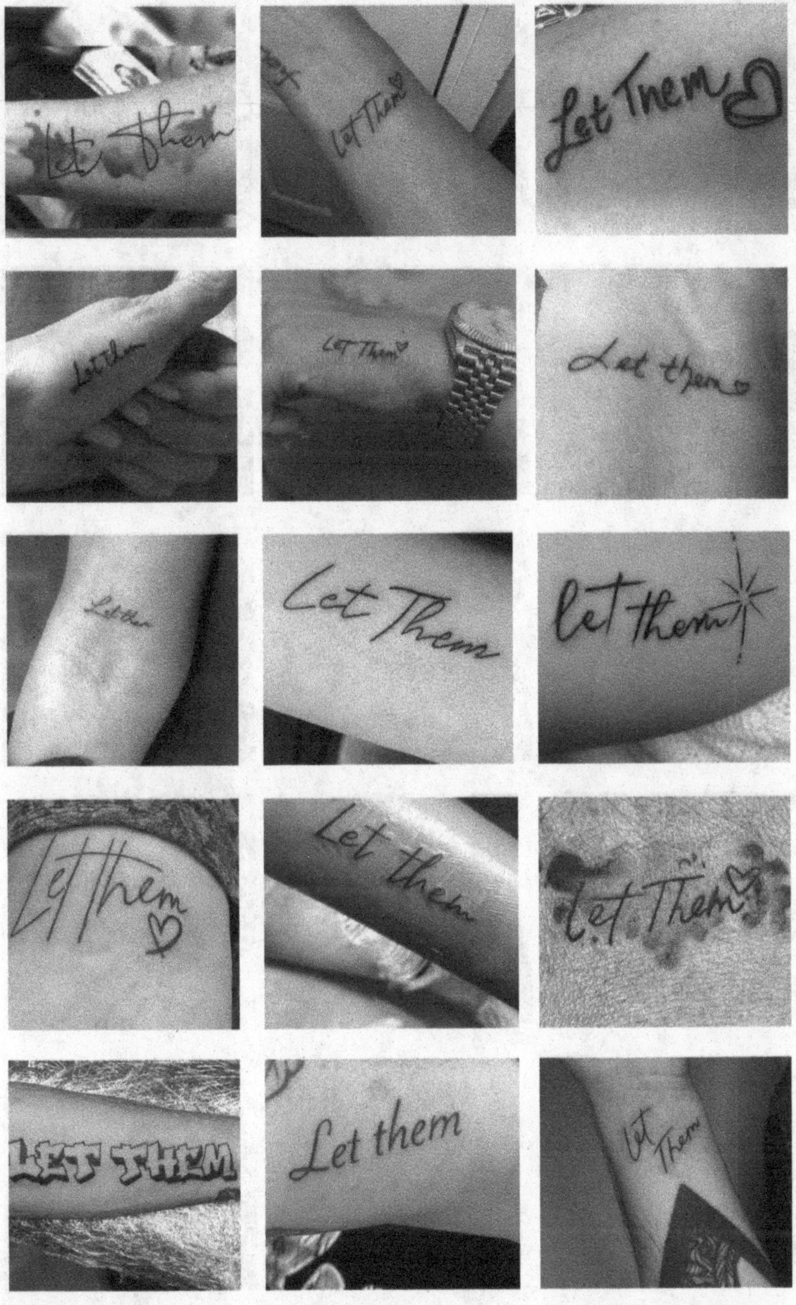
Let Them
Let Them
Let Them
Let them
Let Them
Let them
Let them
Let Them
let them
Let them
Let them
Let Them
LET THEM
Let them
Let Them

LET THEM
Let Them
let
them
LET THEM
Let them
Let them
let them
let them
Let them
let them
let them
Let them
Let them
let them

La idea de aprender a soltar, a dejar que los demás actúen por su propia cuenta, es hasta la fecha la más importante que he descubierto. Y el hecho de que tanta gente alrededor del globo decidiera grabársela para siempre en su cuerpo es, siendo sincera, lo que me ha motivado a escribir este libro. Necesitaba entender por qué algo tan simple había tenido un impacto tan inmediato, profundo y universal.

LAS BASES DE LA TEORÍA

Llevo dos años investigando la teoría *Let Them*: por qué funciona y cómo puedes usarla para transformar tu vida y mejorar tus relaciones con los demás. Tras decidir escribir este libro, hablé con muchos expertos mundiales en psicología, neurociencia, relaciones, estrés, ciencia del comportamiento y felicidad. Irás conociéndolos conforme avances en la lectura, y sus investigaciones te ayudarán a aplicar la teoría en infinidad de situaciones vitales distintas. Como verás, la ciencia tiene una conclusión clara al respecto de esta idea: funciona, y funciona realmente bien.

Pero esta obra no trata solo sobre la idea de soltar, sino también sobre una ley de la naturaleza humana: *todos tenemos la necesidad innata de querer controlar lo que nos rodea*. Queremos controlarlo todo: el tiempo, los pensamientos, las acciones, el entorno, los planes, el futuro, las decisiones, las personas. Esto se debe a que creer que se tiene el control nos hace sentirnos a salvo y cómodos, por lo que intentamos controlarlo todo y a todos, habitualmente de forma inconsciente.

Sin embargo, hay algo que nunca se encontrará bajo tu poder, da igual cuánto lo intentes: jamás podrás controlar o cambiar a los demás. La única persona sobre la que tienes cierto dominio eres tú mismo: tus pensamientos, tus acciones, tus sentimientos. ¿Cuánto tiempo has dedicado, no obstante, a intentar justo lo contrario? Luchando por cambiar a los demás, por controlar cualquier situación, preocupándote por lo que la gente piensa, dice o hace, y, de esta forma, llenándote y llenando tus relaciones de estrés, tensiones y problemas innecesarios. Sé lo que es porque yo también lo hacía.

La teoría *Let Them* ha transformado por completo mi forma de ver la vida y de relacionarme con los demás. He aprendido a aceptar la naturaleza humana, pero también a no malgastar energías en cosas sobre las que realmente no tengo poder y, en vez de ello, a volcarlas en aquello que sí puedo controlar: yo misma.

¿El resultado? Ahora tengo más control sobre mi propia vida que nunca antes y he dejado de ver a los demás como el problema, por lo que mis relaciones han mejorado más de lo que creía posible. El proceso ha sido como abrir una puerta que llevaba sellada siglos, tras la que se encontraba una vida libre de la necesidad de controlarlo todo.

A continuación, profundizaremos en la teoría, la mejor forma de empezar a aplicarla y las consecuencias que desencadenará. También te contaré algo sorprendente que descubrí al principio de mi investigación: esta idea no va solo sobre dejar a los demás ser, hacer, decir, pensar. Sí, claro, es una parte importante, pero no lo es todo, sino solo la mitad del concepto. La otra parte, puede que un paso más crucial que dar, consiste en darte permiso a ti mismo, en dejarte ser, hacer, decir o pensar.

En el capítulo siguiente indagaremos en ambas partes de la teoría y en la ciencia y la psicología detrás de cada una. Después, desarrollaremos las ocho áreas principales de la vida y veremos cómo aplicar este concepto en cada una. Hablaremos, pues, de relaciones, trabajo, emociones, opiniones, estrés, disfrute, problemas, comparaciones, amistad y, la más importante de todas, la relación con uno mismo.

De esta forma descubriremos cómo intentamos controlar las cosas indebidas y, sin saberlo, convertimos a los demás en un problema, cuando la realidad es que los demás deberían ser una de las mayores fuentes de alegría, apoyo y amor de nuestra vida, algo imposible si estamos todo el tiempo tratando de controlar qué sienten, dicen o hacen. Acabemos con ese círculo vicioso a través de estas páginas.

Cuando domines la teoría *Let Them*, dejarás de exigirte controlar lo incontrolable, y no solo para sentirte mejor, sino para repensar cómo concibes la vida entera. Deseo que por fin conquistes el espacio y la libertad que necesitas para vivir como siempre has soñado: a tu manera.

Empecemos.

CAPÍTULO 2

PRIMEROS PASOS: DÉJALOS + DÉJATE

Poco después de descubrir la teoría *Let Them*, estaba sentada en el sofá mirando las redes sociales cuando vi una foto de una amiga de toda la vida. Se le veía genial. En la descripción contaba que había pasado un fin de semana maravilloso con unas amigas, y se notaba que era verdad.

Cautivada por la foto, me fijé en lo morena, guapa, relajada y contenta que parecía, y, antes de darme cuenta, me encontré pensando: «Guau, ojalá pudiera disfrutar de un fin de semana así. Mientras, quizás debería usar autobronceador». Me puse a admirar cada una de las imágenes del carrusel, el cual mostraba un fin de semana de chicas épico: un *brunch,* unos bailes, una escapada para ir de compras, muchas risas, bikinis, cocteles.

Entonces usé el pulgar y el índice para ampliar las fotos, con lo que descubrí que conocía a todas las mujeres que me sonreían desde la pantalla. Se me rompió el corazón: mis amigas se habían ido de viaje todas juntas.

¿Conoces ese terrible retortijón en la barriga, el que te entra cuando te das cuenta de que se olvidaron de ti? Duele como un puñetazo. Intentas ignorarlo, convencerte de que no te molesta, pero el dolor es real. Debería haber bloqueado el teléfono, pero no lo hice. Analizándolas al detalle, me perdí en aquellas fotos, las cuales mostraban un viaje de chicas, a través de los ojos de las mismas mujeres junto a las que había criado a mis hijos en nuestra pequeña ciudad. Intenté que no me doliera, pero lo hizo.

Mi mente empezó entonces a rellenar todos los huecos. Me imaginé lo bien que se lo pasarían y lo cercanas que se habrían vuelto en los últimos años. Las conocía a todas desde hacía una eternidad. Habíamos compartido parrilladas, viajes en coche, partidos de futbol, cenas a las que también habían venido nuestros maridos y conversaciones llenas de sinceridad sobre la maternidad. Así que, obviamente, entré en bucle.

Me refiero a que me convertí en una *stalker* total. Me quedé ahí sentada, en el mismo punto del sofá, y noté cómo este se fundía con mi espalda mientras me dedicaba a chismear cada una de sus cuentas. Hacía unos minutos, todo iba bien. Pero ¿ahora? Había caído en un remolino de emociones: rechazo, inseguridad, confusión. «¿Cuándo lo habrán planeado? ¿Por qué no me invitaron? ¿Por qué nunca nadie me invita a ningún plan? ¿Cuándo fue la última vez que hice un viaje con amigos?».

Mientras seguía obsesionada con sus cuentas y fotos, repitiéndome esas preguntas en la cabeza todo el tiempo, Chris entró en la estancia, me echó un vistazo y me preguntó: «¿Qué te pasa?». Yo suspiré y le conté la verdad sin miramientos: «Acabo de descubrir que unas cuantas amigas mías de toda la vida se fueron de viaje este fin de semana. Y, obviamente, a mí no me invitaron».

«Qué mal», me apoyó él.

«Puede que haya sido mi culpa... —le dije—. Tal vez estén enojadas conmigo o algo así».

Chris se cruzó de brazos e inquirió: «¿Por qué te importa tanto?». Yo simplemente lo miré. Él añadió: «Mel, hace tiempo que no tienen una relación tan cercana».

Tenía razón, y yo lo sabía. Pero aun así seguía sintiendo el impulso de arreglar las cosas. Seguro que me entiendes: era una de esas situaciones en las que no fuiste incluido en algo y todo lo que necesitas para quedarte tranquilo es asegurarte de que no fue por tu culpa.

Porque, siendo sincera, no estaba segura de ello, y soy una de esas personas que tienden a pensar que se han equivocado en algo. Sin embargo, por mucho que me rompí la cabeza tratando de pensar en algún motivo por el que no me habían invitado, no se me ocurrió nada. Eso me puso aún más nerviosa. Nos conocíamos desde hacía años, habíamos sido todas madres jóvenes juntas, habíamos compartido muchos momentos y, encima, me caían bien todas las que aparecían en las fotos de aquel viaje. Si bien lo cierto era que llevaba mucho mucho tiempo sin quedar con ninguna de ellas. Sí, las veía de vez en cuando en reuniones sociales, pero no habíamos desarrollado una amistad individual y hacía muchísimo que no hablábamos. Yo era consciente de todo ello a nivel mental. Sin embargo, en lo emocional seguía devastada. Me sentía de nuevo una niña pequeña a la que no han invitado a la pijamada, a la que no han elegido a la hora de formar equipos, la que no entiende las bromas.

PONIENDO LA TEORÍA EN PRÁCTICA

Lo que deseaba era hablarles —llamarles, escribirles— e intentar arreglar la relación, cualquier cosa con tal de hacer que la ansiedad desapareciera. Fue entonces cuando la teoría *Let Them* me salvó de mí misma.

La persona que había sido toda la vida se hubiera obsesionado con aquello durante días (más bien, semanas). Mis emociones se hubieran apoderado de mi raciocinio. Habría fingido que me daba igual, habría intentado autoconvencerme de que no me importaba, pero, mientras, le habría dado mil vueltas en la cabeza y las habría pintado de villanas con tal de sentirme mejor. Lo cual hubiera sido en vano, pues todo aquello solo me habría hecho sentirme peor y alejarme aún más de unas mujeres que, en realidad, me caían bien.

Por suerte, no fue eso lo que ocurrió. El asunto me afectó durante unos diez minutos. En cuanto me dije «Déjalas», me sentí un poco mejor. La segunda vez que me lo dije, me sentí otro poco mejor más. La tercera vez, la cuarta, la quinta, la decimosexta, la trigésima vez que me lo dije… otro poco más.

Seré sincera contigo: en situaciones que duelan, tendrás que repetirte muchas veces el «Déjalos», porque el dolor no desaparece así como así. Es más, a veces tiende incluso a aumentar con el tiempo. Pero no te preocupes, simplemente repítetelo hasta que te calmes.

«*Déjalas* irse de vacaciones. *Déjalas* pasar juntas un fin de semana. *Déjalas* pasárselo bien aunque sea sin ti».

Al principio, decírtelo solo agravará el sentimiento de rechazo, como si te estuvieras rindiendo a la evidencia. Así me sentí yo aquel día, hasta que me di cuenta de algo importante: no era una rendición, sino una liberación del deseo de controlar algo incontrolable. Porque la verdad era que daba igual lo mucho que analizara la situación o cuánto intentara arreglarla, nada cambiaría lo que había pasado. Su decisión de no invitarme no tenía por qué hacerme sentir mal, pero mi obsesión por intentar controlar la situación estaba haciendo que me sintiera fatal.

«*Déjalas*».

Al entenderlo, el nudo que tenía en la garganta empezó a desatarse, la presión que sentía por «arreglar» la situación se esfumó. Y entonces comprendí algo más: su viaje juntas no tenía nada que ver conmigo. No era algo personal. No se trataba de una conspiración en mi contra. No era una declaración de mi valía. E incluso si lo hubiera sido, «*déjalas*».

LO QUE INTENTAMOS CONTROLAR EN REALIDAD

En algún momento, todos tratamos de controlar el mundo que nos rodea, sobre todo cuando nos sentimos dolidos, rechazados, molestos o asustados. Puede que, por ejemplo, alguna vez te hayas preocupado por cada detalle de un plan para asegurarte de que todo el grupo se sentía incluido, o quizás te hayas preguntado si alguien estaba enojado contigo solo porque no te respondía los mensajes enseguida. Es agotador, ¿no?

Yo soy resolutiva por naturaleza. Me he pasado, pues, la mayor parte de mi vida creyendo que si no era por mí, si no me hacía cargo de la situación, las cosas saldrían mal. A mis ojos, era la responsable de que todo se mantuviera en orden: mis relaciones, el trabajo, mis amistades e incluso las emociones de aquellos a quienes quería. Y cuando algo no salía como me esperaba, lo sentía como un reflejo de mí misma. Si alguien se enojaba conmigo, si algo salía mal, si yo no formaba parte de lo que fuera, automáticamente creía que debía arreglarlo, cambiarlo, controlarlo.

Al hablar con tantos psicólogos como parte del proceso de escribir este libro, he aprendido que la necesidad de tenerlo todo bajo control proviene de una emoción muy primaria: el miedo. El miedo a ser excluido, a no caer bien, a que las cosas se desmoronen si no tomamos las riendas. Y se manifiesta de muchas maneras: agobiamos a nuestros hijos para asegurarnos de que tomen las decisiones «correctas»; controlamos los hábitos de nuestra pareja, intentando prevenir cualquier error; incluso les imponemos a nuestros amigos nuestras opiniones, creyéndonos que sabemos mejor que ellos cómo debería desarrollarse su vida.

He sentido ese miedo muchas veces. Miedo a ser olvidada si no intervenía. Miedo a no gustar, a no ser aceptada. Miedo a que todo saliera mal si no me ponía al timón. Sin embargo, lo único que el control nos da en realidad es una falsa seguridad. Cuando estamos al mando, nos creemos a salvo del dolor, de las decepciones, del rechazo. Pero es solo eso: falsa seguridad. Porque da igual cuánto intentemos controlarlo todo o a todos, lo cierto es que no podemos. La gente va a hacer lo que le apetezca, tomar sus propias decisiones, vivir su vida.

Si algo sabemos a ciencia cierta es que ese «control» no te hará sentirte mejor a la larga. De hecho, tiene justo el efecto contrario: no solo no calma tus miedos, sino que encima los agranda. Pregúntale a cualquier psicólogo, pues la respuesta será siempre la misma: cuanto más intentes controlar algo incontrolable, más ansiedad y estrés sufrirás.

En aquel sofá, con la vista clavada en el teléfono, me di cuenta de que no estaba intentando controlar lo que mis amigas podían o no pensar sobre mí: estaba intentando controlar mi propio malestar.

Odiaba sentirme fuera del grupo, dejada atrás, así que mi reacción fue intentar arreglar la situación para no tener que sentirme así.

Ahí fue cuando la teoría *Let Them* empezó a calar en mí aún más profundamente.

UNA HERRAMIENTA REPLETA DE SABIDURÍA

La teoría *Let Them* no es solo un truco mental, sino que tiene sus raíces en antiguas filosofías y conceptos psicológicos que llevan guiando a la humanidad durante siglos. Si te suenan de algo el estoicismo, el budismo, el desapego o la aceptación radical, ya te habrás dado cuenta de que la teoría que desarrollamos en este libro aplica sus principios y enseñanzas y los convierte en una práctica herramienta diaria para mejorar tus relaciones y recuperar tu poder como individuo.

El estoicismo se basa en controlar los propios pensamientos y acciones, no los de los demás. Al decir «Déjalos», estamos permitiendo de forma consciente que la gente tome sus propias decisiones y viva su vida sin intentar controlarlos ni influenciarlos. Por ende, la teoría *Let Them* aplica el principio básico del estoicismo: céntrate en ti mismo, porque ahí es donde reside tu verdadero poder.

Tanto el budismo como la aceptación radical afirman que el sufrimiento proviene de no aceptar la realidad. Muchas veces estamos mal porque nos gustaría que las cosas fueran diferentes. En este sentido, la teoría *Let Them* nos ayuda no solo a aceptar la realidad, sino también a alejarnos del deseo de cambiarla. Al entender que las acciones y elecciones ajenas no están bajo nuestro control, nos convertimos en personas más libres emocionalmente hablando.

El despego nos anima a distanciarnos de aquellas situaciones que detonan en nosotros emociones negativas. Al decirte «Déjalos», estás básicamente practicando el desapego, ya que creas una brecha entre tus emociones y la situación en sí, lo que te permite ver qué ocurre sin dejarte arrastrar por ello. De esta forma, mantienes la calma, la lucidez y el control de tus propias acciones.

El verdadero poder está en cómo respondemos. Mientras trabajaba en este libro, tuve el honor de conversar con Martin Luther King III y Arndrea Waters King, defensores globales de los derechos humanos y coautores de *What Is My Legacy?: Realizing a New Dream of Connection, Love and Fulfillment* (¿Cuál es mi legado?: Hacer realidad un nuevo sueño de conexión, amor y plenitud).

Durante una visita a su pódcast *My Legacy*, hablamos sobre la teoría *Let Them*, y Martin dijo algo que quería compartir con ustedes.

Para él, la teoría *Let Them* representa «una verdad profunda: elegir la paz no es debilidad, sino poder. Esta idea resuena profundamente con el legado del Dr. Martin Luther King, Jr. y la visión de la acción no violenta de su padre, Michael King, o como es conocido, Daddy King. La teoría no significa ceder el control; significa recuperarlo. Al elegir cómo respondemos —al no alimentar la ira, el odio o la negatividad— ejercemos el mayor poder sobre nosotros mismos. Como dijo Daddy King una vez ante una pérdida inimaginable: "Me niego a dejar que el odio me aminore". Este mensaje es un llamado a reconocer la fuerza que albergamos en nuestras respuestas, una fuerza que puede transformar a nuestras familias, comunidades e incluso al mundo».

Mientras escuchaba a Martin y Andrea compartir estas ideas conmigo, me sentí conmovida. Teniendo a los King frente a mí, entendí que esta teoría es mucho más grande que tú o que yo. Es algo que encarna una verdad importante sobre la vida: siempre tienes el poder, pase lo que pase a tu alrededor.

Luego, Martin añadió: «El verdadero poder reside en nuestra respuesta. Para mi padre, elegir no usar la violencia no equiparaba pasividad, sino la forma más valiente de acción: elegir la paz cuando el odio nos tienta. Al negarnos a reaccionar con enojo, podemos recuperar nuestro poder y forjar un futuro mejor».

«Elegir» es aquí la palabra clave. Recuperamos nuestro poder cuando elegimos cómo responder. Esta teoría es una herramienta que te ayuda a lograrlo.

Mucha gente me ha preguntado si la teoría *Let Them* es lo mismo que la idea de «dejar algo ir». No lo es. «Dejar ir» impone la sensación de que perdiste, que te rendiste ante algo fuera de tu control. La teoría es lo opuesto: es poder. La teoría *Let Them* es diferente, pues no implica rendirse ni huir: consiste simplemente en liberarse de una carga, en dejar de centrarte en cómo deberían ser las cosas y, en su lugar, permitir que se desarrollen a su modo.

Aceptar que los demás sean quienes son es tomar la consciente y empoderadora decisión de liberarte del falso control que crees tener. De esa manera, escapas del eterno círculo vicioso de estrés, frustración y desasosiego emocional que supone intentar gestionarlo todo y a todos. La belleza, pues, de la teoría *Let Them —déjalos, déjate—* es que te permite cesar de estar gobernado por las emociones y empezar a vivir una vida más tranquila e intencional.

LA TEORÍA EN LA VIDA REAL

Veamos ahora cómo funciona la teoría *Let Them* en las diferentes áreas de la vida. Imagina, por ejemplo, que estás en el trabajo, en una reunión, y se te ocurre una idea magnífica. Le has dado las vueltas suficientes para saber que tiene potencial, pero cuando la cuentas en voz alta, la habitación entera se queda en silencio. La gente asiente por educación, pero cambian de tema y, antes de que te des cuenta, ya están hablando de otra idea distinta. Te sientes invisible. Empiezas a dudar de ti mismo, preguntándote si deberías haberte explicado mejor o haberte hecho escuchar.

En ese momento puedes permitir que la situación te destroce o puedes parar un segundo y decirte: «Déjalos. Que descarten mi idea, que se centren en otra». Después de todo, su respuesta no cambia el valor de tu idea, como tampoco cambia tu valor en sí. Puede que hayan optado por otra estrategia, pero eso no significa que tu idea no fuera buena. Eres la misma persona que hace unos minutos, con los mismos talentos y habilidades, y el hecho de que tuvieras una idea que presentar no hace más que demostrarlo.

En el tema de las citas pasa lo mismo. Imagínate que has estado hablando por mensaje con alguien y tienes la impresión de que las cosas van bien, pero, de repente, esa persona deja de responderte. Desaparece sin ninguna explicación; te hace *ghosting*. Es una sensación horrible, la verdad. Te preguntas una y otra vez qué hiciste mal; revisas cada conversación, intentando descubrir cuándo se fue todo al traste. Además, la tentación de volver a escribirle, para cerrar el capítulo de alguna forma, es abrumadora. Lo sé: he pasado por ello.

Aquí es donde cobra importancia nuestra teoría: deja que la gente te muestre quién es. En el segundo caso, por ejemplo, su falta de educación no dice nada sobre ti, pero cómo respondes sí. Deja de preguntarte por qué hizo eso. En vez de eso, pregúntate si de verdad quieres estar cerca de alguien que actúa así. No malgastes tu energía yendo detrás de alguien que ya se fue. Céntrate, en cambio, en lo que sí puedes controlar: procesar tus emociones y recordarte a ti mismo que te mereces que te traten con respeto.

En esas situaciones (ya sea una cuestión de trabajo, de citas o de cualquier otra cosa) decirte a ti mismo «Déjalos» significa reconocer sobre qué tienes control y sobre qué no. En vez de entrar en bucle, eliges calmarte y desapegarte. Como ya hemos dicho anteriormente, los demás no tienen poder sobre ti a menos que se los permitas. Y cada vez que te dices «Déjalos», estás impidiéndoles obtenerlo.

O tomemos el ejemplo de cuando me quedé en el sofá mirando las fotos de aquel viaje de chicas. Yo ni siquiera sabía que se habían ido de vacaciones juntas y, aun así, en cuanto me enteré, reaccioné, es decir, mis emociones se apoderaron del control de la situación. Me sentí insegura, olvidada, poco importante. Encima, llegué todavía más lejos: me culpé de que no me hubieran invitado, lo que solo me hizo sentir aún peor.

Lo cierto es que fui YO la que me hice daño. Aquellas amigas mías no me hicieron nada: solamente estaban viviendo su vida. Tenían todo el derecho del mundo a irse por ahí, a pasar un fin de semana con quien les diera la gana. Lo que me hizo sentir mal fue la forma en que reaccioné.

Es tan importante que entiendas esto que voy a detenerme a detallarlo. Utilicemos la imagen de un subibaja para ilustrar cómo funciona la dinámica de poder entre otras personas y tú, y cómo usar la teoría *Let Them* cuando eso ocurre.

Cuando alguien hace algo (como organizar un plan y no invitarte), puedes reaccionar de una forma positiva o negativa. Si reaccionas de manera negativa, por ejemplo, dándoles cabida a pensamientos autodestructivos o a emociones demasiado fuertes, te sentirás mal. Tu reacción es lo que inclina la balanza hacia un lado u otro y, por ende, tiene la capacidad de cambiar la dinámica entre tú y otra persona.

La siguiente imagen ilustra a la perfección cómo me sentí cuando vi las fotos de aquel viaje.

A) SIN APLICAR LA TEORÍA *LET THEM*

INFERIORIDAD
CELOS
INSEGURIDAD
SENTIRSE OLVIDADO
SENTIRSE MENOS QUE ELLAS

¿Qué fue entonces lo que me hizo acabar abajo? Yo misma.

Cada vez que internalizas los pensamientos, acciones y sentimientos ajenos como pruebas de que no eres alguien que valga la pena o de que has hecho algo mal, les das tu poder a los demás. Esto cambia la dinámica y el equilibrio de la relación, haciéndote sentir por debajo.

Eso es exactamente lo que pasó cuando me pregunté si sería mi culpa. Me sentí inferior, celosa, insegura, olvidada, menos que ellas. Y esos pensamientos y emociones son realmente fuertes.

En cambio, cuando te dices «Déjalos», te liberas de toda esa negatividad que tanto pesa. Es como estar en un subibaja e impulsarse hacia arriba: tú pasas a estar en el aire y tus amigos a estar abajo. De nuevo, la dinámica de poder cambia.

B) DÉJALOS: PERMITIÉNDOLES A LOS DEMÁS VIVIR SU VIDA

SUPERIORIDAD
DESARROLLO
FALSO CONTROL
JUICIO

Sobrevolar aquellas situaciones y personas que nos molestan es algo que nos sienta genial. Por eso a la gente le gusta decir «Déjalos», porque cuando estás arriba, te invade una falsa sensación de superioridad y autoconfianza. Te enfrentas a emociones difíciles y logras elevarte sobre ellas. Eso, por supuesto, te hará enseguida sentirte mejor que los demás, más sabio y extrañamente por encima de todo, por lo que te resultará más fácil desapegarte de la situación.

Y un poco de superioridad puede ser muy útil cuando nos encontramos en una espiral emocional. Ese sentimiento temporal de poder sobre los demás puede ayudarnos a superar la experiencia, aceptar lo que está ocurriendo y procesar la frustración y el dolor. Ayuda sentirse mejor que ese amigo que no nos devuelve las llamadas, o que el compañero de departamento que no limpia sus platos, o que el cliente maleducado con el que debemos lidiar en el trabajo.

Pero luego todo esto pasa.

Después te preguntarás: «¿Y ahora qué?». Estarás arriba, en el aire, mirando a la gente que se encuentra abajo en el subibaja, y empezarás a sentirte un poco aislado en tu superioridad. A mí antes me pasaba igual: me sentaba genial decirme «Déjalos», sentirme superior y despedirme de las emociones negativas, pero eso era la parte fácil. No sabía qué hacer a continuación.

Y ese es precisamente el peligro de la teoría *Let Them*. Si lo único que haces es repetirte «Déjalos», terminarás sintiéndote aún más solo. Te entrarán ganas de retractarte o de alejarte.

Si, sentada en aquel sillón, me hubiera quedado en esa parte, me habría asentado en esa superioridad. Habría hablado mal de ellas a sus espaldas, buscando el apoyo de otros amigos, y me habría sentido muy rara cada vez que me las hubiera encontrado. Y eso que eran mujeres que me caían bien, mujeres que me gustaría que siguieran siendo mis amigas.

Detengámonos aquí para que puedas de verdad intentar ponerte en mi lugar. Imagínate que unos amigos tuyos quedan y no te avisan. Duele, ¿verdad? Siempre duele sentirse excluido. Te encantaría que te llamaran para ir a jugar golf, para ver un partido o para irse de viaje juntos. Te encantaría que tus compañeros de trabajo te invitaran a ir a tomar unas copas. A todos nos gusta tener buenos amigos, así que permíteme hacerte una pregunta: ¿cómo va a ayudarte a hacer amigos o a cuidar una amistad el sentirte moralmente superior? No va a hacerlo.

Decirte «Déjalos» te libera del dolor y el enojo, pero solo momentáneamente. Sienta bien, claro está, culpar a los demás y sentirse mejor que el resto. Pero, como amiga, me siento obligada a advertirte que, si solo te quedas en esa parte, terminarás perdiendo muchas relaciones, muchos planes sociales, y sin entender por qué la teoría no funcionará en tu caso.

Lo que me lleva a ese gran descubrimiento que antes te he dicho que hallé al principio de esta investigación. «Déjalos» es solo la mitad de la ecuación; la segunda parte, la más crucial de ambas, consiste en ti mismo: «Déjate».

La fuente de tu poder no se encuentra en controlar a los demás, sino en tu forma de responder a sus decisiones. Cuando te das permiso a ti mismo, aprovechas dicho poder al asumir la responsabilidad de lo que vas a hacer, decir o pensar a continuación. Darte permiso a ti mismo consiste en darte cuenta de que sí puedes controlar tus próximos pasos y en entender que la vida es más gratificante cuando no estás solo en tu superioridad.

DARSE PERMISO A UNO MISMO ES PODER

La teoría, pues, solo funciona cuando se completan ambas partes. Cuando te dices «Déjalos», estás tomando la decisión consciente de no permitir que los comportamientos ajenos te perturben. Cuando dices «Déjate», en cambio, estás asumiendo la responsabilidad de lo que TÚ harás a continuación.

Lo que me gusta de esta segunda parte es que enseguida nos muestra qué es lo que se encuentra bajo nuestro control. Y no son pocas cosas: nuestra actitud, nuestro comportamiento, nuestros valores, nuestras necesidades, nuestros deseos... y la respuesta que queremos dar a aquello que acaba de suceder.

Es lo contrario de juzgar a los demás, pues consiste en el autoconocimiento, en la compasión, en el empoderamiento y en la responsabilidad individual.

Tus amigos, esos que han hecho un viaje sin ti, no son mejores que tú. Pero tú tampoco eres mejor que ellos. Este es el quid de la teoría *Let Them: déjalos y déjate*. Cuanto más dejes que los demás vivan su vida, mejor será la tuya. Cuanto a más control renuncies, más tendrás todo bajo control.

La teoría *Let Them* no tiene nada que ver con la superioridad, sino con el equilibrio. Consiste en que tanto tú como las personas que te rodean ocupen el mismo espacio. Consiste en permitirles a los demás vivir su vida, pero también en permitírtelo a ti mismo.

C) DÉJATE: PERMITIÉNDOTE TAMBIÉN A TI VIVIR TU VIDA

ACEPTACIÓN
ENTENDIMIENTO
COMPASIÓN
RESPONSABILIDAD
CONTROL REAL

Ante aquellas fotos del viaje de chicas, primero me dije «Déjalas», lo cual me ayudó a desapegarme de la situación y el dolor, de las emociones que estaba sintiendo. Por eso es el primer paso: porque dejar que las emociones te invadan y culpar a los demás o hablar mal de ellos no va a mejorar mágicamente tus relaciones. La superioridad del «Déjalas» me dio el espacio mental necesario para sobrevolar la situación y verla con cierta distancia. Cuanto más me repetía la palabra, con mayor claridad podía sopesar mi papel en lo sucedido y plantearme qué hacer a continuación.

Y al detenerme a analizarme, me di cuenta de muchas cosas.

Había estado tan ocupada trabajando en los últimos años que apenas había visto a mis amigos. Llevaba mucho tiempo sin decirle a ninguno que hiciéramos algo.

Puede que mis amigas no me hubieran excluido del plan como tal: quizás ni siquiera se habían acordado de mí. Si llevaba tanto sin esforzarme, sin cuidar la relación, ¿cómo iban a acordarse de mí? Encima, siendo completamente honesta, había estado tan ocupada con mi propia vida, mi trabajo, mis hijos, que yo tampoco me había acordado de ellas hasta que vi aquellas fotos.

Nadie me debe una invitación, nadie me debe una llamada. Sí, claro, sienta bien que un amigo se acuerde de nosotros y, de hecho, todos nos merecemos amigos que lo hagan. Pero ¿de quién es la responsabilidad de crear ese tipo de relación? Es más, «déjame» ser del todo transparente: ¿acaso había yo cuidado a mis amistades? La respuesta era no.

Como adultos, nuestra vida social es responsabilidad nuestra. Si queremos pasárnosla bien, levantemos el trasero del sofá y nutramos nuestras relaciones. (En verdad, esto también va por mí).

Déjame dejar de esperar que los demás siempre me inviten. Déjame asumir la responsabilidad de lo que quiero en la vida. Déjame descubrir el problema que tengo que encarar. Déjame ser más proactiva en mis relaciones. Déjame proponer un plan para este fin de semana. Déjame organizar una fiesta por una vez. Déjame desarrollar mejores límites en el trabajo para poder dedicarles tiempo a mis amigos. Déjame priorizar mi vida social, porque está claro que me importa y que es mi responsabilidad. Déjame recuperar el contacto con algunas de esas antiguas amigas. No de manera pasiva, no para sentirme mejor y punto, no para que me inviten al próximo viaje.

Gracias a haber aplicado las dos mitades de la teoría *Let Them*, descubrí la verdad de lo que me pasaba: echaba de menos a algunas de esas amigas, y haber visto aquella publicación me había permitido darme cuenta de que trabajaba demasiado y de que deseaba dedicarle más tiempo a la amistad.

DOS ADVERTENCIAS A CONOCER ANTES DE PROFUNDIZAR EN LA TEORÍA

Cuando estaba en la fase de investigación de este libro, me di cuenta de que a la gente que aplicaba la teoría *Let Them* le surgían habitualmente dos dudas importantes, y quiero dejarlas zanjadas ahora, antes de sumergirnos en el resto de los capítulos.

1. ¿SE PUEDE APLICAR LA TEORÍA *LET THEM* A NIÑOS?

Sí, por supuesto que sí (aunque con precaución y ciertos límites), pero este libro está centrado en su aplicación en adultos. Igualmente, a lo largo del texto haré distinciones claras entre adultos y niños cuando sea algo a tener en cuenta.

Pero como madre, lo admito, hay veces que mis hijos me sacan de quicio. Cuando eso sucede, tomo malas decisiones. Así que la teoría *Let Them* me ha sido muy útil para aprender a mantener la calma, la confianza y los pies en la tierra cuando las situaciones con mis hijos me superan.

Cada vez que digo «Déjalos», estoy reconociendo que mis hijos son capaces y más fuertes de lo que creo. La parte de «Déjate» me recuerda que mi trabajo consiste en apoyar, escuchar y guiarlos, y no en controlarlos.

Dicho esto, sigo siendo una madre, por lo que debe haber un equilibrio entre confiar y dejarlos hacer, y proporcionarles el apoyo que necesitan e intervenir cuando es necesario.

Para ayudarte a utilizar la teoría para fortalecer el vínculo con tus hijos, ya sean niños, adolescentes o adultos jóvenes y, con un poco de suerte, mantener tu cordura intacta, he creado una guía especial en el apéndice al final del libro, que analiza en detalle la crianza y la teoría *Let Them*. En otras palabras, cuándo utilizar la teoría y cuándo intervenir y tomar las riendas.

Esto es tan importante que quería hacerlo bien, así que me puse en contacto con el doctor Stuart Ablon para que me ayudara a crear esta breve guía sobre cómo usar la teoría *Let Them* para padres, *coaches*, cuidadores, profesores o abuelos.

El doctor Ablon es un psicólogo galardonado que dirige el programa Think:Kids en el Hospital General de Massachusetts. También es profesor de Psiquiatría Infantil y Adolescente en la Facultad de Medicina de Harvard y uno de los principales expertos en cambio de conducta.

Puedes confiar en sus ideas porque se basan en sus treinta años de investigación y experiencia clínica.

2. ¿Y SI, AL APLICAR LA TEORÍA *LET THEM*, ME SIENTO SOLO?

Esto me parece bastante importante. Algunas personas han relatado sentirse solas tras usar la teoría. Si te pasa esto, significa que estás usándola mal. Recuerda que el concepto se compone de dos partes: la de dejar a los demás vivir su vida (**déjalos**) y la de tú hacer lo mismo (**déjate**), responsabilizándote de tus decisiones, actos y palabras. Ambos son pasos imprescindibles del proceso, por lo que no puedes aplicar solo uno de ellos. A mucha gente se le olvida llevar a cabo el segundo, lo cual es un error gigantesco, pues en él es donde reside el verdadero poder de la teoría *Let Them*. Es importante responsabilizarnos de nuestros actos, de crear la vida, relaciones y conexiones que deseamos. Si te saltas este paso, te sentirás más desconectado del mundo, más solo que empoderado.

Como amiga, me siento obligada a advertirte que, si solo te dices «Déjalos», terminarás perdiendo muchas relaciones y sin entender por qué la teoría no te funcionará. Es cierto que este paso es el más fácil porque a todos nos gusta culpar a los demás. Y, como ya hemos visto, una inyección de superioridad puede venirnos genial cuando nos sentimos mal. Sin embargo, esa no es la meta de la teoría.

El dejar que los demás vivan su vida no es excusa para no tomar el teléfono, para encogerse de hombros, para negarse a hablar con un amigo o familiar que se siente dolido. Tampoco para quedarte en una situación que te hace infeliz ni para consentir comportamientos discriminatorios o peligrosos. No te legitima para ignorar a nadie, para evitar conversaciones incómodas ni para huir de relaciones que deseas terminar.

La teoría *Let Them* no debería hacerte sentir solo ni invisible, sino más conectado con la gente que te rodea y más satisfecho en general. Siempre va a hacerte sentir mejor, no peor. Si te está haciendo sentir mal, es porque estás usándola de forma incorrecta. Así que te recuerdo de nuevo que te asegures SIEMPRE de aplicar el segundo paso, pues es el que de verdad te cambiará la vida.

A mí me ha pasado más de una vez, al usar la teoría, que he responsabilizado a los demás por estar sola en mi sofá, o por no ganar lo que me gustaría, o por no saber decir no, o por tomar ciertas decisiones para no decepcionar a alguien, o por usar el estar cansada como excusa para no priorizar mi salud o mi ocio.

Como adultos, nuestra vida, felicidad, salud, duelo, vida social, amistades, límites, necesidades y éxitos son nuestra responsabilidad. Si en el fondo estabas esperando que alguien viniera a salvarte, a pagar tus facturas, a cuidarte las heridas, a convertirse en la pareja de tus sueños, a motivarte a ser tu mejor versión… déjame decirte que no va a pasar. Y cada minuto que te pases culpando a los demás o esperando que te inviten o te den permiso es una pérdida de tiempo. Eso se acabó.

Es momento de «dejarte» asumir tu responsabilidad por tu propia felicidad, tus sueños y tu vida. Después de todo, la responsabilidad es simplemente la capacidad de responder. Y como acabas de aprender, la verdadera felicidad radica en tu respuesta.

Eres capaz de crear todo lo que quieras si estás dispuesto a invertir en ello trabajo, tiempo y energía. Pero eso implica también dejar de malgastar tus recursos en cosas superficiales, ruines e insignificantes, así como dejar de intentar controlar lo único que escapa a tu control: los demás.

En la siguiente parte desarrollaremos cuatro áreas vitales en las que la teoría *Let Them* tiene un impacto inmediato, importante y positivo, y veremos cómo dejar de permitir que los comportamientos, pensamientos, reacciones y éxitos ajenos nos afecten negativamente. No hay mejor manera de empezar que usando la teoría para gestionar el estrés y proteger tu paz mental, así que, ¡manos a la obra!

LA TEORÍA *LET THEM* Y TÚ

Cuanto más dejes que los demás vivan su vida,
mejor será la tuya.

MEL ROBBINS

GESTIONAR EL ESTRÉS

CAPÍTULO 3

¡SORPRESA! LA VIDA ES ESTRESANTE

La forma más rápida y efectiva de aprender a usar la teoría *Let Them* es aplicarla a los innumerables pequeños factores estresantes a los que nos enfrentamos cada día.

Seguro que sabes a cuáles me refiero: las notificaciones interminables, el intercambio eterno de mensajes por internet, los cambios de planes inesperados, las reuniones de trabajo sin fin, la mala educación, las filas infinitas, la gente que camina demasiado lento. Puede parecer que todas estas pequeñas cosas no tienen importancia, pero no es así.

La realidad es que los demás pueden suponernos bastantes molestias, sobre todo teniendo en cuenta que todos solemos tener ya de por sí demasiadas cosas entre manos. La vida moderna, a veces, parece una muerte lenta y agonizante: una gota detrás de otra, drenándote la energía y estresándote a más no poder. Sí, es fácil que te afecte, pero también es necio dejar que lo haga.

A estas alturas ya entendemos que no podemos controlar el comportamiento de otros adultos, y estresarse por ello solo te perjudica. Nunca aprovecharás todo el potencial de tu vida si sigues dejando que nimiedades y gente maleducada te roben las fuerzas.

Tu tiempo y tu energía son tus más valiosos recursos. En los próximos capítulos veremos cómo aplicar la teoría *Let Them* para protegerte del estrés innecesario producto de otras personas.

Ahora simplemente párate un segundo a preguntarte por qué permites que la fila de la cafetería te arruine el día. ¿Por qué dejas que el tráfico te provoque mal humor? ¿Por qué te agobias tanto cuando alguien te habla mientras haces una tarea importante? ¿Por qué permites que te irrite que alguien hable por teléfono en público a voz en grito? ¿Por qué te tomas una opinión no solicitada como un ataque personal? ¿Por qué dejas que te estrese que alguien ande lento por la calle?

Son cosas que a todos nos pasan. Justo el otro día me pasó a mí, de hecho. Fui a mi centro de jardinería favorito para recoger unas plantas que había pedido, y el cajero era superlento. Solo había dos cajas abiertas y como cinco personas en cada fila. *Bip, bip, bip.* Me empecé a agobiar enseguida, pues tenía que volver pronto a casa porque tenía una reunión. Me dieron ganas de voltear hacia la persona detrás de mí en la fila, sacudir la cabeza y decirle: «¿Puedes creerlo?».

Pero me detuve y me dije «Déjalo». Inmediatamente, noté que me relajaba. ¿Se dio más prisa el cajero? Como es obvio, no.

Sin embargo, pasó algo mejor: me protegí de este mal hábito que tenemos todos de dejar que algo sin importancia nos estrese. Esos diez minutos de más que iba a perder en la fila no tenían por qué afectar de ningún modo a mi día, pero dejar que aquello me molestara y me provocara ansiedad sí. ¿Y qué sentido tiene estresarse por cosas que no están bajo nuestro control o que no importan? ¿Cómo puede ser que algo tan insignificante tenga tanto impacto en nuestra vida?

Cuando dejamos que lo que nos rodea altere nuestro estado emocional y nuestra paz mental, nos convertimos en esclavos del mundo, pues permitimos que las banalidades dicten nuestro estado de ánimo y nos roben la motivación y el discernimiento de qué es lo verdaderamente importante. No sé si conoces la famosa frase del filósofo griego Epicteto: «No es lo que te ocurre lo que importa, sino cómo reaccionas». ¿Qué significa esto? Pues que tu poder reside en cómo eliges reaccionar.

Aprender a responder de otra manera al estrés y a las contrariedades del día a día te cambiará la vida. Ahora mismo estás regalando (entregando) tu poder porque malgastas tu energía y tu tiempo en nimiedades, o porque dejas que cosas que no puedes controlar te estresen. No tienes idea de lo grave que es este problema, y lo sé porque yo tampoco me lo imaginaba.

La razón por la que te cuesta tanto gestionar el estrés es porque tus reacciones a lo que ocurre son automáticas y sientes que todo tu cuerpo se pone tenso. Te dejas llevar por las emociones, por lo que, antes de ser siquiera consciente, has mandado un mensaje del que te arrepientes, o has dicho cosas que, en realidad, no pensabas, o te encuentras en una fila larguísima mientras la ansiedad y la rabia se apoderan de ti aunque no quieras.

Todos estos son ejemplos de cómo las reacciones a situaciones engorrosas y estresantes pueden convertirse en un gran problema en nuestro día a día. Recuerda: no podemos controlar lo que nos sucede, pero sí cómo respondemos a ello. Y la mejor forma de demostrarlo es en un aeropuerto. De hecho, si te apetece sentir estrés, no tienes más que ir a uno.

LA PRUEBA DEL ESTRÉS DEL AEROPUERTO

La cantidad de cosas que pueden estresarte en un aeropuerto es infinta: desde el *check-in* hasta el control de equipajes, pasando por los retrasos por mal tiempo, las maletas perdidas, la gente haciendo fila en las puertas antes incluso de que las abran, las escalas con poco tiempo de margen, los desvíos de ruta, el compartimento superior del avión lleno hasta el tope, la espera para rentar un auto...

De hecho, es el ejemplo perfecto para que entiendas qué se encuentra bajo tu control y qué no. Recuerda la ley fundamental de la naturaleza humana: no puedes controlar lo que los demás piensen, hagan o digan, por lo que cada vez que intentas hacerlo lo único que logras es perder tu poder. Tienes que enfocarte en lo que piensas, dices o haces. Solo así podrás mantener el control.

Porque da igual lo que ocurra en el avión o en el aeropuerto: tú sigues al mando.

Hace unos cuantos meses me encontraba en un avión en el que había un hombre que tosía como si fuera su último día en la Tierra. ¿Conoces ese tipo de tos profunda que consigue que todo el mundo al derredor caiga también enfermo? Pues esa. Al principio ni me di cuenta, pero cuando fueron pasando los minutos y él se aclaraba la garganta y volvía a toser como en un bucle infinito, me fue molestando cada vez más. El motivo de mi viaje era que me habían contratado para dar una charla en un evento, y encima tenía programadas varias conferencias más en las siguientes dos semanas, por lo que no podía permitirme caer enferma y perder la voz.

Me giré, buscándolo entre los asientos hasta que di con él, tosiendo sin ponerse la mano, como si estuviera solo en todo el avión. ¿En serio iba a enfermarme por culpa de un hombre tan egoísta y maleducado? No podía permitírmelo, así que consideré mis opciones.

Ser pasivo-agresiva no servía: por mucho que resoplaba y lo miraba con rabia, no parecía darse cuenta, o directamente no le importaba. Me planteé quejarme con los aeromozos, pero el hombre se encontraba cerca de mi asiento y me oiría, lo que sería bastante incómodo. Así que decidí comportarme como una persona madura y le pregunté sin rodeos: «Perdone, señor, ¿podría por favor taparse la boca?».

Hubo un silencio pesado.

Entonces el hombre asintió con la cabeza y procedió a toser de nuevo sin ponerse la mano, lo que estuvo haciendo el resto del viaje. Lo sé porque me pasé todo el tiempo dándome la vuelta para mirarlo a través de los asientos. Obviamente, sé que él no quería estar enfermo, y que cuando uno tiene que toser, tiene que toser. Pero la cosa es que a mí cada vez me fue molestando más; no solo me estresó, sino que arruinó por completo mi día y me impidió aprovechar el viaje para adelantar trabajo.

Este es solo un ejemplo de cómo algo que ocurre a nuestro alrededor y que no está en nuestras manos controlar puede estresarnos y afectar de forma negativa a nuestro cuerpo y a nuestra mente.

CÓMO AFECTA EL ESTRÉS AL CEREBRO

Una de las expertas que he entrevistado para escribir este libro es la doctora Aditi Nerurkar, médica de la Facultad de Medicina de Harvard y autora de *Los 5 cambios antiestrés*. La doctora Aditi fue directora médica del programa de medicina integrativa del Hospital Beth Israel Deaconess de Harvard, donde desarrolló una importante práctica clínica en la gestión del estrés utilizando enfoques integrativos, basados en evidencia, para ayudar a sus pacientes a sentirse mejor.

Según la doctora Aditi: «El estrés es en tu vida un problema mucho mayor de lo que crees». De acuerdo con su explicación, el estrés te hace dudar de ti mismo, dejar las cosas para después, quemarte, hundirte y sufrir con las comparaciones. Si sientes que te cuesta concentrarte, estar contento o cuidarte, la razón suele ser el estrés. Este también puede provocar que seas más autocrítico que nunca, que lo procrastines todo, que estés más cansado de lo normal, que uses demasiado el teléfono o que te cueste desconectar del trabajo. La doctora Aditi me explicó que el estrés es mucho más que solo tensión física: es también un estado psicológico. Es importante entender esto porque el estrés afecta directamente al comportamiento del cerebro.

Normalmente, la parte del cerebro que tiene el control es la corteza prefrontal. Es la que te ayuda a dirigir tu vida cotidiana. Te ayuda a planificar, organizarte, recordar cosas y guiar tu toma de decisiones. Para convertirte en tu mejor versión, tienes que aprovecharla al máximo. El problema es que en cuanto te sientes estresado —ya sea por un hombre que tose en el avión, una fila demasiado larga o unos resultados que estás esperando recibir—, tu cerebro activa la respuesta al estrés y ese córtex prefontal que es tan importante deja de estar en control (y, por lo tanto, tú también).

La respuesta al estrés se encuentra localizada en otra parte del cerebro, llamada amígdala. La doctora Aditi describe la amígdala como una «estructura pequeña, con forma de almendra, que se encuentra en el interior del cerebro, entre las orejas. Es una de las estructuras más antiguas del cerebro humano, por lo que, a veces, recibe el nombre de «cerebro reptiliano». Es la amígdala que alberga la respuesta al estrés».

Si alguna vez has oído hablar de la reacción de lucha, huida o parálisis es lo mismo que la respuesta al estrés o la respuesta de estrés agudo: básicamente, que ante una situación de estrés, tu amígdala se apodera del control del cuerpo, lo que puede provocar la toma precipitada de decisiones y un comportamiento más impulsivo.

Cuando la corteza prefrontal es la que se encuentra al mando, somos capaces de razonar, de entender los pros y los contras, de tomar decisiones bien meditadas. En otras palabras, nos permite elegir cómo queremos responder a las situaciones.

Sin embargo, el problema aparece cuando el estrés nos invade, pues la respuesta fisiológica es automática: la amígdala toma el control, ya que el cerebro cree encontrarse en una situación en la que debe priorizar la supervivencia y la autoconservación. De esta forma, nuestro cuerpo y nuestra mente entran en modo lucha o huida, en el que solo pueden funcionar durante breves periodos de tiempo. Es decir, estamos diseñados para regresar rápidamente a nuestro funcionamiento normal, en el que la corteza prefrontal lleva las riendas y nos sentimos calmados y a salvo.

Pero ¿qué sucede si nos quedamos atrapados en la respuesta al estrés?

LA VERDADERA RAZÓN POR LA QUE ESTÁS CANSADO TODO EL TIEMPO

Según la doctora Aditi, siete de cada diez personas padecen estrés crónico. Yo, de hecho, solía ser una de ellas. Cuando padeces estrés crónico, tu amígdala nunca descansa: te encuentras atrapado en una constante reacción de lucha o huida. La doctora Aditi afirma que, cuando estamos estresados, no solo nos *sentimos* en modo supervivencia, sino que, desde un punto de vista neurológico, nuestro cerebro se encuentra de verdad en dicho modo. Tus metas, tus sueños, tus ganas de mejorar, tu paciencia y tu capacidad para no reaccionar… todo se va volando por la ventana.

Es por ello que es imprescindible que afrontemos este problema, empezando por no dejar que los demás nos hagan sentir un estrés innecesario. Hay demasiado en juego. Mereces disfrutar de una buena vida, pero nunca podrás tenerla si estás siempre en modo supervivencia.

No terminarás el proyecto este fin de semana si sigues procrastinándolo por culpa del estrés. No disfrutarás de tu tiempo libre si no te permites desconectar del trabajo. No te sentirás más presente y conectado con tu pareja si todo el tiempo estás en el teléfono consumiendo información negativa. La vida con la que siempre has soñado se encuentra justo delante de ti, pero nunca lograrás vivirla si tu autocrítica no deja de repetirte que no vas a conseguirlo.

El estrés es, sin duda, un problema grave, y es hora de que lo afrontes.

APRENDER A GESTIONAR LA RESPUESTA AL ESTRÉS

Así que le pregunté a la doctora Aditi que cómo podemos escapar de la respuesta al estrés. Según ella, el primer paso consiste en comprender qué es el estrés, de modo que sepas que tienes poder en ese tipo de situaciones.

A mí me resultó toda una revelación descubrir que el estrés es una señal de que tu cuerpo y tu mente cambian de función, pues eso significa que puedes volver a tu funcionamiento normal. Y eso es posible de forma fácil gracias a la teoría *Let Them*. Lo que ocurre a tu alrededor no tiene por qué estresarte; los comportamientos ajenos no tienen por qué suponerte un problema.

El segundo paso consiste en utilizar la teoría *Let Them* para resetear tu respuesta al estrés. Imagínatela precisamente como un botón, una pequeña palanca que puedes accionar cada vez que algo te estrese. En cuanto dices «Déjalos», estás indicándole a tu cerebro que no pasa nada, que no merece la pena agobiarse por eso. Estás, pues, pidiéndole a tu amígdala que se apague, reseteando la respuesta al estrés al desapegarte de la emoción negativa que sientes.

Así es como funciona: cuando suceda algo que te estrese lo más mínimo, dite «Déjalos», tómate un momento y luego dite «Déjate» y respira profundamente. *Déjate* tomar aire de nuevo, calmar tu respuesta al estrés, apaciguar tu cuerpo y tu mente, recuperar tu poder.

Esto parece algo insignificante, pero puede convertirte en una persona diferente. Al calmar tu respuesta al estrés puedes decidir qué decir, pensar o hacer (*déjalos*, *déjate*), en vez de permitir que las emociones dicten tu reacción. Se acabaron los mensajes enviados en un momento de rabia, las hostilidades contra tus seres queridos, las horas de trabajo perdidas para escribir un simple correo.

La clave está en que no todos los mensajes merecen una respuesta ni todas las conversaciones requieren de tu participación. Tampoco es necesario que tengas siempre la última palabra.

Poco a poco te darás cuenta de que mucho de lo que antes te ponía nervioso no vale la pena y de que cuanto menos reacciones a las cosas que te rodean, más control sentirás.

Además, la doctora Aditi afirma que está científicamente comprobado que respirar profundo ayuda a calmar la respuesta al estrés. Al inhalar lentamente, permitiendo que el aire te hinche la barriga, se estimula el nervio vago, el cual manda una señal al cerebro para indicarle que se relaje.

Al decir «Déjate», puedes evitar la respuesta al estrés, recuperando el control de la situación al elegir, *intencionadamente*, cómo quieres responder.

CONTROLA TUS REACCIONES, RECUPERA TU PODER

Volvamos al momento en el que me encontraba en un avión cerca de un hombre que no paraba de toser. Si te acuerdas, la situación me estaba estresando cada vez más, por lo que no podía concentrarme en aquello que deseaba hacer: adelantar trabajo. Me sentía como un animal enjaulado, atrapada en aquel asiento.

Te preguntarás que cómo es posible utilizar la teoría *Let Them* para hacer que alguien pare de toser.

Bueno, la respuesta es que es imposible. Que tosan. *Déjalos.*

Sé lo que estarás pensando, pero hazme caso. Sí, cada vez estaba más estresada. Sí, me parecía de mala educación no cubrirse la boca. Y sí, me preocupaba enfermarme. Pero, en términos de control, ¿qué estaba en mis manos en aquella situación? Claramente, no que otra persona tosiera o no. Lo único que podía controlar era mi respuesta a la situación.

Centrarnos en aquello que no podemos controlar solo sirve para estresarnos. En cambio, centrarnos en lo que sí podemos controlar nos alivia, nos empodera. Y eso me lleva a otro punto importante: ¿de quién era la responsabilidad de que yo no enfermara? ¿De mí o de aquel desconocido?

Obviamente, de mí: mi salud es mi responsabilidad. Aquel hombre no tenía por qué dejar de toser solo porque yo quisiera. Es mi responsabilidad responder de una manera que tenga en cuenta mis necesidades.

Me imagino lo que estarás pensando: ¿no deberíamos, entonces, ponernos la mano al toser? ¿No deberíamos lavarnos las manos, seguir unas pautas básicas de decencia? Claro que deberíamos, pero mucha gente no lo hace.

A lo que me refiero es a que lo único que vas a conseguir intentando controlar a los demás o alguna situación, es estresarte aún más. Yo, por ejemplo, podría haberme enojado, haberme pasado todo el vuelo mirándolo fijamente, haberme quejado con los aeromozos. Podría incluso haberme encarado con aquel hombre. Pero ¿con qué objetivo? ¿Acaso no tenía delante de las narices una solución más obvia y poderosa, una manera de encarar la vida de forma pragmática y estratégica?

Así que, en vez de arder de rabia en mi asiento, lo dejé toser, y luego me permití pensar en cómo protegerme. Se me ocurrió cubrirme la nariz y la boca con la bufanda, y me puse los audífonos para no enterarme de las toses. Problema resuelto.

Cada vez que nos decimos «Déjalos», reconocemos que no podemos controlar la situación. Y cada vez que nos decimos

«Déjate», elegimos centrarnos en aquello que sí podemos controlar, siguiendo el consejo de la doctora Aditi, y esto se convierte en nuestra respuesta.

Según la doctora Aditi: «La teoría *Let Them* es para nuestro cerebro estresado como un suspiro de alivio. Nos ayuda a recuperar el control sobre nuestros pensamientos y nuestra ansiedad, permitiéndoles al cuerpo y a la mente salir del modo de supervivencia y poder prosperar de nuevo».

Déjame que te explique por qué esto es vital: si te permites rendirte al estrés, le estarás cediendo todo tu poder a los demás.

En el pasado, hubiera dejado que aquel hombre que tosía me estresara. No habría adelantado, pues, nada de trabajo y, para cuando el avión aterrizara, hubiera estado cansadísima y habría llamado a mi marido para quejarme de cómo un idiota había arruinado mi viaje entero. Seguramente, también se lo habría contado en la cena a los clientes que me habían contratado para la charla. Le habría dado mil vueltas a cómo aquella situación me parecía exasperante, lo que solo habría aumentado mis niveles de estrés, de enojo y de agotamiento.

Te lo estoy explicando tan detalladamente porque quiero que entiendas la dimensión del problema. Cuando permites que los demás te estresen, cedes tu poder a cosas que o no importan de verdad o no puedes controlar, lo que suele afectar además a otras áreas de tu vida durante horas, semanas o incluso años.

Si quieres alcanzar tus metas, vivir más el presente, confiar más en ti mismo y ser más feliz, debes dejar de permitir que los demás te estresen. En la vida hay cosas que podemos controlar y otras que no, cosas justas y otras injustas. Pero el poder de decidir qué te estresa y durante cuánto tiempo es solo tuyo.

Lo que demuestra la investigación de la doctora Aditi es que aprender a proteger tu energía mejorará tu estado de ánimo, tu actitud, tu salud, tu concentración y tu habilidad para desconectar. Creo que esta es una de las razones por las que la gente se tatúa la teoría: sirve como un recordatorio de que vale la pena proteger nuestra paz mental. Saber que ese poder nos pertenece, que los demás no pueden perturbarnos si no los dejamos, nos hace sentir seguros.

Pero subamos un escalón más.

Que un desconocido tosa en un avión es una situación bastante sencilla de encarar. Después de todo, llegará un momento en que el avión aterrice y ambos sigan con su vida, por lo que es más fácil aplicar la teoría *Let Them*. Sin embargo, ¿qué ocurre cuando no está claro qué debes hacer o cuál es la respuesta correcta? ¿Cómo debes usar la teoría cuando la fuente del estrés es algo mucho más importante... algo como tu trabajo?

CAPÍTULO 4

DÉJALOS ESTRESARTE

¿Cómo aplicar la teoría *Let Them* cuando se trata de algo o alguien que activa tu respuesta al estrés cada día? Según las investigaciones, el trabajo es el causante número uno de estrés en la vida moderna… y nuestros jefes tienen el mismo impacto en nuestra salud mental que nuestras parejas.

Me imagino que esto era algo que ya intuías, pues, por muy gratificante que sea, el trabajo es un área vital caracterizada por el estrés. Desde una reunión un viernes a las cuatro de la tarde hasta clientes maleducados, correos pasivo-agresivos, un jefe o una jefa controladores, tareas que no nos gustan, la sensación de no ser valorados, la falta de oportunidades para ascender o prosperar, las falsas promesas, los despidos sorpresa, la falta de personal o las horas extra… Sea como sea, siempre hay algo.

Y si encima eres como yo y se te ha ocurrido emprender, la lista de cosas estresantes se multiplica.

¿Cómo aplicar la teoría *Let Them* para que el estrés laboral no nos afecte? Por ejemplo, ¿y si te has esforzado mucho, has cumplido con tus objetivos, lo has dado todo y más, pero aun así tu jefe no te otorga el aumento que te prometió? Y cuando le preguntas al respecto, te da la típica respuesta de: «Los beneficios de la empresa han bajado este año» y «Tengo las manos atadas, sin embargo, aportas mucho valor al equipo». Es un asco.

Ante algo así, es normal sentirse frustrado, desanimado, impotente o incluso enojado. Según la doctora Aditi, esta es una de las causas de que el porcentaje de personas que sufren el síndrome del trabajador quemado no haga más que aumentar: la gente se encuentra atrapada en un estado de estrés crónico laboral. Aunque el problema, tal como afirma Aditi, es que es probable que los niveles de estrés en el trabajo no desciendan, por lo que la única solución es que cambiemos nuestra forma de concebirlo y lidiar con él.

Sé lo mal que se pasa porque yo también he estado en esa situación. Y el hecho de que necesitamos trabajar para vivir solo nos estresa más y nos hace sentirnos impotentes. Pero da igual lo agobiante que pueda ser el entorno laboral: sea como sea, sigues teniendo poder.

Bueno, entonces ¿cómo usar la teoría para que nuestro jefe nos dé el aumento que nos merecemos?

La cosa es que no está en tus manos. *Déjalo* que te siga la corriente. Sé que es difícil aceptarlo, pero se debe precisamente a que es verdad. Sí, es injusto. Sí, te mereces ese aumento. Y sí, tienes derecho a enojarte. Mas permíteme hacerte una pregunta: ¿quién es el responsable de TU carrera profesional? Acertaste: tú.

No puedes hacer que tu jefe te dé ese aumento, o te ascienda, o incluso te mueva al escritorio que se encuentra al lado de la ventana. Da igual cuánto te esfuerces o cuánto te halaguen: la decisión es suya.

Así que, si te has esforzado, si has pedido el aumento, si has alcanzado los objetivos marcados, si lo has dado todo y más y aun así deciden no subirte el sueldo, no ascenderte o no ponerte en ese escritorio que tanto te gusta, tienes que dejar la rabia a un lado y decidir cuál va a ser tu respuesta a la situación.

Porque, ¿sabes qué? Si dejas que tus emociones tomen el control, vas a terminar volviéndote loco. Si permites que sea el estrés quien mande, no podrás tomar decisiones estratégicas y meditadas. No dejes que el estrés te vuelva un necio; es importante que a la hora de responder seas listo. «Déjate»: ahí es donde reside tu poder.

Si algo en el trabajo está fuera de tu control y ya has hecho todo lo posible para intentar influir en ello, es ridículo que malgastes más tiempo y energía intentando cambiar la situación. Y es aún más ridículo que permitas que te estrese más de lo necesario. Eres más listo que eso. Tu vida y las posibilidades que te ofrece son más importantes que tu trabajo.

Una mentira que solemos contarnos a nosotros mismos es que estamos atrapados, que no tenemos opción. No es verdad: puedes dejar cuando quieras un trabajo, una relación, una situación vital concreta, una cita, una entrevista, una conversación. Pero, en cambio, te quedas ahí sentado con tu jefe Steve, a quien maldices en cuanto termina la videollamada de la reunión.

No tienes por qué quedarte en un trabajo que te haga sentirte frustrado, desmoralizado, estresado. De hecho, no deberías. Que intenten estresarte: *déjalos*.

Ahora es el momento de pasar a la segunda parte de la teoría *Let Them*. Deja de obsesionarte con tu situación laboral actual y empieza a buscar nuevas y mejores oportunidades. Seguro que por ahí hay esperándote un puesto increíble con una buena jefa, un salario mejor y un escritorio junto a una ventana. Tu empresa no es la única sobre la faz de la Tierra, y hay un millón de jefes en el planeta a los que les encantaría ayudarte a progresar.

Déjate dar el paso.

¿Es duro buscar trabajo? Sí. ¿Puede ser un camino largo? Sin duda. ¿Da pereza e incluso miedo actualizar el currículum? Por supuesto. ¿Es intimidante hablarle a gente desconocida para crear una red de contactos? Claramente, sí. Pero tu carrera profesional es tu responsabilidad, y tienes más poder sobre ella de lo que te imaginas. Es hora de que lo asumas y des el salto.

Déjate elegir cómo deseas pasar los fines de semana. En lugar de dedicarlos a desahogarte sobre el trabajo con tus amigos, ¿y si los dedicas a buscar un empleo que te merezcas? Sí, puede que tardes seis meses en encontrarlo, no obstante, esos seis meses van a pasar sí o sí, los uses o no para perseguir lo que deseas.

Además, si te quedas en tu puesto de trabajo, ¿quién controlará tu futuro? Sí, tu jefe Steve. Pero si decides actualizar tu currículum, empezar a hacer contactos y realizar unas cuantas entrevistas, ¿quién tendrá entonces el control? Eso es: tú.

Puedes comportarte como un niño y dedicarle a tu jefe todos los insultos que existen en el mundo, pero la cruda verdad es que tú eres el único culpable, por decidir permanecer en un trabajo que no te gusta. ¿Y quieres saber de qué más eres culpable? De esconderte detrás de excusas tontas para intentar justificar por qué no das el salto. Tienes más poder sobre tu vida de lo que piensas. Ya es momento de que hagas buen uso de él.

TÚ DECIDES TU PRÓXIMO PASO

Un tema que quiero tratar con más detalle es cómo determinar la respuesta correcta cuando dices «Déjate». La primera parte de «Déjalos» es obvia. Cuando nos decimos eso, cesamos el intentar controlar lo que hacen los demás. Cuando nos decimos «Déjate», asumimos la responsabilidad de decidir la respuesta a la situación, pero no siempre tenemos claro el cómo hacerlo.

Cada situación es diferente, y aprender a identificar las respuestas dignas de tu tiempo y energía es vital. Tengo una anécdota que te ayudará a entender este paso.

El otro día saqué a pasear a nuestros perros por un parque nacional concurrido y, nada más llegar, se me acercó uno de los guardabosques para saludarme y acariciar a mis perritos. Luego, me pidió que me asegurara de llevarlos con correa y de recoger sus cacas, pues había habido bastantes quejas al respecto, tantas que se estaban planteando prohibir la entrada a perros. Le di las gracias y le aseveré que yo no era «una de esas personas» y que siempre seguía las normas.

Una vez ya en el parque, vi que a unos treinta metros delante de mí había una mujer que llevaba suelto a su perro, el cual corría como loco de un lado a otro, saltándole encima a otra gente. Me molestó enseguida; pude sentir activarse mi amígdala, implicando la respuesta al estrés. No lograba disfrutar del paseo: solo podía pensar en ese perro y su dueña, en cómo estaban haciendo exactamente lo que el guardabosques me había explicado, en cómo aquella idiota iba a conseguir que prohibieran la entrada a las mascotas.

«Déjalos», me repetí una y otra vez, y estaba funcionándome... hasta que su perro se detuvo a hacer sus necesidades en medio del sendero y observé, horrorizada, cómo ella cubría las cacas con unas hojas en vez de recogerlas. Pasé en un segundo de estar enojada a ungirme como la misma policía canina.

Esto tiene que ver con un detalle importante de la teoría *Let Them*: tu respuesta a una situación va a ser siempre única y diferente. Habrá días en los que no tengas energías para encarar a esa mujer, darle una bolsita y pedirle que recoja los excrementos de su perro, explicarle las consecuencias de sus actos y exigirle que asuma su responsabilidad. Y habrá días en los que pegues un esprint digno de una atleta olímpica y hagas exactamente eso.

Hay momentos en los que yo me encojo de hombros y simplemente me repito «Déjalos», porque sé que la situación no vale la pena. Y otros momentos en los que me digo «Déjate» ser una mejor persona, tomo una bolsita y yo misma recojo la caca de un perro desconocido... y luego la restriego por todo el coche de su dueña (esto último es una broma).

Aunque no me hace nada de gracia tener que recoger los excrementos de los perros ajenos, me gusta ser una de esas personas que cuidan los espacios públicos. Me gusta saber que dejo las cosas mejor de lo que me las he encontrado. Me gusta actuar, asumir el liderazgo, incluso aunque algo no sea mi responsabilidad.

También podría haber considerado la mejor decisión darme la vuelta, volver a la entrada del parque, buscar a aquel guardabosques y esperar juntos a que apareciera la mujer para que él tuviera que lidiar con ella.

Todas estas opciones eran igual de válidas, y quizás incluso se te estén ocurriendo otras mientras lees. La clave es que todas las situaciones son diferentes entre sí, pero hay una cosa que nunca cambia: siempre puedes elegir cómo responder.

Yo no podía evitar de ninguna manera que aquella mujer dejara a su perro hacer sus necesidades en medio del camino, pero sí podía decidir qué hacer como consecuencia. Tenemos poder sobre la persona que queremos ser, y eso es bastante empoderador.

Cada situación va a depender de cómo te sientas, qué esté ocurriendo en tu vida en ese instante, cuánto te importe el asunto, cuáles sean tus valores y qué consideres mejor opción. La segunda parte de la teoría *Let Them* es una oportunidad para poner en el centro de nuestra vida nuestro tiempo, energía y principios. Es momento de elegir qué merece tu atención y qué no. Pero ¿cómo decidir qué es aquello que nos conviene, sobre todo en medio de una experiencia estresante? Buena pregunta.

En esas situaciones a mí me ayuda decirme «Déjalos», tomarme un segundo y preguntarme: ¿me seguirá molestando esto en una hora, en una semana, o es algo que solo me está agobiando ahora mismo?

Si es algo a lo que todavía le estaré dando vueltas dentro de una hora, debería hacer algo al respecto. Si es algo que todavía me importará en una semana, en un año, sin duda, tengo que pasar a la acción. Por ejemplo, en el caso de aquel perro y su dueña, sabía perfectamente que era algo que me seguiría fastidiando cada vez que fuera al parque.

La mayor parte de las veces serás capaz de identificar qué te conviene más hacer. Lo que me lleva a otro ejemplo, uno perfecto que sacar justo después de hablar de heces: la política.

Según un estudio reciente, la mayoría de la población mundial afirma sentirse muy agobiada con el estado actual de la política. Yo formo parte de ese porcentaje. ¿Cómo no serlo? Vivimos en un momento histórico en el que estamos más polarizados que nunca. Hay mucho en juego, y todo el mundo parece encontrarse enojado o asustado por el devenir de las cosas (o ambas). Resulta imposible mantener una conversación civilizada con la mayoría de la gente que tiene un punto de vista distinto al nuestro, como si nadie estuviera dispuesto a intentar ponerse en la piel de los demás.

Dado lo estresante que puede llegar a ser la política a nivel local, estatal, nacional y mundial, lo más fácil sería encogerse de hombros y desentenderse ante la dificultad de cambiar la situación. ¿Acaso podemos cambiar esto con la teoría *Let Them*?

No. El Senado ha votado. Las elecciones han terminado. La democracia ha hablado. *Déjalos*. No podemos cambiar nada de eso.

Pero sí está en nuestra mano cambiar el futuro. ¿Resulta abrumador? Sí, claro está. ¿Es fácil creer que no vamos a poder cambiar nada? Por supuesto.

Hazlo aun así. *Déjate* involucrarte en los asuntos que te preocupen y hacer lo posible por mejorar el estado de la política actual. No te limites a quedarte sentado esperando a que alguien actúe. Si se trata de algo que te importa, conviértete en la persona que hace algo al respecto. Crea el cambio que te gustaría ver. Ese es el poder que encierra la segunda parte de la teoría *Let Them*.

Como afirma Margaret Mead: «Nunca dudes de que un pequeño grupo de ciudadanos concienciados y comprometidos puede cambiar el mundo; de hecho, es lo único que alguna vez lo ha conseguido».

También quiero compartir lo que Arndrea Waters King me dijo en su pódcast *My Legacy*:

> El movimiento por los derechos civiles nos enseñó que responder con amor y dignidad, incluso ante la injusticia, no es rendirse: es fortaleza. A través de nuestro trabajo en Realize the Dream, Martin Luther King III y yo continuamos con este legado capacitando a individuos y comunidades para que elijan la paz, el propósito y la acción como una fuerza para la justicia. La teoría *Let Them* se hace eco de este legado, recordándonos que siempre tenemos el poder de decidir qué energía alimentamos, qué batallas libramos y cómo crear el cambio.

En muchas ocasiones, lo único que hace falta es una persona que haga lo correcto. Si algo te importa lo suficiente, esa persona puedes ser tú. Siempre hay algo que hacer, y tú puedes suponer la diferencia. Y si no te importa lo suficiente como para involucrarte, deja de quejarte al respecto: lo único que consigues con eso es estresarte, algo que, como ya hemos visto, es necio y ridículo.

Hablar es fácil, pero si algo te preocupa o te molesta de verdad, intenta cambiarlo.

Una y otra vez, cuando apliques la teoría *Let Them*, sean cuales sean las circunstancias, te darás cuenta de que no importa lo grande que sea el problema o lo estresante que te parezca: siempre hay algo que puedes hacer a través de tus decisiones y actitud para mejorarlo.

Ese es el poder de «Déjate». No puedes controlarlo todo ni a todos, pero sí puedes elegir qué decir, pensar o hacer en respuesta. Y cuanto más aproveches ese poder, más consciente serás de todas las veces en que, sin ni siquiera ser conocedor de ello, te has autosaboteado, perjudicando tu propia felicidad y cediendo a otros tu fuerza.

Tu tiempo y tu energía son primordiales, algo que la teoría *Let Them* defiende y en lo que se basa para permitirte discernir mejor lo que vale la pena y lo que no. Esto, sin embargo, no significa que te permita evitar conversaciones difíciles, guardar silencio ni dejar que los demás te pisoteen; tampoco significa que debas andar por ahí recogiendo las cacas de los perros de otros ni convertirte en político.

Lo que significa es que puedes elegir qué te afecta y en qué medida, en qué involucrarte y cómo hacerlo. Puedes elegir cuándo un trabajo o una relación o un asunto cualquiera merece la pena, y cuándo es mejor pasar página. La clave es, en resumen, que puedes elegir, y por eso siempre estará en tu mano decidir lo que ocurre a continuación.

VEAMOS QUÉ HEMOS APRENDIDO SOBRE EL ESTRÉS

Ahora mismo permites que otra gente introduzca en tu vida estrés innecesario, algo que la teoría *Let Them* evita, pues te enseña a proteger tu energía y a centrarte en lo que importa de verdad no permitiendo que molestias banales controlen tu vida.

1. **Problema**: siempre va a haber personas que hagan cosas que te molesten, te enojen o te estresen. Eso no va a cambiar, pues no tienes ningún control sobre ello. Pero si permites que el comportamiento ajeno te estrese, cedes a los demás tu fuerza, lo que te deja agotado, sin tiempo ni energía para ti mismo y las cosas que te importan.
2. **Realidad**: la respuesta al estrés es un mecanismo fisiológico automático que te hace sentir molesto, frustrado, enojado, inquieto. No tienes control alguno sobre las emociones que se despiertan en tu cuerpo, pero sí tienes la capacidad de apagar tu respuesta al estrés para que dichas emociones no te afecten más de la cuenta.
3. **Solución**: gracias a la teoría *Let Them*, te proteges del estrés que te producen otras personas. Tu poder reside en tu habilidad para elegir qué hacer ante el comportamiento ajeno, una situación molesta y las emociones que sientes.

Al decirte «Déjalos», tomas la decisión de no permitir que los demás te estresen o te molesten. Y al decirte «Déjate», apagas tu respuesta al estrés y asumes la responsabilidad de tu propia respuesta.

Es hora de recuperar todo tu tiempo y energía para lo que más te importa.

EL MIEDO A LAS OPINIONES AJENAS

CAPÍTULO 5

DÉJALOS QUE PIENSEN MAL DE TI

En su poema «Un día de verano» («The Summer Day»), la poeta Mary Oliver lanzaba la siguiente pregunta: «Dime, ¿qué planeas hacer con tu salvaje y preciosa vida?».

No tengo ni idea de qué le responderías, pero si algo sé a ciencia cierta es que, independientemente de lo que planees hacer, la gente siempre tendrá una opinión al respecto.

En esta parte del libro aprenderás a aplicar la teoría *Let Them* para evitar que las opiniones ajenas te impidan perseguir aquello que deseas y limiten el potencial de tu salvaje y preciosa vida.

Probablemente, no seas consciente de hasta qué punto es grave este problema, al igual que yo tampoco lo era. Es fácil fingir que no nos interesa lo que los demás piensen de nosotros, pero, en realidad, a todos nos importa.

Lo cierto es que siempre habrá gente que piense mal de ti y no hay nada que puedas hacer para impedirlo. Pero cuando permites que el miedo al juicio ajeno te impida hacer lo que quieres, te conviertes en prisionero de sus opiniones. Este miedo nos afecta en todos los aspectos de la vida: nos incita a procrastinar, nos hace dudar de nosotros mismos, nos paraliza a través del perfeccionismo y nos lleva a sobrepensarlo todo.

Es hora de liberarnos de él; es momento de dejar que la gente piense lo que le dé la gana. *Déjalos*. Y luego *déjate* dar pequeños pasos con valentía y sin pedir disculpas, pasos que, con el tiempo, transformarán toda tu vida.

La teoría *Let Them* supuso para mí una imparable llamada de atención. Era consciente de que las opiniones ajenas me afectaban, pero no me di cuenta de qué tan grande era el problema hasta que empecé a decirme «Déjalos». Que me juzguen, que me desaprueben: *déjalos*. *Déjalos* tener sus propias opiniones, déjalos pensar mal, *déjalos* criticarme a mis espaldas.

Ahora mismo permites que los juicios ajenos guíen tu vida, eligiendo un camino u otro según lo que crees que pensarán los demás, en vez de hacer lo que te apetece a ti. Pero al avanzar por la vida tratando de adivinar lo que la gente opina, estás cediendo tu fuerza.

¿Y si, en vez de sobrepensar cada paso, dejas que los demás piensen lo que les dé la gana? Liberarse de tal carga cambia la vida. Recuerda: no puedes controlar lo que los demás dicen, hacen o piensan. Cuanto más los dejes pensar lo que les apetezca, mejor será tu camino.

¿Y si, a su vez, te permites vivir tu vida como quieras? ¿Y si inviertes tu tiempo y energía en tus aficiones, tus hábitos, tu felicidad, y no en lo que otros puedan pensar? ¿Qué harías diferente si no te importara de verdad que te juzgaran? ¿Sería algo que te da miedo admitir que deseas? ¿Cuál de tus creencias no te gustaría que los demás supieran? ¿Qué te asusta tanto probar solo porque nunca lo has hecho antes? ¿Con qué reto, camino o aventura sueñas en secreto? ¿Qué te encantaría que ocurriera en el trabajo, pero te da demasiado miedo pedirlo? ¿Qué conversación evitas tener? ¿Qué fotos no te atreves a publicar?

Esta última pregunta es, para mí, determinante.

EL MAYOR OBSTÁCULO DE TU VIDA

Hace diez años acababa de empezar como oradora motivacional. Era, pues, nueva en el sector y, como suele pasar al emprender, no tenía ni un centavo. Para practicar, me acercaba a pequeñas conferencias de mujeres y me ofrecía a hablar gratis.

Si eres emprendedor, tienes un negocio secundario o intentas ganar dinero de las redes sociales, seguramente sabes de lo que hablo, porque al principio es normal trabajar mucho a cambio de nada.

Empecé a sentirme frustrada al año, ya que era cada vez mejor en lo mío y mi audiencia no paraba de crecer, pero mi cuenta bancaria disminuía. ¿Por qué? Porque trabajaba a tiempo completo durante la semana y daba charlas gratis los fines de semana, y, como ya he contado en la introducción, por esa época mi marido y yo debíamos mucho dinero. Gracias a eso, no obstante, tenía un gran incentivo para averiguar cómo ganar dinero con las conferencias. Lo primero que hice para dar con la tecla fue pedirles consejo a algunos oradores y oradoras con más experiencia, lo que te recomiendo que hagas a la hora de emprender cualquier empresa, aventura o sueño.

Todos los negocios cuentan con su propia fórmula. Mi recomendación es que la sigas, pues según mi experiencia la gente tiende a quedarse atascada en la creencia de tener que ser diferente. Básicamente, esa es una forma elegante de admitir que te asusta que otros crean que les has copiado. Este es un ejemplo de cómo tu miedo hacia lo que los demás piensen te impide seguir el camino más obvio, fácil y seguro hacia el éxito.

Déjalos que piensen que les copiaste. Al fin y al cabo, lo hiciste, del mismo modo que ellos le copiaron a otra persona. Porque lo hicieron: las fórmulas existen porque funcionan una y otra y otra vez. De todos modos, la convertirás en algo único porque le estarás añadiendo otro factor: tú. No intentes reinventar la rueda. Sigue la fórmula y utilízala a tu favor.

Y esto es exactamente lo que me dijeron los oradores a los que les pedí ayuda. Según me explicaron, todos los oradores exitosos hacen las mismas tres cosas, y no puedes considerarte del todo un orador hasta que las haces.

Esto fue lo que me recomendaron hacer:

1. Abrir una página web con fotos mías en el escenario y una descripción de las principales conclusiones de mi discurso.

2. Añadir a la web testimonios de algunos organizadores de eventos anteriores en los que hubiera hablado.

Y lo más importante:

3. Hacerme un nombre en internet: usar las redes sociales para hacer publicidad de mis servicios, publicar fotos de eventos y de sus organizadores, publicar contenido sobre mi discurso. Las redes sociales son hoy en día la forma de que la gente dé contigo. Sirven para demostrar que eres alguien en la industria, y es el medio de redirigir a los interesados a tu página web para que puedan contratarte.

«Esta es la fórmula del sector —me dijeron—. Síguela y empezarás a cobrar por tus charlas». Gracias a aquel consejo, sabía exactamente lo que tenía que hacer a continuación. Además, había mucho en juego: necesitaba ganar más dinero para poder sacar a mi familia de la deuda. Tenía muy claro lo que debía hacer.

¿Seguí la fórmula al milímetro? La verdad es que no. Sí, me creé una página web, y añadí en ella algunos testimonios, pero ¿empecé a usar las redes sociales de forma profesional? No.

En aquella época, las redes sociales eran algo personal. Las mías, por ejemplo, estaban repletas de fotos de mis hijos, de viajes en familia y de selfis con amigos. Solo me seguían amigos, antiguos compañeros de clase y familiares. Nunca jamás había publicado nada sobre mi sueño de convertirme en oradora motivacional, y mucho menos sobre que llevaba alrededor de un año haciéndolo gratis.

Si alguna vez has decidido usar tus redes sociales para un negocio, para compartir tu arte o para cualquier aspecto en particular, sabes lo difícil que es tomar la decisión de convertir tu cuenta, llena de fotos personales, en una profesional. A mí me costó DOS AÑOS empezar a publicar en mis redes sociales contenido sobre mi trabajo. ¿Y por qué?

PORQUE TENÍA MIEDO DE LO QUE LA GENTE PUDIERA PENSAR

«¿A qué gente le tenías miedo, Mel?».

«A mis amigos». Me asustaba dejar de subir fotos de mis hijos y de parrilladas y de reuniones familiares y empezar a publicar contenido mío dando charlas por si la gente me juzgaba. «¿Quién se cree que es? ¿Quién demonios la contrata para hablar? ¿Qué rayos tendrá que decir? Vaya farsante».

Intenté publicar más de una vez, pero en cuanto tenía ya elegidas una o dos fotos del último evento, el miedo me invadía de nuevo. Luego, mientras redactaba la descripción, me iba preocupando más y más lo que los demás pudieran pensar: «¿Sonará esta frase demasiado arrogante? ¿Es este pie de foto lo suficientemente profesional? ¿Dejará la gente de seguirme? ¿Pensarán mis conocidos que soy una engreída? ¿Debería abrirme una cuenta aparte solo para esto?».

Terminaba autoconvenciéndome de que no merecía la pena publicar nada. ¿Quieres saber por qué? Porque me suponía tanta energía intentar dar con la imagen y la descripción perfectas, las más convincentes y profesionales posible, las que sirvieran tanto para promocionarme como para que nadie pensara nada negativo de mí, que acababa exhausta, vacía.

Creé cientos de publicaciones, y se quedaron ahí, en borradores, durante años. Y cuando por fin encontré la confianza suficiente para publicar, me pasaba los cinco minutos posteriores comprobándolo todo obsesivamente. Luego, si la publicación no conseguía todos los «me gusta» que yo quería o los comentarios no eran tan positivos como esperaba, la borraba.

Aquel estúpido miedo me impidió durante bastante tiempo publicitar mi trabajo, a pesar de que deseaba convertirlo en mi carrera profesional. Hablando de ceder poder a los demás, les di a las opiniones ajenas más peso e importancia que la que le otorgué a mi propia capacidad de resiliencia.

Ahora, cuando me acuerdo de ello, me pongo triste.

Me impedí a mí misma hacer aquello que me habría ayudado a conseguir mis metas, ganar más dinero, sacar a mi familia de la deuda, poder comprarles a mis hijos cosas bonitas y obtener muchos más clientes de forma más rápida. Qué tontería más grande, ¿no? Todos estamos de acuerdo. Y, sin embargo, estoy segura de que tú también lidias con este mismo miedo cuando se trata de exponerte.

Ya sea en tu trabajo, en tu arte, en tu música, en tus videos o publicando una foto tuya en traje de baño, si te autocensuras es por el miedo al qué dirán. Es por eso por lo que te tapas el acné e insistes en salir en todas las fotos desde tu «lado bueno», o por lo que no participas en las reuniones. En internet nos da miedo salir mal y en el trabajo, hablar mal. Te asusta lo que la gente pensará si conoce a tu verdadero yo.

Cada vez que revisas y editas lo que publicas, o te quedas callada en clase o en el trabajo, o te escondes detrás en una foto de grupo, te estás rechazando a ti mismo. Eres tú quien te estás diciendo que no vales lo suficiente. Dedicarte a cuestionar, editar, borrar o sobrepensar todo lo que haces, dices o publicas, o preguntarles constantemente a los demás si algo les gusta o si te queda bien, solo magnifica tu inseguridad. ¿Y sabes qué es lo más increíble de todo? Pues que tú eres quien te lo haces a ti mismo. Yo también lo hice.

La mayoría de los consejos en este tema son horribles. La gente tiende a decirte simplemente que dejes de preocuparte por lo que puedan pensar los demás, pero nadie te explica cómo. Es hora de encarar el asunto desde un nuevo punto de vista. La teoría *Let Them* te ayudará por fin a terminar con este miedo de una vez por todas: deja que la gente tenga la libertad de pensar mal de ti.

Este es un concepto revolucionario que te hará ganar autoestima, liberará tu verdadero yo y te catapultará hacia un nuevo capítulo de tu vida.

Deja que la gente tenga la libertad de pensar mal de ti. *Déjalos*. No solo funciona: es ciencia.

NO PUEDES CONTROLAR LAS OPINIONES AJENAS

El hecho es que resulta imposible controlar lo que los demás piensan de ti. Por lo tanto, temer o intentar cambiar sus opiniones es una completa y total pérdida de tiempo. Nunca te sentirás del todo con el control de tu vida, tus sentimientos, tus pensamientos y tus acciones hasta que no dejes de estar obsesionado o de tratar de controlar lo que otra gente piensa de ti.

Permíteme repetírtelo: siempre habrá quien piense mal de ti, no importa lo que hagas. ¿Por qué? Porque la gente puede pensar lo que le dé la gana.

Es tanto física como neurológicamente imposible controlar las ideas ajenas. Un humano medio tiene al día unos 70 000 pensamientos, la mayoría de los cuales son totalmente aleatorios. Por ende, es absurdo malgastar energía en preocuparse por ello. De hecho, ni siquiera puedes controlar la mitad de tus propios pensamientos. ¿Cómo demonios crees, entonces, que podrás controlar los de otra persona? Es científicamente imposible.

Y aquí es donde entra la teoría *Let Them*. En vez de temer las opiniones ajenas, vas a dejar que la gente piense lo que quiera. De hecho, te recomiendo que siempre asumas que los demás van a pensar mal de ti. Porque lo hacen. Y es normal. Incluso la gente que te quiere lo hace ¡todos los días! Yo también lo hago. Y, de nuevo, es normal. Para muestra, un botón.

Cuando mi marido se despierta, suele tirarse un gran pedo. Mi primer pensamiento es: «Qué asco». Quiero a Chris más que a cualquier humano sobre la faz de la Tierra, pero pienso cosas malas de él.

Lo mismo pasa con mi perro, Homie: siempre se pone insoportable a las cinco de la tarde porque sabe que es la hora de la cena. Me sigue a todos lados como loco e intenta saltarme encima, y, aunque lo quiero, me parece un pesado.

Mi hija mayor, Sawyer, quien me ha ayudado a escribir este libro, es una completa obsesiva del control. Cuando las cosas no salen bien, se vuelve prepotente y demasiado intensa, y entra en un bucle con el que solo consigue estresar a todo el mundo. Pero por supuesto que la quiero.

Cada vez que hago una videollamada con mi otra hija, Kendall, quien vive en Los Ángeles, me doy cuenta de que trae ropa nueva. Creo que es una irresponsable con el dinero y que no le hace falta comprar más ropa, pero la quiero.

Y nuestro hijo, Oakley, es literalmente perfecto. ¡Es broma! Cuando se despierta, se pasa una hora entera sin querer hablar con nadie y ni siquiera hace contacto visual. Me parece un maleducado, pero aun así lo quiero.

Por otro lado, les he pedido a mis hijos que me definieran con algunos adjetivos, y me han llamado desastre, desorganizada, ruidosa, demasiado cercana, metiche, controladora, lenta, sabelotodo… y tienen mucho que decir sobre cuánto comparto de nuestra vida en internet. Pero, aun así, me quieren. (Sawyer quiere añadir que ayudarme a escribir este libro casi la vuelve loca debido a la cantidad de veces que he querido cambiar el manuscrito. Como dato, esta es la versión 11.0).

¿Por qué te cuento todo esto? Para que entiendas que todo el mundo tiene opiniones críticas sobre los demás, ya sean desconocidos o seres queridos. Es un hecho. Acéptalo. En vez de intentar cambiar la realidad, empieza a usarla a tu favor. *Déjalos.*

Aquí va otra certeza: solo porque a alguien le parezca mal algo de ti no significa que no le gustes en general.

Puedo pensar algo malo de mi marido y aun así quererlo y tratarlo con respeto y amabilidad, porque podemos sentir varias cosas a la vez. Es posible, pues, que algo nos moleste de alguien y, a pesar de ello, quererlo con toda tu alma. Podemos considerar que un ser querido tiene amigos que son una mala influencia o un mal novio, opinar que una persona a la que queremos es una exagerada, creer que la idea de negocio de alguien cercano va a fracasar o pensar que un ser querido es un egocéntrico, y, aun así, quererlos.

Mi argumento es sencillo: la gente va a juzgarte y a juzgar tus decisiones. *Déjalos.* Déjalos dudar de ti. Déjalos cuestionar tus elecciones. Déjalos equivocarse. Déjalos poner los ojos en blanco cuando empieces a publicar videos en internet o cuando desees reescribir un manuscrito por duodécima vez.

En lugar de malgastar tu tiempo preocupándote por ello, vive tu vida de forma que tú te sientas orgulloso. *Déjate* hacer lo que quieres hacer con tu salvaje y preciosa vida.

Este punto de vista resulta liberador porque ahora mismo avanzas por tu camino tratando de anticiparte a lo que los demás van a pensar. Cuando dejas que ese miedo dicte tus decisiones, limitas tu potencial y te impides perseguir aquello que de verdad deseas. Esto te lleva a procrastinar, a dudar de ti mismo, a quedarte atrapado en un perfeccionismo eterno y, especialmente, a pasarte día tras día sin hacer lo que te ayudaría a conseguir lo que quieres.

Tienes tanto miedo al qué dirán que no te arriesgas. ¿Acaso no es verdad? ¿Acaso no temes los juicios ajenos? ¿Acaso no te aterra pensar en qué dirán los demás si te divorcias o dejas tu trabajo o vuelves a estudiar o te cortas el pelo o intentas entrar en el equipo de futbol y te rechazan? Por supuesto que todos tendrán algo que decir. ¿Y qué?

Este miedo tan absurdo te está impidiendo probar cosas nuevas, arriesgarte, ser tú mismo, pasar a la acción para, poco a poco, cambiar tu vida. Es una pena.

La teoría *Let Them* te ayudará a ser más valiente. ¿No parece lo más sensato aceptar la realidad y dejar que los demás dispongan de su derecho a juzgarte?

No puedes controlar los pensamientos ajenos, así que no tiene sentido tenerles miedo ni permitir que te paralicen. Tu tiempo es demasiado valioso y tienes cosas importantes que hacer en esta salvaje y preciosa vida.

A partir de hoy, concédele a la gente la libertad de juzgarte. *Déjalos.*

«PERO NO QUIERO QUE NADIE PIENSE MAL DE MÍ»

Me imagino lo que debes de estar pensando: «Pero, Mel, no quiero que nadie piense mal de mí». Lo sé. Yo tampoco quiero. Pero lo cierto es que el miedo a lo que puede que los demás piensen de ti es la principal fuente de tus inseguridades.

«No soy lo suficientemente bueno, lo suficientemente inteligente». ¿Para quién?

«Van a molestarse conmigo». ¿Quiénes?

«A mis padres no va a parecerles bien esto». ¿Y?

«Si lo hago, no voy a caerle bien a nadie». ¿Quién es «nadie»?

«¿Qué van a pensar mis amigos?». Lo que les dé la gana.

«¿Me quedará mal esto?». ¿A ojos de quién?

Todas esas inseguridades tan comunes están ligadas a los juicios ajenos. Por eso es por lo que te lo repito de nuevo: siempre habrá gente que piense mal de ti, y de tu forma de vestir, y de eso que acabas de decir, y de aquello que hiciste la semana pasada, y de todo lo que desees hacer.

Déjalos.

Tienen derecho a pensar lo que quieran. Tú también lo tienes. Y es por eso por lo que la teoría *Let Them* te hará libre: en lugar de vivir a la defensiva, vas a pasar a la ofensiva. Vas a jugar el partido de la vida como de verdad desees.

Aquí va otra verdad, una más: eres mucho más fuerte que cualquier opinión ajena sobre ti. Deja de cederles a los demás tu poder y atrévete a aprovechar todo tu potencial.

Déjate vivir de forma que tú te sientas orgulloso. *Déjate* tomar decisiones que se encuentren alineadas con tus valores. *Déjate* arriesgarte simplemente porque te apetezca. *Déjate* seguir el camino que tu alma ansíe.

Siempre será más importante elegir lo que nos haga felices, ser valientes, arriesgarnos y crear nuestro propio destino que las opiniones ajenas. Esta es TU vida. Deja de permitir que el qué dirán la arruine.

Escribe un libro, pídele salir, ponte la ropa que te dé la gana, pásate el día surfeando, vuelve a estudiar, deja la carrera, adopta un perro, vete de viaje, deja de beber, disfruta de tu sexualidad, elige el sendero que tanto miedo te ha dado siempre tomar.

Cuanto más utilices la teoría *Let Them*, más consciente serás de que, bajo tanto miedo, tu alma lleva todo este tiempo guiándote en la dirección que te corresponde.

Cada vez que te dices «Déjalos», apagas de golpe el ruido y las distracciones superficiales y dejas espacio para algo más trascendental: tu propia voz, tu intuición, tu verdad, tu camino único en la vida.

Todo eso siempre está ahí, contigo, solo que enterrado bajo el miedo.

Conforme uses la teoría *Let Them* para liberarte de la carga de las opiniones ajenas, empezarás a vivir dejándote guiar por tus principios, tus necesidades y tus metas. En vez de centrarte en lo que los demás puedan o no pensar, recorrerás la vida con la mirada puesta en sentirte orgulloso de ti mismo.

Y esa es la clave: cuando TÚ te sientes orgulloso de ti mismo, posees un poder excepcional.

TOMA DECISIONES QUE TE ENORGULLEZCAN

Esto me lleva a un punto también muy importante: es imprescindible priorizar las necesidades propias manteniendo al mismo tiempo relaciones de apoyo y amor. La teoría *Let Them* no tiene como objetivo que avancemos por la vida como personas egoístas y narcisistas a las que no les preocupan los demás.

De lo que se trata es de aprender a anteponer tus necesidades mientras compaginas lo que te conviene con las expectativas y sentimientos ajenos. Lo ideal en la vida es no ser ni un tapete ni un *bulldozer*, sino hallar un equilibrio entre ambos extremos.

Pongámonos en el ejemplo de que te espera un fin de semana bastante complicado. Por un lado, una amiga cercana celebra un cumpleaños importante, por lo que va a ser uno de esos fines de semana tan divertidos en los que todo el grupo de amigos se junta a disfrutar. Es verdad que para ti significa un viaje de cuatro horas en coche, pero sabes que lo correcto es ir. Por otro lado, les prometiste a tus padres hace meses que irías a verlos este mismo fin de semana porque tus abuelos están de visita.

Quieres hacer ambas cosas. Quieres ser una buena amiga, una buena hija y una buena nieta, así que mueves cielo y tierra y conduces cuatro horas hacia el norte el viernes para acudir a la fiesta de tu amiga. Y te alegras muchísimo de haberlo hecho.

Te acuestas tarde porque te quedas hablando con tus amigos y compartiendo vino, disfrutando a más no poder de la velada.

Pero por la mañana te despiertas a las siete, te vistes, dejas una nota disculpándote por perderte el resto del fin de semana y vuelves a lanzarte a un viaje de carretera de cuatro horas hasta casa de tus padres. Mientras conduces, te sientes orgullosa del esfuerzo que estás haciendo por aquellos a quienes quieres.

Lo que no sabes (pero descubrirás después) es que a la chica del cumpleaños le pareció mal que te hayas ido, e incluso dijo: «No sé para qué se molestó en venir si solo podía quedarse una noche».

Déjala.

Cuatro horas después, llegas por fin a casa de tus padres, aunque con algo de resaca y obviamente cansada. En cuanto sales del coche, abrazas a tu abuela, que está muy emocionada por verte, saltándosele las lágrimas. Luego abrazas a tu madre, quien te susurra en el oído: «A tu abuela le decepcionó mucho que no estuvieras aquí anoche cuando llegó. —Y después añade—: Salimos en diez minutos para ir a comer. Corre, ve a cambiarte».

Déjala.

Esta historia tiene dos puntos clave. En primer lugar, que hacer lo imposible por complacer a todo el mundo, e incluso lograrlo, NO te garantiza que la gente vaya a pensar bien de ti. *Déjalos.*

Y en segundo —y más importante— lugar, no hagas lo imposible por intentar complacer a todo el mundo. Yo solía ser ese tipo de persona, y lo único que terminaba sintiendo era que no podía más y que nada de lo que hacía parecía nunca suficiente.

Ahora que conozco la teoría *Let Them*, hago lo imposible por hacerme feliz *a mí misma*. Te lo explico.

La razón por la que hoy en día llevaría a cabo un esfuerzo hercúleo, por la que iría tanto a la fiesta de mi amiga como a ver a mis abuelos, sería porque a MÍ me haría sentirme orgullosa de mí misma.

No hagas algo por un amigo para que piensen que eres buen amigo: hazlo porque te haga sentir que TÚ eres un buen amigo. No vayas a ver a tus abuelos para que tu madre esté contenta: ve a verlos porque a ti te haga sentir bien priorizar a la familia.

Cuando actúas buscando estar orgulloso de ti mismo, te da igual lo que los demás piensen. Total, va a molestarles que te vayas antes de tiempo, va a molestarles que hayas llegado tarde. Siempre habrá alguien a quien no le gusten tus decisiones: simplemente, no permitas que seas tú el decepcionado. No dejes que sea la culpa la que guie tu camino.

Cuando vas a ver a tus padres porque te sientes culpable, los conviertes en los malos de la película. Sin embargo, si vas porque a ti te parece mal no ir, tienes el control de tus decisiones.

Este es un ejemplo muy claro de cómo dejar de preocuparte por las opiniones ajenas y dejar que tus valores guíen tus pasos. Pero ¿qué pasa en esos momentos en los que una opinión ajena sí importa? ¿Y si a tu madre no le gusta la persona con la que quieres casarte? ¿Qué hacer en esos casos?

Yo he estado ahí.

CAPÍTULO 6

CÓMO QUERER A GENTE DIFÍCIL

En mi opinión, es más fácil utilizar la teoría *Let Them* con desconocidos, con compañeros de trabajo e incluso con amigos, porque normalmente luego cuentas con cierto tiempo y distancia para recargar energías. Después de la jornada laboral, te vas a casa. Después de aterrizar, te largas del avión. Después de ver a tus amigos, puedes irte a tu cuarto y cerrar la puerta. Y la mayoría del tiempo ni siquiera sabrás que alguien está pensando mal de ti.

¿La familia, sin embargo? Con la familia todo se complica, pues la familia te acompaña de por vida.

La familia suele ser también mucho más franca y directa con sus opiniones. Les ha molestado que no hayas ido a verlos durante las vacaciones. Te preguntan todo el rato que por qué sigues sin pareja. Creen que has arruinado tu vida al dejar la universidad. Odian a tu grupo de amigos. No les gusta el camino que has elegido. Te dejan claro que no les agrada la persona con la que sales. No les parece bien que dejes tu trabajo para intentar emprender. Te dicen a la cara que no te cuidas lo suficiente.

Nuestros familiares tienden a ser mucho más duros con nosotros porque les interesan de verdad nuestra felicidad y nuestros éxitos. Y una forma de demostrar que les importamos es metiéndonos presión. Por eso, cuando no les caen bien nuestros amigos o creen que estamos tomando una decisión equivocada o les gustaría que nos cuidásemos más, nos lo dicen sin rodeos.

La mayoría del tiempo esto es simplemente la forma de demostrarte que te quieren. Desean lo mejor para ti, buscan que seas feliz y les preocupa que desperdicies tu potencial. Sin embargo, es muy muy fácil cruzar la línea entre la preocupación y el control.

Tu familia lleva juzgándote desde que naciste, pues te conocen desde hace más que nadie. Se sienten con derecho a opinar sobre tu vida porque creen saber qué es lo mejor para ti (lo cual suele coincidir con lo que consideran mejor para ellos).

Además, todos los miembros de una familia tienen expectativas sobre los demás y sobre cómo deberían ser en conjunto. Las relaciones familiares son más profundas que las demás porque se conocen desde hace mucho y, encima, porque dichas relaciones forman una red interconectada. Es por eso por lo que tu familia tiende a reaccionar de forma más dramática a los cambios: porque son una red, un sistema, y cada cambio que realice un miembro provocará ondas que alcancen al resto, las cuales pueden ser negativas o positivas.

Entender esto, que tu familia reacciona a tus decisiones porque son todos parte de una red que lleva creciendo generaciones, puede ayudarte a gestionar mejor el asunto.

Con esto no quiero decir ni que la red ni las expectativas de tu familia estén bien; simplemente estoy exponiendo la realidad. A mí, entender el porqué de las cosas me ayuda a mantener el control y tomar mejores decisiones.

Por ejemplo, si decidieras divorciarte, dejar de seguir las tradiciones familiares o casarte con alguien que no comparte tu religión, o emprender un camino profesional distinto, o tener creencias políticas diferentes, esto mandaría ondas a través de toda la red, pues alteraría las expectativas de todos sus miembros y sus ideas sobre quién eres y cómo deberías vivir tu vida.

Nunca es esto tan evidente como cuando aparecen las dinámicas entre hijastros y padrastros, pues se trata de tal conmoción para el sistema familiar que puede hacerla más resistente o romperla, ya sea esto algo bueno o algo malo. Todas las expectativas sobre el funcionamiento del hogar salen volando por la ventana cuando llegan nuevos miembros. Este tipo de cambios suele ser muy difícil de aceptar, especialmente para los niños, quienes son forzados a aceptar este cambio y operar como si nada hubiese pasado.

Si eres un padrastro o una madrastra, la teoría *Let Them* te será de muchísima ayuda. Como adulto, es tu responsabilidad dejar que los pequeños atraviesen su duelo. *Déjalos* verte (a ti y a tus hijos, si es el caso) como una amenaza, porque independientemente de lo buenas que sean tus intenciones, a sus ojos lo eres. De repente sienten que tienen que competir contigo para ganarse la atención de su progenitor, y encima es verdad. Lo único que los niños buscan en estas situaciones es sentirse con el control, que es lo mismo que deseas sentir tú. *Déjalos* procesar sus emociones. *Déjalos* disfrutar de tiempo a solas con su padre o madre. Y si no les caes bien, *déjalos*.

En el otro lado del ejemplo, nunca olvides que un hijastro o una hijastra necesita de tu comprensión, paciencia y compasión. No solo tienen que aceptar a un nuevo adulto en su vida: también tienen que pasar el luto por la pérdida de ese familiar al que quieren. Por lo tanto, todas estas fricciones son absolutamente NORMALES.

Lo mismo ocurre con los hijastros adultos. Si llegas a una familia como la segunda o tercera esposa o esposo, o como la nueva novia del padre que acaba de enviudar, puede que al principio estén emocionados, pero también nerviosos. Y deberían estarlo. Todo el mundo ha leído historias sobre amores tardíos que llegan y, de repente, se olvida la historia familiar y se cambia el testamento. La casa está ahora a tu nombre, tienes el poder notarial, y todo lo que los hijos esperaban que ocurriera, así como las promesas hechas a su madre en su lecho de muerte, se están evaporando.

Por eso vas a necesitar la teoría: *déjalos* ponerse nerviosos y *déjate* calmar sus miedos. Porque si te ofendes o te pones controlador, la relación se volverá tensa y cada uno elegirá un bando. No digo que sea justo, solo es la realidad. Pero hay buenas noticias. Puedes cambiar esta dinámica en función de cómo te muestres TÚ.

Comprender el contexto más amplio y reconocer sus miedos completamente normales te ayudará a centrarte en la parte del *déjate* y a actuar con más gracia y ser el adulto sabio y compasivo. Cuanta más gracia y amabilidad muestres, más espacio crearás para producir un cambio en la dinámica. Cuanto más abierto y cariñoso seas con tus hijastros adultos, más abiertos y cariñosos serán ellos contigo... con el tiempo. Cuanto más comprendas sus miedos, menos probable será que te teman.

Estas situaciones entre padrastros e hijastros son duras. No hay en ellas ni un segundo de descanso. Sin embargo, pueden convertirse en algo bonito gracias a la teoría *Let Them* y a una herramienta en particular que veremos en este capítulo.

Una vez oí a una psicóloga afirmar en una conferencia: «Si no fuera por las familias, yo no tendría trabajo». Tus familiares tienen la facultad de formarse sus propias opiniones, claro está, pero no de rechazar tu derecho a vivir tu vida, ser quien elijas y amar a quien te apetezca. Y no importa para nada si tienen razón o no, sino cómo te hacen sentir sus juicios.

Entonces ¿qué hacer cuando a tus seres queridos no les agrada tu forma de vivir o la persona que has decidido ser? A mí también me ha pasado, y esto es lo que tienes que hacer: *déjalos*.

No intentes hacerlos cambiar de opinión. En vez de eso, *déjalos* disfrutar de su libertad de pensar lo que quieran. Ya sea tu hijastra, tu cuñada, tu abuelo o tu hermano, tienen derecho a tener juicios propios, e incluso a no tenerte en estima o a no congeniar con la persona que amas. *Déjalos* y, después, *déjate* elegir cómo quieres responder a ello.

MARCO DE REFERENCIA

Mi amiga Lisa Bilyeu, autora superventas, presentadora del pódcast *Women of Impact* y cofundadora de la empresa de nutrición multimillonaria Quest Nutrition, compartió conmigo un concepto que me pareció muy interesante: *marco de referencia*. Esta es una herramienta para lidiar con situaciones en las que alguien no aprueba quién eres, a quién quieres, en qué crees o cómo vives tu vida.

A mí me ha pasado y puede que a ti también.

La audiencia global de mi pódcast se volvió loca con el término cuando Lisa me lo describió. La idea del marco de referencia es una forma más amigable de decir «entender la lente a través de la cual alguien mira algo», y encaja a la perfección con la teoría *Let Them*.

Para que lo entiendas, te contaré un ejemplo personal. Cuando mi marido Chris y yo empezamos, enseguida me enamoré locamente. Y cuando me pidió matrimonio, me sentí en el cielo. Sin embargo, a mi madre la noticia no le alegró tanto como a mí. Le dije que me gustaría verla contenta, como si hubiera sido ella quien hubiera elegido a Chris para mí, y me dijo: «Pero es que no ha sido mi elección, y si por mí fuera, nunca lo sería, así que no voy a fingir una alegría que no siento».

Me enojé tanto que ni siquiera sabía qué hacer. Obviamente, no quería echarlo de mi vida, pero no tenía ni idea de cómo lidiar con la situación. Allí estaba yo, completamente enamorada de quien consideraba mi alma gemela, y va mi madre y me dice a la cara que si fuera por ella, nunca habría elegido a Chris para mí, y encima se niega a fingir que se alegra.

Aun así, me casé con Chris, pero me pasé años sintiendo una tensión subyacente en la relación entre mi madre y yo. Todavía me dolían sus palabras, y desconocía cómo pasar página.

Con el tiempo, no obstante, la tensión terminó disipándose, y ahora, treinta años después, mi madre adora a mi marido. Una broma que siempre le suelta es: «Chris, eres mi yerno favorito» (también es el único).

Sin embargo, no fue sino hasta hace poco —al usar la teoría *Let Them* y la herramienta del marco de referencia— que me puse de verdad en sus zapatos. Descubrirlo ha supuesto un verdadero cambio en la relación con mi madre y en mi capacidad para darle espacio cuando nuestras opiniones no coinciden.

La cosa es que si yo fuera mi madre, tampoco querría que mi hija se casara con un hombre como Chris. ¿Por qué? Porque Chris es de la Costa Este, por lo que ella temía que me asentara en esa zona y nunca más volviera al Medio Oeste, ni, por ende, viviera cerca de ella y mi padre.

Y esto se debe a que su marco de referencia es que cuando ella conoció a papá, nunca volvió a vivir cerca de sus propios padres. Mi madre se marchó a los 17 años de la granja familiar en la que se había criado, al norte del estado de Nueva York, para ir a la universidad en Kansas. Fue allí donde conoció a mi padre y se enamoraron. Para cuando tenía 20 años había terminado dos años de universidad, se había casado, me había tenido a mí, y mi padre empezaba a estudiar medicina.

Sé que eso no era lo que mis padres tenían en mente, pero fue lo que pasó. De hecho, cuando sus suegros se enteraron de que estaba embarazada de mí, mi abuela paterna le soltó: «Espero que no le hayas arruinado la vida a nuestro hijo».

¿Te lo imaginas? A mí me pone muy triste pensar en lo jóvenes que eran mis padres y en que mi madre tuviera que vivir en Kansas sin su familia cerca.

Esta experiencia vital la marcó, por lo que su marco de referencia se formó a partir de la idea de que criar a una familia lejos de los padres y no tener el apoyo de los seres queridos que te rodean es terriblemente duro.

Al final, mis padres se establecieron en Míchigan, después de que mi padre completara sus estudios de Medicina, y yo me crie sin apenas ver a mi familia paterna porque vivían demasiado lejos. Éramos solo mi madre, mi padre, mi hermano y yo: nuestra pequeña familia de cuatro contra el mundo.

Así que cuando me marché para ir a la universidad en la Costa Este, a mi madre debieron de saltarle todas las alarmas sobre que nunca volvería a casa. Luego, cuando conocí a Chris en Nueva York, que, además, también era de la Costa Este, mi madre veía cumplidos sus miedos de que haría mi vida lejos de ellos.

Y eso fue justo lo que pasó. El mayor temor de mi madre se hizo realidad: nunca volví a vivir en la pequeña ciudad del Medio

Oeste en la que crecí. Mirándolo desde el marco de referencia de mi madre, para ella era como ver repetida su historia justo delante de sus ojos. Iba a irme lejos, a conocer a alguien y a no volver nunca a casa. Y tenía razón.

Estoy segura de que ella hubiera preferido que me casara con alguien de Míchigan para que así hubiera vivido cerca de ellos. Sin embargo, hace treinta años, cuando conocí a Chris, no tuve en cuenta el marco de referencia de mi madre. Ante sus palabras, simplemente me ofendí, me enojé, creí que no me apoyaba.

Ahora soy consciente de que sí me apoyaba: solo tenía miedo de perderme. No quería vivir tan lejos de mí. Gracias a la teoría *Let Them*, entiendo hoy en día su derecho a desear que mi vida hubiera sido diferente, pues comprendo de verdad de dónde proviene dicho deseo.

También empatizo con lo difícil que tiene que ser ver que tu hija va a casarse con alguien que va a alejarla de ti. Siendo sincera, yo tampoco quiero eso para ninguno de mis hijos.

No me agradaría, por ejemplo, que mi hija Sawyer se casase con alguien de Europa y se fuera a vivir a París. Claramente, si es algo que le hace feliz, debería hacerlo, pero ¿sería esa mi elección? No. Puede que, desde fuera, esto parezca una falta de apoyo o algo controlador, pero estoy segura de que todo el que sea padre se siente identificado. Y no lo digo desde el control: lo digo porque es como me siento. Puede que sea una opinión negativa, pero tengo derecho a pensarla… aunque seguro que mi hija se lo tomaría como falta de apoyo.

Lo mismo me pasa con mi hija Kendall. En la actualidad, vive en Los Ángeles, por lo que es bastante fácil que conozca a alguien de California y se asiente allí. Eso significaría que no la vería a ella ni a su familia tanto como me gustaría.

Y tengo derecho a sentirme así, tal como Sawyer lo tiene para mudarse a París o Kendall para formar una familia en Los Ángeles.

Por eso mi madre también tenía derecho a pensar que ojalá no me casara con alguien de la Costa Este. Aun así, me alegro de que su opinión no me impidiera formar una familia con Chris y vivir donde queríamos. Pero me alegro de haber descubierto la teoría *Let Them*, porque ahora entiendo a mi madre completamente, y también por qué se sentía reacia hace treinta años. No era juicio: era luto. Y no se equivocó, sino que acertó en todo. Aunque yo tampoco me equivoqué.

Ambas teníamos razón, porque cada una tenía un marco de referencia distinto.

Aprender a mirar la vida a través de su lente devolvió el equilibrio a nuestra relación. A partir de entonces dejó de existir entre nosotras esa tensión, esa lucha de poder, y solo quedó entre las dos el entendimiento.

Uno de los motivos por los que cuesta tanto lidiar con este tipo de situaciones es que las dos partes piensan que tienen razón: desde sus experiencias vividas, desde sus marcos de referencia, ambas creen estar en lo correcto. Y lo cierto es que desde sus marcos de referencia ambas lo están.

La teoría *Let Them* permite que las dos opiniones sean ciertas gracias a la empatía y la aceptación mutua; permite, pues, que la conexión, la honestidad y el amor sean aún más profundos.

Hay que ser extraordinariamente maduro para ser capaz de desapegarse de las emociones propias y querer ponerse en el lugar de la otra persona. De primeras es duro entender que alguien pueda querernos y, a la vez, tener opiniones sobre nosotros profundamente hirientes e incluso intolerantes.

Cómo responder a este tipo de circunstancias es una decisión muy muy personal. No puedo decirte qué es lo que debes hacer si algún familiar te está juzgando; lo único que puedo ofrecerte son herramientas que te ayuden a decidirlo por ti mismo.

¿Quieres que esa persona esté en tu vida? Si es así, la teoría *Let Them* te será de ayuda. Lo que he descubierto gracias a mi experiencia, la investigación previa a este libro y múltiples testimonios es que cuando le otorgas a alguien el espacio necesario para formarse sus propias conclusiones, centrándote en ser empático y compasivo, con el tiempo suele cambiar de opinión por sí misma.

Así que, por muy duro que pueda sonar, *déjalos* pensar lo que quieran y *déjate* centrarte en tu respuesta. Lo que me gusta sobre la idea de intentar conocer el marco de referencia de los demás es que entender de dónde vienen puede que no cambie ni tus opiniones ni las suyas, pero reforzará la conexión entre ambas partes.

Además, permitirá que dos cosas puedan ser verdad a la vez, y es ahí donde el amor se engrandece.

Confía en mí: sé lo fácil que es que nuestros padres nos irriten u ofendan, así como lo es culpabilizarlos. También es fácil que nos frustren o molesten las dinámicas con nuestros hermanos, o con nuestros padres divorciados, o con nuestra familia política, o con nuestros padrastros, o con nuestros hijos ya adultos. Lo más fácil de todo es elegir no ponerse en su piel.

Pero es hora de decidir si aceptar o no a los demás tal como son, sobre todo en la familia, o alejarte todo lo que necesites. Basta con que una persona cambie su actitud en una familia para que toda la red mejore. Y esa persona puedes ser tú.

Lo digo en serio. Eres mucho más poderoso de lo que crees. Lo digo por lo que he aprendido de tres extraordinarios psicólogos clínicos y psiquiatras: los doctores Gabor Maté, Nicole LePera y Paul Conti, los cuales han aparecido en The Mel Robbins Podcast. Sus *bestsellers*, conferencias, videos, mensajes en los medios sociales y sus investigaciones han cambiado la forma en que pienso acerca de la curación, y hoy sé que convertirte en una mejor versión de ti mismo transforma todos los aspectos de tu vida y cada relación que tienes.

Una de las razones por las que me encanta la teoría *Let Them* es porque siempre que mejoramos, mejoran todas nuestras relaciones, especialmente en lo relativo a la familia. Lo he visto en la mía propia.

Aquello que tanto solía molestarme antes ya no lo hace. No me permito recrearme en el drama, sino que mantengo la atención en cómo me comporto yo y vivo la vida de forma que me enorgullezca.

Una de las cosas que he decidido por mí misma es que me es importante tener una relación cercana con mi familia. Por lo tanto, malgastar mi tiempo y mi energía permitiendo que me estresen, o intentando controlar cosas que no puedo controlar, es una total y completa tontería.

Porque la verdad es que todos tenemos un tiempo limitado para disfrutar de nuestros seres queridos. En algún momento, te darás cuenta por ti mismo de que tus padres no van a estar aquí para siempre, y que esta también ha sido su primera vez siendo humanos.

La gente solo va a conocerte tan profundamente como se conozca a sí misma, pero la mayoría no va a terapia ni intenta mejorar, ni siquiera quiere hacerlo.

Déjalos. Deja que tus padres sean menos de lo que te mereces. Deja que tu vida familiar no se parezca a un cuento de hadas. Todos hacemos lo mejor que podemos con los recursos y las experiencias que tenemos. Sobre lo que sí tienes poder es sobre cómo vas a actuar en el futuro.

Con esto no busco justificar nada malo que suceda ni quiero decir que no te merezcas algo mejor. Todos nos merecemos sentirnos vistos, apoyados y queridos, sobre todo por parte de nuestra familia. Aunque la realidad es que la mayoría de los seres humanos nunca han intentado siquiera conocerse a sí mismos, sanar su pasado o aprender a gestionar sus propias emociones. Y si no han sido capaces de hacerlo por ellos mismos, lo más seguro es que sean incapaces de hacerlo por ti, o incluso de demostrarte su cariño correctamente.

Déjalos. Deja que tus seres queridos sean quienes son. Tu padre no va a cambiar, tu madre no va a cambiar, tus hermanos, tus cuñados no van a cambiar. La única persona que puede hacerlo eres tú. Cuando aceptas esta certeza, tienes poder de decisión.

Al decirte «Déjalos», ves a tu familia tal y como es, quizás por primera vez en tu vida: como humanos. Tú no tienes ningún tipo de control sobre lo que fuera que ocurriera en el pasado ni tampoco sobre cómo son los demás. Lo único sobre lo que tienes poder es sobre qué hacer de aquí en adelante.

Aceptar la realidad de la situación no significa rendirse a ella. Más bien, consiste en ser consciente de tu propio poder sobre el futuro. Aprende a dejar que los demás sean como elijan ser y acéptalos tal cual. Luego, decide cómo sacar de ello el máximo partido, y te prometo que tus dinámicas familiares mejorarán.

Esta aceptación te permite mirar a tu familia con compasión y, sobre todo, a concebirte a ti mismo como un individuo que posee un marco de referencia y un camino vital únicos.

Es entonces cuando tenemos que pasar a la segunda parte de la teoría. *Déjate* descubrir qué clase de relación quieres tener con los miembros de tu familia, según el tipo de persona que desees ser y los valores que poseas.

Esto quizás signifique empezar a pasar tiempo con tu familia no desde la culpa, sino porque te importa. Quizás signifique tener tus propias tradiciones por mucho que les moleste a los demás. Quizás signifique darlo todo de ti, aunque sepas que no vas a recibir nada a cambio. Quizás signifique decirle a alguien «Te quiero» o «Lo entiendo» o «Te perdono» por primera vez.

O quizás signifique tener esa conversación difícil que llevas tiempo evitando por miedo a sus juicios. Quizás signifique librarte por fin de la culpa y cambiar algunas cosas. Quizás signifique alejarte de tu familia porque no deseas aceptar menos de lo que mereces. O quizás signifique ir por todo mientras aún tengas tiempo.

VEAMOS QUÉ HEMOS APRENDIDO SOBRE LOS JUICIOS AJENOS

Ahora mismo permites que tu miedo a las opiniones ajenas te controle. La teoría *Let Them* te enseña cómo no permitir que el qué dirán tenga tanto poder sobre ti, así como te empodera a vivir tu vida de manera que tú te sientas orgulloso.

1. **Problema**: les cedes demasiado poder a las opiniones ajenas. Cuando dejas que el miedo a lo que los demás puedan pensar dicte tus decisiones, limitas tu propio potencial y te impides luchar por aquello que de verdad deseas. Este temor te lleva a procrastinar, a dudar de ti mismo, a quedarte atrapado en un perfeccionismo eterno y, lo más importante, a no perseguir tus sueños.
2. **Realidad**: siempre habrá quien piense mal de ti independientemente de lo que hagas. Es inevitable. *Déjalos*: no puedes impedir-

lo. Permitir que las opiniones ajenas te distraigan o agoten es una pérdida enorme de tiempo y energía.

3. **Solución**: *déjalos* que crean lo que les dé la gana, eso te da la libertad de hacer lo que tú quieras. Cuando tus pensamientos y acciones están alineados con tus valores, te sientes orgulloso de ti mismo. Y cuando te sientes orgulloso de ti mismo, te da igual lo que nadie pueda o no pensar.

Al decirte «Déjalos», permites de forma consciente que la gente piense mal de ti. Al decirte «Déjate», te centras en la opinión de quien realmente importa: tú.

Solo tenemos una salvaje y preciosa vida, así que vivámosla de forma que nos enorgullezca.

CÓMO LIDIAR CON LAS REACCIONES EMOCIONALES DE LOS DEMÁS

CAPÍTULO 7

LAS RABIETAS DE LOS ADULTOS

Es momento de indagar en cómo permites que las reacciones emocionales de los demás influyan en tus decisiones.

La realidad es que los adultos somos tan emocionales como los niños, y no es nuestra responsabilidad lidiar con las reacciones de nadie. Por ende, siempre que permitas que la inmadurez emocional ajena dicte tus decisiones, saldrás perdiendo. Yo ni siquiera alcanzaba a imaginarme lo importante que era esto, por lo que, seguramente, tú tampoco.

Permites que los comportamientos y las reacciones de los demás te drenen la energía cuando te hacen sentir culpable, cuando temes decepcionar a alguien, cuando te preocupa la reacción de la otra persona, cuando te preguntas si ahora será el momento adecuado, cuando caminas de puntitas para no molestar al otro.

Pero va incluso más allá: la actitud pasivo-agresiva, el chantaje emocional y los arrebatos ajenos te llevan a tomar decisiones sin que te des cuenta. Por eso, por ejemplo, dices que sí cuando, en realidad, te gustaría decir que no, cedes cuando querrías mantenerte firme, te cuesta poner límites. Por eso andas con cuidado cuando ciertas personas están de mal humor.

Obviamente, es más fácil en el momento ceder al chantaje emocional de tu hermana, sin embargo, a la larga, poco a poco, vas perdiendo partes de ti. Cuando cada interacción con tu novia o novio termina dejándote emocionalmente exhausto, pregúntate: ¿por qué eres tú el único que siempre tiene que adaptarse? ¿Por qué asumes la responsabilidad de contentar a otra persona, y más a costa de tu propia felicidad?

Siempre serás el último en la lista si permites que la inmadurez emocional ajena tenga algún poder sobre ti. En vez de asumir la carga de la decepción, la ira o la culpa de alguien, aplica un nuevo y liberador enfoque: *déjalos* reaccionar.

Al decirte «Déjalos», le das a la otra persona el espacio para transitar sus emociones sin sentir la necesidad de ponerles solución. Al decirte «Déjate», haces lo que más te conviene a ti, incluso, aunque le moleste a alguien, porque esa es la forma de responsabilizarte de tu propia vida.

No vuelvas a dejarte manipular por la culpa, la rabia o la decepción ajenas. No es tu responsabilidad lidiar con las reacciones emocionales de los demás.

Quien me enseñó esto a mí fue mi psicóloga, la doctora Anne Davin, quien es además escritora y la mujer más inteligente que he conocido nunca. Fue un día en que estábamos hablando de cómo podía yo crear límites con un miembro de mi familia, particularmente difícil. La cosa era que no quería que aquella persona me molestara, pero tenía esa forma de hacer que todo girara constantemente en torno a ella... Seguro que conoces a alguien así, alguien que te roba la energía, pues si la atención no se centra en ellos, tienen infinitas formas de recuperarla, por las buenas o por las malas.

¿Y SI TODOS SOMOS NIÑOS DE 8 AÑOS?

Así que estaba hablándole a Anne sobre esta persona cuando, de repente, ella me dijo algo que lo cambió todo:

> Mel, la mayoría de los adultos son solo niños de 8 años dentro de cuerpos grandes. La próxima vez que estés con esta persona y que notes que algo que haya dicho o hecho te moleste, quiero que te la

imagines como una versión de segundo de primaria. Porque es que me estás describiendo a alguien con la madurez emocional de un niño de esa edad. Y, nos guste o no, así son muchísimos adultos.

Tras pasarme unos segundos en silencio procesando sus palabras, me di cuenta de que tenía mucho sentido. Es verdad: la mayoría de la gente no sabe gestionar sus emociones de forma sana, y mucho menos comunicar sus necesidades de manera directa, pero respetuosa. Mi yo de aquel momento era un ejemplo de ello.

Simplemente plantéatelo. ¿Por qué tu madre se pone de malas en vez de decirte qué le pasa? ¿Por qué ese amigo tuyo deja de hablarte cuando está molesto? ¿Por qué tu pareja te manda mensajes pasivo-agresivos? ¿Por qué tu hermana explota y una hora después hace como si no hubiera pasado nada?

Pues porque los adultos son básicamente tan emocionales como los niños. La única diferencia es que se les da mejor ocultarlo... al menos la mayoría del tiempo.

Lo bueno de la teoría *Let Them* es que no te vuelve más juicioso, sino más compasivo. En lugar de frustrarte, te ayuda a comprender que la mayoría de las personas simplemente no conoce la forma de gestionar sus emociones con madurez.

Y esto es así porque nadie les ha enseñado a hacerlo. Para ser capaces de gestionar nuestras emociones, debemos entender cómo funcionan y saber cómo transitarlas de manera saludable. Según mi experiencia, la mayoría de la gente no sabe hacer nada de esto. Yo tampoco sabía.

La madurez emocional no es algo con lo que nazcamos ni que suceda así, de repente: es una habilidad que requiere tiempo, práctica y ganas. Mi psicóloga tenía razón. La mayoría de las personas que conocemos se comportan como un niño de 8 años cuando no consiguen lo que quieren o sienten emociones incómodas.

Gracias a la teoría *Let Them* aprenderás a responder desde la compasión, a marcar límites y a no permitir que las emociones ajenas marquen tu futuro. Y lo cierto es que vas a necesitar esta herramienta, porque la conexión entre el comportamiento adulto y el infantil es irrefutable.

COMPORTAMIENTO INFANTIL	**= COMPORTAMIENTO ADULTO**
Los niños huyen de los problemas.	Los adultos evitan las confrontaciones.
Los niños se enfurruñan.	Los adultos te niegan la palabra.
Los niños se niegan a hablar.	Los adultos actúan con estoicismo.
Los niños tienen rabietas.	Los adultos estallan, envían mensajes de rabia y se desahogan.
Los niños dan portazos.	Los adultos también dan portazos.
Los niños mienten.	Los adultos también mienten.

Si al leer esta lista enseguida te ha venido alguien a la cabeza en cada situación, me entenderás, pues es lo mismo que me pasó a mí con mi psicóloga.

La razón por la que los niños se comportan así es porque no son capaces de regular sus propias emociones. Por ejemplo, imaginémonos a un niño que, en una tienda de juguetes, ve un Lego y lo pide. En cuanto se le explica que no puede tenerlo, ¿qué ocurre? Las emociones inundan su cuerpecito por completo: tristeza, decepción, sorpresa, ira. Por eso tienen una respuesta emocional tan dramática y se ponen a llorar, se empecinan o se tiran al suelo en plena rabieta.

La solución no es regalarle el juguete, sino enseñarle a procesar las emociones de una forma tranquila, paciente y comprensiva.

Por ejemplo, podemos agacharnos y decirle: «Sé que esto es duro. Sé que quieres ese Lego. No pasa nada por estar molesto. Yo también me molesto cuando no consigo las cosas que quiero».

Déjalos llorar, suplicar o hacer lo que necesiten hacer durante todo el tiempo que sea necesario. Si no transitan la oleada de emoción entera (sin un adulto al lado diciéndoles «Cálmate» o «Qué tontería» o «Estás exagerando»), no aprenden a procesar las emociones de una forma sana. En vez de eso, se convierten en adultos inmaduros, emocionalmente hablando, que lo pagan con todos nosotros.

En la actualidad, la mayoría de los adultos no ha aprendido a procesar sus emociones de manera sana porque ninguno de nuestros padres sabía tampoco cómo hacerlo (si los tuyos sí, tienes mucha suerte). Un niño no puede aprender a transitar emociones por sí mismo, pues, como he dicho antes, es una habilidad que requiere tiempo, práctica y ganas.

En la fase de investigación previa a la escritura de este libro, me di cuenta de que como madre había abordado este tema del todo mal. Yo, por ejemplo, les habría comprado a mis hijos el Lego, o habría explotado por la frustración y les habría gritado: «¡Que dejen de llorar!». O los habría dejado ahí en el suelo, me habría alejado y me habría escondido detrás de una esquina, esperando que se dieran cuenta de que me había ido, se asustaran y dejaran de patalear… lo cual explica por qué mis tres hijos necesitan ahora ir al psicólogo.

Ojalá todo esto fuera mentira, pero lo cierto es que lo hice mal porque yo tampoco sabía cómo gestionar mis propias emociones. Nunca nadie me había enseñado a hacerlo. Crecí en una familia en la que jamás se hablaba de sentimientos. En aquella época, la gente solía explotar de rabia cuando no podía más y luego fingir que no había pasado nada.

Por eso yo también siempre estallaba de ira y frustración cuando mis hijos se enojaban. Estaba repitiendo la misma dinámica que experimenté en mi infancia.

Con la teoría *Let Them* he aprendido a gestionar mi respuesta emocional al comportamiento de mis hijos y mantener la calma requerida para reaccionar con la parte inteligente de mi cerebro. Es un cambio radical. Soy menos reactiva y me ayuda a evitar luchas de poder que no me daba cuenta de estar creando. Encontrarás más información sobre este enfoque al final del libro en la guía que creé con el doctor Stuart Ablon, de Harvard, sobre cómo aplicar la teoría *Let Them* con los niños.

Esto me lleva a otra clave de la teoría, una que necesito que te quede muy clara: los adultos son cien por ciento responsables de las necesidades emocionales y físicas de los niños. Los niños no pueden darse a sí mismos el apoyo emocional y físico que necesitan.

Por lo tanto, es tu responsabilidad ayudarles a regular sus respuestas emocionales de forma sana. También es tu responsabilidad enseñarles que las emociones son algo normal, y cómo procesarlas.

De hecho, en la fase de investigación de este libro, la doctora Lisa Damour, psicóloga clínica y autora superventas en *The New York Times*, me explicó que si nos sentimos decepcionados por no conseguir lo que queremos, o tristes por una pérdida, significa que estamos mentalmente sanos. Las emociones como la tristeza o la desilusión son respuestas mentales sanas ante las experiencias vitales.

¿SE AJUSTAN LAS EMOCIONES A LAS CIRCUNSTANCIAS?

Enojarse a los 8 años por no poder conseguir el Lego que queremos o porque nos apetece ver la tele y nuestros padres nos mandan a la cama es una reacción normal. Ponernos tristes porque un amigo de clase nos haya dicho algo que nos haya dolido es una reacción sana.

Lo mismo pasa ante ciertas experiencias siendo adulto. Si nos despiden, es normal que nos sintamos frustrados y desmoralizados; si estamos atravesando una ruptura, es normal sufrir una etapa depresiva. Según la doctora Damour, todas estas son reacciones emocionales apropiadas al contexto, es decir, prueba de que nuestra mente funciona como debería.

El problema es que, al crecer, lo más probable es que hayamos aprendido a reprimir lo que sentimos. Cuando le decimos a un niño que deje de llorar o que se calme, le estamos enseñando a reprimir sus sentimientos. A distraerse de estas emociones humanas normales; a evitarlas, a apagarlas.

La doctora Damour me explicó que este es el motivo de que haya tanta gente con ansiedad, depresión, adicciones o dolor crónico. Al haber ignorado nuestras emociones durante tantos años, estas se acumulan en nuestro interior sin liberarse nunca.

De nuevo, es tu responsabilidad ayudar a los menores a gestionar todo el abanico de emociones, pero no lo es lidiar con las reacciones emocionales de otros adultos. Es importante que lo entiendas de verdad, así que permíteme explicártelo con más detalle.

COMPORTAMIENTO ~~ADULTO~~ INFANTIL

Tomemos como ejemplo un caso bastante común: que alguien te ignore o te excluya, lo que también se conoce como la ley del hielo o el castigo del silencio. Este tipo de comportamiento es lo que hace un adulto inmaduro cuando se enoja y no sabe cómo gestionar sus emociones de una manera saludable y respetuosa. Así que deja de hablarte, fingiendo incluso que no pasa nada, llegando hasta el punto de ignorarte. Si alguna vez te lo ha hecho alguien, sabes lo doloroso que es. Además, tu instinto más inmediato es tratar de averiguar qué has hecho mal.

Y eso es, precisamente, lo que quiere esa persona: tu atención. Justo como un niño pequeño, que hace pucheros para que sus padres vengan y lo tranquilicen, lo que un adulto que te ignora desea es que le preguntes: «¿Estás bien?», «¿Qué puedo hacer?», «¿Qué he hecho mal?». Te aplican la ley del hielo porque no saben cómo procesar sus emociones, en un intento de que seas tú quien tome la iniciativa y no ellos.

Yo tenía una amiga en el bachillerato que me hacía esto cada dos por tres: un momento estábamos genial y al siguiente ya no me hablaba, y yo nunca lograba averiguar qué era lo que había hecho mal. Intentaba llamarle, la saludaba en los pasillos e incluso algunas veces le suplicaba que me perdonase incluso sin saber si era mi culpa o no.

Ella siempre hacía como que no pasaba nada, hasta que, de repente, un día decidía que ya era suficiente y volvíamos a ser mejores amigas. Me aliviaba tanto que volviera a hablarme que le seguía la corriente, fingiendo yo también que no había pasado nada.

Ahora entiendo que para ella era más fácil ignorarme que mantener una conversación sincera sobre sus sentimientos. Seguramente, ni siquiera sabía cómo hablar de emociones.

Una cosa más que es importante comprender es que la ley del hielo en realidad no tiene que ver contigo. Cuando alguien te ignora, se debe a su inhabilidad de gestionar sus emociones y demonios del pasado.

Nunca lo había entendido hasta que conocí a la doctora Ramani Durvasula, psicóloga clínica, autora de *bestsellers* y la mayor experta mundial en narcisismo. Apareció en mi pódcast varias veces y su investigación ha cambiado mi vida. La doctora Ramani me ha enseñado que «esperar que alguien cambie es lo que te mantiene atrapado en una relación con alguien que es emocionalmente inmaduro o, peor aún, emocionalmente abusivo». Esto no tiene nada que ver contigo. Esta persona no cambiará. Eres tú quien necesita cambiar. Y ahí es donde la teoría *Let Them* cambia vidas.

Déjalos. Cada vez que un adulto se comporte como un niño de 8 años, *déjalo*.

Si, por ejemplo, alguno de tus padres suele enojarse, abandonar la habitación y negarse a hablar con alguien durante varios días o un fin de semana, *déjalo*. Si, como la madre de una amiga mía, la tuya a veces deja de hablarte durante un mes y luego aparece tan normal como si nada hubiera sucedido, *déjala*.

O puede que en tu caso sea un padre con un estilo de personalidad narcisista, o una hermana que siempre se hace la víctima, o un ex que te inunda constantemente el teléfono con mensajes de texto pidiendo disculpas. La doctora Ramani te dirá: «No van a cambiar. La persona que tiene que cambiar eres tú. Y eso es una buena noticia, porque significa que TÚ tienes el poder y lo reclamas eligiendo cómo responder».

La teoría *Let Them* te permitirá no volver a ser víctima de la inmadurez o del abuso emocional de nadie, porque sabrás exactamente qué hacer.

Para empezar, te repito que no es tu responsabilidad lidiar con las emociones de los demás. Cuando alguien te ignore, se haga la víctima o se marche de malas formas, *déjalo*, e imagínate que hay un niño de 8 años atrapado en su cuerpo. Al hacerlo, de pronto, dejarás de tenerle miedo a esa persona; más bien, le tendrás lástima y compasión.

También te darás cuenta de que su incompetencia para procesar las emociones humanas no es tu culpa y, por ende, tampoco un problema que tú debas solucionar. Es, en cambio, algo que lleva pasándole a esta persona desde que era pequeña.

No es tu responsabilidad lidiar con sus emociones o intentar arreglarlas o calmarlas, mientras que sí lo es protegerte y entender que, simplemente, no saben expresar ni procesar sus emociones de forma sana.

Déjalos no hablar. *Déjalos* explotar. *Déjalos* hacerse la víctima. *Déjalos* enfurruñarse. *Déjalos* hacer como si nada. *Déjalos* intentar que todo gire a su alrededor.

Después, aplica la segunda parte de la teoría. *Déjate* ser el adulto maduro, sabio y comprensivo de la situación. *Déjate* decidir si deseas abordar el tema de manera directa o no. *Déjate* recordarte que no es tu responsabilidad lidiar con las emociones de nadie. *Déjate* alejarte de cualquier conversación digital o presencial, relación o grupo de amigos donde esto suceda.

En lugar de esperar a que los demás cambien, cambia tú. Traza tus límites y ten claras tus exigencias y cesa de intentar lidiar con este tipo de conductas, pues no son tu responsabilidad.

Deja de permitir situaciones en las que la inmadurez emocional de alguien roza el abuso. Deja de sentirte culpable por aquellos que se creen todo el tiempo la víctima. Deja de tratar de explicarle a alguien sus propios patrones claramente narcisistas.

Cuanto más tiempo le dediques a alguien que se comporta como un niño de 8 años, más te sentirás en una relación padre-hijo. Darte cuenta de que la otra persona tiene mucho trabajo personal por delante te permite establecer límites sanos, pues hasta que no trabaje en su inteligencia emocional, seguirá ignorándote, haciéndose la víctima, adoptando actitudes pasivo-agresivas. Estas conductas no son un rasgo de la personalidad: son un patrón.

¿Y SI EL INMADURO ERES TÚ?

Puede que al leer todo esto te hayas dado cuenta de que tú eres esa persona inmadura emocionalmente, al menos a veces. Las emociones te abruman, te enojas con facilidad, ignoras a los demás cuando estás molesta, escribes mensajes llenos de rabia, te haces la víctima, intentas que todo gire en torno a ti.

Si es el caso, quiero que sepas que no estás solo. A mí también me pasó. Es muy fácil identificar la inmadurez emocional de otras personas, pero requiere de mucha valentía e inteligencia emocional apreciarla en uno mismo. En mi caso, era tan inmadura que estaba más cerca de los 5 años emocionales que de los 8.

Solía sentirme tan abrumada por mis emociones que explotaba de repente, ya fuera desahogándome con mi marido o estallando con mis hijos por cualquier tontería. He pasado por rachas en las que intentaba que todo girase en torno a mí, lo que arruinó muchas amistades. Incluso todavía a día de hoy, cuando me agobio demasiado por el trabajo, le mando a mi socia mil mensajes llenos de rabia quejándome por todo. No es algo que esté bien.

A la vez que escribo este libro y aplico en mi vida la teoría *Let Them*, sigo aprendiendo a procesar mis propias emociones. Esta es, para mí, la parte más difícil de la teoría: aprender a transitar mis emociones tal cual sin reaccionar de inmediato. Me cuesta muchísimo, pues tiendo a querer tener el control de la situación. Y, claro, luego me frustro por haber metido la pata… Pero esa es la clave: la vida no consiste en ser perfectos, sino en tratarnos a nosotros mismos con amabilidad y no cesar nunca de crecer.

Algunos días me siento como si acabara de empezar a recorrer este camino y me recuerdo que se trata de un proceso que no termina nunca. Es una habilidad en la que tendré que trabajar el resto de mi vida, y tú también. Aun así, la teoría *Let Them* me ayuda, sin duda, a tratarme a mí misma con más compasión y a saber procesar mejor mis emociones.

Es cierto, no obstante, que la teoría es mucho más fácil de utilizar cuando la rabieta la tiene otra persona, pero no tanto cuando somos nosotros los que no sabemos procesar las emociones. Sin embargo, lograr usarla en ti mismo te hará crecer muchísimo. No puedo describirte con palabras cuánto he mejorado desde que controlo mejor mis propias emociones: actúo de manera más inteligente, gano más dinero y soy mejor madre, cónyuge y amiga. Por fin empiezo a sentirme como una persona madura.

¿Cómo utilizar la teoría *Let Them* para gestionar tus emociones de manera saludable? Cuando sientas que tus sentimientos despiertan, *déjalos*. Permite que te invadan la ira, la frustración, el dolor, la decepción, la tristeza, el duelo, las lágrimas, la sensación de fracaso. *Déjalos*.

Y, entonces, *déjate* no reaccionar. No te refugies en el teléfono ni en el alcohol. No enciendas la tele. No abras el refri. Y, por el amor de Dios, no le escribas a nadie. Simplemente céntrate en sentir las emociones, en dejar que florezcan.

Porque una vez que lo hagan, se marchitarán.

¿DE VERDAD SABES LO QUE ES UNA EMOCIÓN?

Las emociones no son más que un estallido de sustancias químicas en el cerebro que se activan y son absorbidas por el cuerpo en seis segundos. Debido a la rapidez con la que aparecen, muchas veces son completamente inconscientes. Por ello, es posible que a veces las notemos solo a través de las sensaciones físicas que acompañan el estallido químico, como sudoración, tensión muscular o aceleración de los latidos del corazón.

Las investigaciones demuestran que, si no reaccionamos a ellas, la mayoría de las emociones surge y desaparece en noventa segundos.

No podemos controlar su aparición, por lo que intentarlo es una pérdida de tiempo, pero sí podemos elegir no reaccionar, por lo que florecerán y se marchitarán en cuestión de segundos. Tampoco podemos controlar de ninguna manera las reacciones emocionales de los demás, da igual lo que hagamos.

Además, se ha demostrado que las emociones son contagiosas: al ver a alguien entristecerse, asustarse, molestarse o enojarse nuestro cuerpo puede experimentar un reflejo de las mismas, lo que explica por qué, a veces, nos afecta el tono de voz de otra persona o su estado de ánimo, su energía o su lenguaje corporal.

Asimismo, es importante entender que el hambre, el cansancio, el estrés, el alcohol, la soledad, la ira o el dolor nos vuelven a todos aún más emocionales. En mi caso, casi siempre que digo o hago algo de lo que más tarde me arrepiento, suele estar involucrado el estrés, el alcohol o el hambre. Saberlo me ayuda a identificarlo y a poder gestionar mejor las causas, para poder tener más poder sobre lo que digo, hago y pienso.

Esa es una de las cosas que más me ha enseñado la teoría *Let Them*. Normalmente, no podemos controlar lo que ocurre a nuestro alrededor ni tenemos ningún poder sobre la aparición de nuestras emociones, pues, del mismo modo que el estrés aparece de repente, son automáticas. Pero sí podemos controlar lo que decimos, hacemos y pensamos y decidir nuestra repuesta a las conductas ajenas, el mundo que nos rodea y las emociones que se despiertan en nuestro interior. Esta es, de hecho, la fuente de nuestro poder.

Aprender a dejar que los demás lidien con sus propias emociones te cambiará la vida tanto como aprender a dejar que tus emociones aparezcan y desaparezcan sin reaccionar, a la vez que comunicas tus necesidades por muy doloroso o incómodo que te resulte. Y sí: habrá momentos en los que tomar la decisión correcta sea una de las cosas más difíciles de hacer en la vida.

CAPÍTULO 8

LA DECISIÓN CORRECTA A MENUDO PARECE LA EQUIVOCADA

Hace poco me escribió un oyente de *The Mel Robbins Podcast* porque tenía la siguiente pregunta:

> Mel, estoy prometido y dentro de unas pocas semanas estaré casado. Sé que este debería de ser uno de los momentos más felices de mi vida, pero no lo es. Cuanto más se acerca la fecha de la boda, más nos peleamos mi novia y yo. No puedo evitar sentir temor. En el fondo, me da miedo estar cometiendo un error gigantesco. No tengo ni idea de qué hacer. Todo el mundo ha recibido ya las invitaciones, mis padres y los suyos han pagado ya las reservas. No quiero decepcionar a mi familia ni que mis padres pierdan el dinero. Tampoco quiero romperle el corazón a mi prometida ni que sus padres ni nadie se enojen conmigo. ¿Qué debería hacer?

Al leer la pregunta, sentí que se me paralizaba el corazón. Seguro que tú también te has quedado de piedra. Cuando hay tanto en juego, la respuesta correcta siempre parece la equivocada.

A primera vista, la respuesta es fácil, incluso, aunque dé vértigo. Debería cancelar la boda. Si le teme tanto al enlace, es un error continuar con él. Si no puede dejar de pensar en cancelarlo todo, es obvio que debería hacerlo.

Pero, aunque la respuesta correcta esté clara, no siempre es fácil tomarla. Esto se debe a que la experiencia humana está en gran medida marcada por las emociones. Aquello que es lógico a primera vista no lo parece tanto cuando sabes que va a causarle mucho dolor a otra gente. A menudo, cuando nos encontramos ante un dilema similar, elegimos infligirnos el dolor a nosotros mismos en vez de tomar la decisión que más nos convendría.

La persona que me mandó aquel mensaje sabía intelectualmente qué debía hacer. El problema eran sus emociones. Me escribió porque buscaba ratificación. No tenía ni idea de cómo lidiar con sus sentimientos o con las emociones que su decisión desencadenaría en los demás.

Angustiarse por una decisión difícil es una respuesta mentalmente sana a una situación dura. El hecho de que aquel hombre se preocupara por sus seres queridos demostraba que era buena persona.

Hay muchas veces en la vida en las que la gente va a enojarse, decepcionarse o incluso acabar con el corazón roto por nuestras acciones o palabras. Es así. A la hora de tomar decisiones difíciles, hay que ser capaz de despegarse de nuestras emociones y de las reacciones emocionales de los demás para poder identificar el camino correcto.

No podemos dejar que las emociones dicten nuestras decisiones porque millones de veces querrán alejarnos de las *correctas*.

Esto es mucho más complicado de lo que parece. Tomar la mejor decisión puede ser lo más duro del mundo y ser honesto con alguien a quien queremos, absolutamente devastador. En el momento parece que la elección va a destruirnos, sobre todo si implica hacerle daño a un ser querido.

Esto es lo que le ocurría al hombre que me escribió. Al leer el mensaje, seguramente hayas sentido su mismo miedo, como me pasó a mí, y eso que ni tú ni yo lo conocemos.

Así de fuertes son las emociones.

Me imagino perfectamente el peso que sentiría en el pecho al sentarse frente a su prometida y decirle: «Tenemos que hablar». Me lo imagino tomando el teléfono y explicándoselo a sus padres. Casi puedo oír el llanto de la novia mientras esconde la cara entre sus manos. Se me encoge el corazón al imaginármela llamando a sus padres. Casi siento, a la vez, cómo la ira invade a su padre cuando escucha a su hija sollozar con el corazón roto: «Papá, me dejó. No quiere casarse conmigo».

A pesar de que solo estamos planteándonos la situación, tiene un impacto emocional en nosotros, porque romperle el corazón a los demás es una de las cosas más duras a encarar en la vida.

Los adultos tienen derecho a sentir lo que sentirán; y tienen derecho a sentirse enojados, destrozados, devastados, abrumados, conmocionados, avergonzados. Y muy enojados contigo. No puedes controlarlo. Pero *intentas* controlarlo evitando la verdad.

A todos nos ha pasado algo parecido. Por eso nos cuesta abandonar relaciones que no van a ninguna parte o trabajos que no nos gustan o patrones de comportamiento insanos. Por eso no le has preguntado todavía a tu amigo que por qué ha ido diciendo cosas malas de ti a tus espaldas, o no has confrontado a tu madre, o has pedido una incapacidad laboral, o le has confesado a tu mejor amigo que estás enamorado de él.

Simplemente, nos parece más fácil evitar la verdad porque así no tendremos que enfrentarnos a las consecuencias. Sin embargo, con esto lo único que logramos es facilitarnos el presente a expensas de complicarnos aún más el futuro. Evitar tener una conversación difícil ahora no la hará más sencilla el año que viene.

De hecho, la experiencia me ha demostrado que cuanto más esperemos, peor. Elegir no tomar la decisión correcta solo trae consigo más dolor.

¿Terminó el novio cancelando la boda? No lo sé. Espero que sí, de verdad, por su bien y por el de ella. Todos nos merecemos estar con alguien que desee estar con nosotros.

En la vida, a veces, lo más valiente, honrado y considerado que podemos hacer es decirle a un ser querido que no deseamos estar con él. Sincerarse siempre es duro, aunque lo es más cuando la otra persona es emocionalmente inmadura.

La teoría *Let Them* realmente me ha ayudado mucho a cambiar esto. Solía evitar conversaciones o dar demasiadas explicaciones por temor a que alguien se enojara conmigo o pensara que era una mala persona. Lo único que conseguía era crearme más ansiedad. Aprender a *dejarlos* que se enojen, se confundan, que reaccionen... me ha cambiado la vida. Tú también experimentarás ese poder. Y mira, lo entiendo. No queremos tener que lidiar con el dolor ajeno, con su sentimiento de culpa, sus desaires y su mal humor, así que nos limitamos a evitarlo, no la confrontación en sí, sino sus sentimientos. Porque, en muchas ocasiones, el único conflicto que sentimos es el cómo nuestras decisiones van a afectar a los demás emocionalmente y cómo van a reaccionar. Por eso continuamos durante una década matrimonios que sabemos acabados, o trabajos que ya deberíamos haber dejado hace tiempo. Por eso no nos atrevemos a abandonar un camino: porque tememos tomar decisiones que hagan aflorar los sentimientos ajenos.

Comprender que sentir emociones es algo normal en la vida y que todos vamos a sentir vaivenes, pero que seremos capaces de superarlos, nos vuelve más valientes. No es nuestra responsabilidad proteger a los demás de sentir: nuestra responsabilidad es vivir una vida alineada con nuestros valores y que nos enorgullezca.

A veces, eso le hará daño a alguien, y es duro —incluso devastador— saber que nuestras decisiones causarán dolor. Por eso es una de las cosas más difíciles de la vida. Cuando sé que mis acciones afectarán a otras personas, me es útil recordarme la afirmación de la doctora Damour de que las emociones negativas son una respuesta mentalmente sana a los altibajos vitales. La gente tiene derecho a molestarse cuando cambiamos de opinión, o a tener el corazón roto cuando los dejamos, o a deprimirse al perder un trabajo.

Pero ¿cuál es la mejor manera de tomar una decisión? ¿Y cómo se gestiona el insoportable nivel de culpa y malestar que sentimos cuando elegimos un camino difícil, pero que sabemos que es el correcto?

APRENDE A SURFEAR LA OLA EMOCIONAL

Una cosa que me ayuda mucho a mí es concebir el malestar emocional como una ola que surfear. Porque, en el fondo, son parecidas: ambas aparecen, crecen y luego caen y desaparecen.

Algunos días, nuestra vida será tranquila y estable. Otros, como aquellos en los que, por ejemplo, cancelamos una boda, nos golpeará un huracán, haciéndonos creer que nos ahogamos. Pero no nos ahogamos.

¿Es muy duro tener que cancelar una boda? Sí. ¿Será una de las experiencias más dolorosas de tu vida? Seguramente. ¿Querrá el padre de tu pareja matarte? Sin duda, al menos durante unos meses. ¿Perderán tus padres el dinero ya pagado y se enojarán contigo? Sí. ¿Se les romperá el corazón porque quieren mucho a tu prometida? Sí.

Todos ellos van a tener que atravesar un duelo por la pérdida de algo que les hubiera gustado que pasase. Y luego, poco a poco, *déjalos* sentir lo que sea que necesiten sentir, no intentes controlar el proceso ni evadirlo ni cambiarlo. La vida suele abrirse paso a una nueva normalidad.

Al final, tus padres no solo entenderán la decisión que tomaste, sino que también estarán orgullosos de la valentía que te hizo falta tener para tomarla. *Déjalos.*

Pero no te olvides de la segunda parte de la teoría y *déjate* sentir que todo pasará, que eres más fuerte que las reacciones emocionales de los demás. *Déjalos* tener sus propias opiniones. *Déjalos* reaccionar. Y *déjate* reaccionar. *Déjate* que las emociones te invadan y date el espacio y el tiempo necesarios para procesarlas.

No dejes que las reacciones emocionales ajenas te impidan tomar decisiones. *Déjate* ser sincero contigo mismo y con los demás. *Déjate* emprender el camino difícil, por muy doloroso que sea ahora mismo, pues es lo correcto y te ahorrará mucho sufrimiento en el futuro. *Déjate* tener la oportunidad de disfrutar de la vida que mereces.

VEAMOS QUÉ HEMOS APRENDIDO SOBRE LIDIAR CON LAS REACCIONES EMOCIONALES AJENAS

Ahora mismo permites que las reacciones emocionales de los demás dicten tus decisiones. La teoría *Let Them* nos anima a dar un paso atrás cuando un adulto se comporta como un niño.

1. **Problema**: permites que la inmadurez emocional de los demás tenga poder sobre tu vida. Permites que los arrebatos, el sentimiento de culpa y las reacciones ajenas dicten tus decisiones, lo que te lleva constantemente a intentar gestionar sus emociones en vez de centrarte en las tuyas. Esto significa que sueles priorizar las necesidades emocionales de aquellos que te rodean a expensas de tu propia felicidad.
2. **Realidad**: no es tu responsabilidad gestionar las emociones ajenas. No está en tus manos controlar cómo los demás se sienten o responden ni solucionar su inmadurez emocional. La mayoría de los adultos tiene la inteligencia emocional de un niño de 8 años y eso es algo que no puedes cambiar.
3. **Solución**: gracias a la teoría *Let Them* puedes mantener el control de una situación en la que un adulto esté, cual niño, teniendo una rabieta emocional. Toma siempre la decisión que creas correcta, aunque a otra gente le siente mal. Conservas tu poder cuando dejas de asumir la carga de las emociones ajenas y alineas tus acciones con tus valores.

Al decirte «Déjalos», les das a los demás espacio y tiempo para transitar sus emociones sin cargarte con la responsabilidad de gestionarlas o arreglarlas tú mismo. Al decirte «Déjate», hallas en tu interior el valor para tomar las decisiones correctas, aun sabiendo que los que te rodean no lo verán del mismo modo.

Es momento de crecer y actuar desde la madurez.

CÓMO SUPERAR EL HÁBITO DE COMPARARARSE

CAPÍTULO 9

EN EFECTO, LA VIDA NO ES JUSTA

Es cierto que la vida no es justa: esa es una certeza indiscutible. Sin embargo, en algún momento debemos despertar, aceptar este hecho y dejar de obsesionarnos con las posesiones, el aspecto y los éxitos ajenos.

Es hora de poner sobre la mesa un tema que nos afecta a todas las personas del planeta: el permitir que el éxito de los demás nos paralice.

La realidad es que no puedes controlar ni el éxito ni la suerte del resto de la gente. Lo único sobre lo que sí tienes poder es qué hacer con el ejemplo ajeno y qué pasos dar a continuación.

Cuando te tomas las vidas de otras personas como prueba de que eres un fracaso, o alguien sin atractivo, o no lo suficientemente bueno, te conviertes en tu mayor obstáculo. Navegar por las redes sociales sin un propósito, o creerte inferior a otra persona, te hace sentirte estancado, sin esperanza, perpetuamente detrás. Te estás torturando porque sí, sin motivo alguno. Además, estás permitiendo que los demás te paralicen, lo que lleva a la procrastinación y la autocrítica.

Al centrarte en lo injusta que te parece la vida y compararte con otras personas, agotas tu propia motivación y te impides avanzar. Por lo tanto, se convierte en una profecía autocumplida. Es el hábito de compararte con los demás el que te hace fracasar.

Tú eres el problema. Y el primer paso para dejar de serlo consiste en aceptar la realidad: la vida no es justa. Punto.

No es justo que te ahogues en una deuda estudiantil porque no pudieras pagar la matrícula.

No es justo que tu hermana parezca una supermodelo y que todo el mundo se le acerque en los bares, mientras tú te quedas ahí sentada a un lado, sola.

No es justo que tu jefe te dé las peores tareas en el trabajo.

No es justo que tu país esté desgarrado por una guerra.

No es justo que nacieras diabético y que lleves toda la vida teniendo que controlarte la insulina.

No es justo que los padres de tu amigo le hayan comprado una casa preciosa.

No es justo que un compañero tuyo se haya llevado el ascenso que te pertenecía. No es justo que te diagnostiquen cáncer de mama. No es justo que tu amiga tenga aparentemente la familia perfecta, mientras que la tuya es tan desastrosa que incluso podrían hacer un *reality show* en televisión. No es justo que tu otra amiga tenga un metabolismo tan rápido que pueda comer lo que le dé la gana. No es justo que tengas asma por haberte criado en una zona con mucha contaminación. No es justo que el costo de la vida y el precio de la gasolina sigan subiendo. No es justo que tengas acné.

Tienes razón: no es justo.

El hecho es que a cada ser humano el destino le da una mano de cartas diferente en la vida y no puedes controlar las cartas que tiene otra persona. Cuanto más tiempo te pases observando a los demás, más te perderás el objetivo del juego.

Porque en la vida, en realidad, no juegas contra alguien, juegas con alguien. Siempre habrá alguien que tenga mejores cartas que tú.

Y mientras te dedicas simplemente a compararte con los demás, te estarás perdiendo uno de los grandes secretos de la vida: los demás pueden enseñarte a jugar mejor, y es ese el camino hacia la victoria.

Es cierto que a muchos les han tocado cartas más «afortunadas» o «exitosas». *Déjalos*.

Sí, van a conseguir algunas cosas antes porque tienen ventaja, más recursos, más apoyo. Y no hay nada que puedas hacer para cambiarlo. Es un hecho. *Déjalos*.

Porque preocuparte por ello o utilizarlo para hacerte sentir mal es un insulto a tu inteligencia. Tú solito puedes descubrir cómo ganar. Puedes aprender a trabajar con lo que tienes y empezar desde donde estás a crear aquello que deseas en la vida.

Pero nunca lo conseguirás si dedicas toda tu energía a esa absurda y tóxica manía de compararte con los demás. Deja de hacerlo, ya.

Desear que ojalá fueras tú la que llamara la atención en vez de tu hermana o la que estuviera de vacaciones por Europa, o desear ser más alta, tener una complexión más sana, estar en un mejor trabajo, que te pidieran matrimonio o ganar más dinero no va a hacer que suceda. Solo hace que tu confianza desaparezca.

Cualquier jugador profesional de cartas te confirmará lo mismo que yo te he dicho: que da igual la mano que te haya tocado, lo importante es cómo la juegas. Y para triunfar en la vida debes prestar atención a las cartas que tienes y elegir bien qué hacer con ellas.

Sí, lo entiendo: es horrible mirar la mano que te ha tocado y pensar que tienes las peores cartas del planeta. Es fácil lamentarse, sentir lástima de uno mismo. Es fácil mirar a los demás y sentirte mal por no tener ese cuerpo, esa cuenta de banco, esa relación, esa salud perfecta, ese coche, ese fideicomiso, esa seguridad, esa disciplina, ese grupo de amigos… porque no es justo. Pero ¿sabes qué? La vida nunca va a serlo.

Hay gente que, simplemente, tiene mucha suerte. Yo misma tengo amigas que parecen haberlo tenido todo resuelto desde el día en que nacieron, que parecen haber conseguido todo lo que siempre han deseado. Como si a su alrededor aparecieran de forma espontánea cosas maravillosas y constantemente les sucedieran buenas experiencias. Todo parece salirles bien.

¿Por qué ellas tienen tanta suerte y yo no? Qué fácil es compadecerse de uno mismo y envidiar a los más afortunados, ¿verdad? Tienen la mejor familia del mundo, conocieron al amor de su vida en la universidad, son superatractivos y tienen un don para el deporte. Nada parece irles mal. Encima, al menos hasta donde sabes, no sufren depresión ni ansiedad ni arrastran un trauma de la infancia como el resto de nosotros.

Sea como sea, comparar tu suerte con la de los demás es una enorme pérdida de tiempo.

CUANDO COMPARARSE SE VUELVE UNA TORTURA

«Pero, Mel, no puedo dejar de pensar en que hay gente mucho más atractiva que yo, o en cómo me gustaría ser más alto o no tener asma o que mis padres no se hubieran divorciado y mi familia fuera mejor».

Compararse con otra gente es inevitable. Está en la naturaleza humana mirar alrededor, ver lo que están haciendo los demás e intentar ponerse a la altura. El problema no es nuestra tendencia a la comparación, sino qué hacemos con las conclusiones de la misma.

¿Para qué usas tú la comparación? ¿Para torturarte o para aprender y mejorar?

Hay dos tipos distintos de comparación: de tortura o de aprendizaje. Para poder usar este rasgo humano a tu favor, el primer paso es identificar cuál de ambos tipos practicas. Averiguarlo es muy fácil.

El primer tipo es el de la tortura, el cual se da cuando nos obsesionamos o nos castigamos por algo que nunca podremos cambiar. La comparación es una tortura cuando nos centramos en atributos fijos de la vida de los demás.

Por ejemplo, la belleza, el tipo de cuerpo, el contexto familiar, la altura, el metabolismo, los padres, el país de nacimiento, las experiencias pasadas o cualquier talento en atletismo, música, idiomas, arte, memoria o simplemente por tener el cerebro de un genio.

Puede que envidies estos rasgos fijos en los demás, pero, si te das cuenta, son cosas con las que normalmente se nace, es decir, no hay que trabajar duro para conseguirlas. Son parte de las cartas que nos tocan, y no van a cambiar de mano (como tampoco van a hacerlo las tuyas).

Y lo más importante de todo: da igual lo que te esfuerces, esas características no aparecerán por arte de magia en tu vida.

Para saber qué cosas son inmutables, pregúntate: ¿hay algo que puedas hacer en los próximos treinta segundos para mejorarlo o cambiarlo? Si no, es que son cosas que nunca vas a poder cambiar.

Es vital que entiendas la diferencia entre aquello que puedes y no puedes cambiar, porque compararte con alguien o con algún aspecto de su vida que no puedes alterar, independientemente de cuánto lo intentes, es torturarte.

Por lo tanto, todo el tiempo que inviertas en obsesionarte por un rasgo inmutable ajeno, en vez de centrarte en tus propios rasgos, es un acto de autotortura. Es inservible para tu crecimiento personal y un detrimento de tu felicidad. Si no tienes poder sobre ello, aprende a soltarlo. *Déjalos.*

Sé que esto no es algo fácil de hacer.

Nuestra hija mayor, Sawyer, se ha pasado años atrapada, torturándose, en este tipo de comparación. Está obsesionada con algunos rasgos de su hermana pequeña, Kendall, quien tiene un tipo de cuerpo, una estructura ósea, un metabolismo y unas habilidades atléticas distintas a ella. Encima, Kendall tiene una voz y un tono musical perfectos.

Sawyer no puede cambiar nada de esto, como tampoco podemos hacerlo ni Kendall ni yo.

Pero eso no ha impedido que, año tras año, Sawyer se haya sentido mal por culpa de esta tortuosa comparación a la que, encima, le ha dedicado tanta energía. Y como resultado, odia su cuerpo y se odia a sí misma por tener el metabolismo que le ha tocado. Se queja todo el tiempo de lo mucho que le cuesta perder peso y lo fácil que le resulta ganarlo, así como de lo injusto que le parece que Kendall quepa en su ropa, pero ella no en la suya.

Tiene razón: no es justo. Y por mucho ejercicio, suplementos o clases de canto que Sawyer haga o tome, no cambiará de opinión. Para ella, Kendall es una ganadora y ella, una perdedora.

Esto es lo que los psicólogos llaman «comparación ascendente»: la tendencia a medirse con personas y atributos que uno cree mejores que los suyos. Los estudios demuestran que destruye la autoestima.

Sin embargo, rara vez practicamos la llamada «comparación descendente», la cual consiste en mirar alrededor y sentirse mejor que la mayoría de la gente. Según la ONU, una de cuatro personas no tiene acceso a agua potable, por lo que lo cierto es que, si tú sí tienes acceso a ella, y encima tienes electricidad y tiempo para leer este libro, las cosas te van mejor que a la mayoría del planeta. Esto me lleva de nuevo al tipo de comparación tortuosa, en el que nos machacamos a nosotros mismos por cosas que no podemos controlar ni cambiar.

He sido testigo, con todo el dolor de mi corazón, de cómo Sawyer lo ha pasado mal por esto, sin poder hacer nada por salvarla. No puedo impedirle compararse, y ni siquiera todos los cumplidos del mundo podrían hacerle cambiar de comportamiento. Es ella quien tiene que elegir cambiar.

Hasta que no cese de torturarse a sí misma, nunca se dará cuenta de la vida tan maravillosa y bonita que está justo enfrente de ella, esperándola, ni será capaz tampoco de ver la belleza de su propio cuerpo. Siempre verá solamente lo que no es, lo que no tiene, en lugar de todo lo que vale. Mientras siga obsesionada con su hermana, no verá lo que todos los demás vemos en ella: sus talentos únicos, su cerebro, su atleticismo.

Es importante que dejemos de obsesionarnos con las cartas que les han tocado a los demás. La vida no es justa. Siempre habrá alguien a quien le haya tocado una mejor mano que a ti, y compararte solo te hará perder. Deja de centrar tu atención en los demás: no es así como se gana el juego de la vida. Aprende a jugar con los demás, no contra ellos.

Lo triste es que hay mucha gente que desarrolla un TCA o un trastorno mental o lucha contra la adicción o la vergüenza por culpa de compararse desde la tortura. Esto no es algo a menospreciar: puede derivar en problemas serios que afectan al día de hoy a muchas personas, incluyendo a algunos de mis seres queridos.

Según los psicólogos, la raíz de muchos trastornos es una obsesiva necesidad de control. Como estamos viendo en este libro, siempre que intentamos controlar algo incontrolable, terminamos sintiéndonos con menos autoridad y capacidad de gobierno.

Por ello es imperativo que seamos capaces de identificar cuándo incurrimos en este tipo de comparación y de ponerle freno a tiempo. *Déjalos* vivir su vida y *déjate* centrarte en la tuya.

Eres demasiado listo como para malgastar tu tiempo torturándote. Aférrate a tu poder, porque vas a necesitar hasta la última gota del mismo para desatar el potencial de tu vida. Si algo he descubierto es que para ser más felices debemos permitirnos serlo. Es imposible disfrutar de la vida o querernos a nosotros mismos a la vez que nos machacamos.

Pasemos ahora al segundo tipo de comparación, en el cual se encuentra una de las claves para crecer y vivir mejor.

CAPÍTULO 10

APRENDER DE LAS COMPARACIONES

Acabamos de ver el primer tipo de comparación, el cual es como torturarse a uno mismo. Hablemos ahora del segundo tipo: cuando la comparación nos enseña algo.

¿Cómo saber cuándo compararse es bueno? Cuando te fijas en aspectos de la vida de otra persona que podrías replicar en la tuya. Aspectos generales, laborales o de salud que con tiempo y esfuerzo tienes la posibilidad de cambiar o mejorar.

La lista de cosas aquí englobadas es interminable: cambiar de trabajo, crear un buen grupo de amigos, buscar un propósito, dedicarles más tiempo a tus hijos, irte de vacaciones, mejorar tu economía, despertarte más temprano, estar abierto a buscar activamente la mejor historia de amor de tu vida, convertirte en un cocinero maravilloso, ponerte en forma, ahorrar para comprarte un anillo, un reloj, un coche deportivo, renovar la cocina, adquirir una segunda vivienda, mejorar la relación con tu padrastro o madrastra, desarrollar hábitos más saludables, escribir un libro, sanar tus traumas, conseguir más seguidores en redes sociales, definir mejor tus límites, dedicarte tiempo a ti mismo, emprender, mejorar tu reputación...

Redacté una larga lista para ilustrar el hecho de que el 95 por ciento de aquello que queremos son cosas que podemos obtener o crear si trabajamos duro y somos constantes, disciplinados y pacientes. En la vida, poco está escrito en piedra.

Si alguien ha hecho algo mejor o más impresionante de lo que podrías haberte imaginado, *déjalos*. *Déjalos* triunfar. *Déjalos* adelantarte. *Déjalos* alcanzar sus metas de formas inteligentes y asombrosas. Su éxito te da la fórmula. ¿Recuerdas lo que te he contado sobre lo mucho que me costó empezar a publicar contenido profesional en mis redes sociales? Sea lo que sea lo que desees obtener, siempre habrá alguien que pueda ayudarte a averiguar la fórmula. *Déjalos* abrir camino.

Yo misma me pasé la mayor parte de mi vida sin entender esto. Si alguien conseguía algo que yo anhelaba, me decía que se me habían adelantado. Cuando miraba a mi alrededor, lo que veía eran las victorias ajenas enfrentadas a mis propios fracasos. Pero si miras el mundo desde esta lente, solo lograrás sentirte vencido incluso antes de empezar.

Si no tienes cuidado, el hábito de compararte puede convertirse en el motivo por el que dudas de ti mismo, procrastinas y te quedas estancado. Eres capaz de conseguir aquello que te propones, pero en vez de luchar por ello, luchas contra ti mismo y contra lo que deseas. Esto ilustra cómo vemos a los demás como el problema cuando no tiene por qué ser así.

Hay suficiente felicidad, éxito y dinero en el mundo para todos, incluyéndote a ti. La oferta es ilimitada. Nadie te está quitando nada: tus metas están ahí delante, esperando que vayas en serio por ellas. Permíteme repetírtelo: los triunfos ajenos no son tus derrotas. Lo que tienes que hacer es cambiar la forma en que concibes el éxito de los demás.

En el mundo hay más de 8 000 millones de personas, por lo que si te pones a buscar a alguien que gane más dinero que tú, que vista mejor, que tenga mejores amigos, que fuera a una universidad mejor, que esté en mejor forma que tú, que haya vendido su empresa, que escriba libros superventas, que haya viajado por todo el mundo o, literalmente, que tenga cualquier cosa que desees, seguro que vas a encontrarlo.

El problema no es la tendencia humana a compararse, sino no utilizar dicha comparación a nuestro favor. Gracias a la teoría

Let Them, puedes aprender a convertir este rasgo innato en todos en tu mayor maestro.

APRENDER DE LOS DEMÁS

Hace poco estuve hablando con una amiga mía llamada Molly. Es una diseñadora de interiores con un talento sin igual que montó su propia compañía, la cual tiene bastante éxito.

Las últimas veces que habíamos hablado, ella siempre me pedía consejos para empezar en redes sociales. Para cada tipo de negocio existe una fórmula propia, por lo que yo simplemente le recomendé lo básico: sube contenido todos los días, ilustra tus proyectos con videos, publica fotos del después y del antes, contrata a alguien que cree una biblioteca de videos cortos, céntrate sobre todo en una red social y haz algún curso gratuito para aprender un poco más sobre las distintas plataformas.

Como ya dije en el ejemplo de los comienzos de mi propio negocio de oradora que hemos visto antes, los pasos que tenemos que dar suelen ser muy sencillos. El problema no es llevarlos a cabo.

Molly me llamó otro día, y enseguida supe que algo no iba bien. «¿Qué te pasa? ¿Los niños están bien», le pregunté.

«Sí, sí —me respondió—. Ellos están bien, pero yo no».

«¿Qué pasó?», le insistí.

«Bueno, anoche vi algo que me molestó. Y no consigo dejar de darle vueltas desde entonces».

Yo enseguida me asusté. ¿A qué podía referirse? Dios, debía de ser algo serio.

Resultaba que estaba relacionado con una de sus vecinas, alguien a quien Molly conoce desde hace bastante y a quien no le tiene mucho aprecio, pues es una de esas personas que siempre intentan llamar la atención. Sea como sea, simplemente no congeniaban.

La cosa es que esta mujer no tenía experiencia en el mundo del diseño interior, pero, de repente, había entrado en el negocio y empezado a subir contenido del mismo en redes sociales, y sus publicaciones estaban arrasando. De la noche a la mañana tenía miles de me gusta, aunque lo que más le dolía a Molly era que ahora todo el vecindario hablaba sin parar de lo talentosa que era esa vecina.

«Lo único que sube son fotos de su propia casa, ¡y ni siquiera fue ella la diseñadora!», explotó mi amiga.

La noche anterior, tras un largo día de trabajo, había acostado a sus hijos y se había metido a sus redes sociales. Y, de pronto, ¿con qué se había encontrado? Con los posts de aquella mujer.

Molly no había podido evitarlo: leyó cada comentario y chismeó de arriba abajo la página web de la susodicha. La web seguía un estilo moderno y minimalista, mientras que mi amiga llevaba sin tener tiempo de mejorarla desde hacía tres años. Su vecina sabía claramente cómo publicitarse, y lo hacía de forma muy profesional, como si llevara años en el negocio. A Molly le afectó mucho ver todo aquello: «¡Va a robarme mis clientes! —empezó a pensar, entrando en un círculo vicioso—. Todo el mundo va a creerla mejor que yo. ¿Cómo rayos sabe hacer todo eso? ¿Y por qué no lo he hecho yo antes? ¡Argggggg!».

Tras respirar profundamente, me preguntó: «Mel, ¿qué debería hacer?».

Voy a decirte ahora lo mismo que le dije entonces a ella, y quiero que lo recuerdes la próxima vez que te descubras comparándote o que estés enojado por lo que sea que haga otra persona.

Si el éxito de alguien te provoca celos, BIEN, me alegro por ti. Los celos son una oportunidad, una forma de motivarte a observar más de cerca a dicha persona, pero no para sentirte inferior a ella, sino para descubrir qué puedes lograr.

Aquella vecina no estaba robándole nada a Molly, ni imposibilitándole mejorar su página web ni seguir esforzándose en sus redes sociales. Sus éxitos no eran los fracasos de mi amiga, porque nadie puede impedirte conseguir aquello que te mereces. No está en sus manos. Solo tú tienes el poder de detenerte.

Esa mujer era el recordatorio que Molly necesitaba de que las redes sociales son importantes hoy en día. Estaba enseñándole el camino; era, pues, alguien de quien aprender. *Déjalos* despertarte. *Déjalos* tener éxito. *Déjalos* deslumbrarte con sus atractivas páginas web.

DÉJALOS DEMOSTRARTE LO QUE ES POSIBLE

Puede que estés tan centrado en el día a día que no te des cuenta de lo que tienes delante. Puede que aspires a tan poco que no seas capaz de ver qué tan maravillosa podría ser tu vida. Puede que estés tan acostumbrado a hacerlo todo de cierta manera que te cueste probar cosas nuevas.

Muchas veces, los demás nos muestran lo que es posible. Cuando concibes la comparación como una maestra, eres consciente de que los demás no te están quitando nada, sino al contrario: te están dando. Hay gente que tiene la capacidad de mostrarte trozos de tu futuro que aún no eres capaz de ver por tu cuenta. Te muestran posibilidades que ni habías caído en que existían o que te creías incapaz de conseguir.

Sea lo que sea o quien sea que te provoque celos, BIEN. El éxito y las victorias de los demás no reducen tus opciones de obtener lo que deseas. Al revés: las expanden. *Déjalos* liderar el camino. Transforma tus celos en inspiración, descubriendo lo que es posible gracias al ejemplo ajeno. Las personas con las que te comparas son como espejos, pues reflejan posibilidades al alcance de tu mano, o, en el caso de Molly, por ejemplo, la fórmula para alcanzar la meta o las tareas que evitas encarar. Todo esto fue lo que le dije a mi amiga. *Déjalos* guiarte.

Lo que me lleva a otro punto importante: hay una razón por la que esta mujer irritó tanto a Molly. En la vida, si no encuentras la motivación suficiente para llevar algo a cabo, hace falta que ocurra algo doloroso para obligarte a actuar.

En el caso de mi amiga, llevaba años admirando a diseñadores de interior famosos, años hablando de empezar en las redes sociales. Sin embargo, se sabía todas las excusas posibles por las que no había dado ya el paso. Hasta ahora. Hasta que, de repente, aparece una mujer que no tiene ni idea del tema, pero que logra llevar a cabo todas las cosas que Molly sabía desde hacía tiempo que tenía que hacer.

Mi amiga era consciente de que su vecina no tenía un talento especial ni recursos extra ni ningún tipo de ventaja. Eso es lo que le sentó tan mal. Aquella mujer estaba simplemente demostrándole un hecho: si yo puedo, tú también. He aquí donde compararse se convierte en algo muy interesante. Este tipo de personas y situaciones nos fuerzan a mirarnos en el espejo y a llamarnos la atención.

Así pues, que te hagan enojar. *Déjalos*. Es más, deberías darle las gracias a esa persona que tanto te irrita, pues, en realidad, no estás molesto con ella. Esa ira que te arde en las venas se debe a que estás enojado contigo mismo, porque sabes que hay cosas que podrías haber hecho antes y porque eres capaz de lo que te propongas. Simplemente, no te has puesto manos a la obra a tiempo. Como yo a la hora de intentar ser oradora.

Es por esto por lo que defiendo que este tipo de comparación es una gran maestra. No porque nos muestre qué tenemos que hacer, sino porque estimula tu poder y despierta tu rabia. Y necesitas tu ira como combustible para ponerte en marcha.

Así que, sea lo que sea lo que te moleste, *déjalos*: que te irriten, que te hagan explotar. Y *déjalos* mostrarte EXACTAMENTE qué quieres y qué tienes que hacer para conseguirlo.

CÓMO TRANSFORMAR LA COMPARACIÓN EN INSPIRACIÓN

¿Cómo convertir los celos y la frustración en algo bueno? ¿Cómo transformar la comparación en inspiración? Fácil: diciéndonos «Déjate» y estudiando los datos que nos aportan los éxitos ajenos.

Siempre que te comparas con alguien, sucede algo realmente importante: la comparación te señala las áreas de tu vida a las que tienes que prestarles más atención.

Lo que significa que el tiempo de las excusas, de la planificación, se ha terminado. *Déjate* ponerte a trabajar. Haz repeticiones.

Es una frase que mi amigo, el autor superventas Jeff Walker, siempre dice: «El éxito consiste en hacer repeticiones». ¿A qué se refiere con esto? A que para triunfar en algo —ya sea ponerse en forma, escribir un libro o convertirse en yutubero—, debemos esforzarnos todos los días, encarando las tareas aburridas e incómodas. Tenemos que hacer repeticiones.

Piensa en cualquier cambio que quieras implementar en tu vida, como ir al gimnasio. ¿Cómo logras construir músculo? Yendo casi todos los días y haciendo repeticiones. El famoso *quarterback* Tom Brady afirmó hace poco sobre el éxito: «La verdad es que [para alcanzarlo] no hay que ser especial. Solo hay que tener lo que la mayoría de la gente no tiene: constancia, determinación y resolución para trabajar hasta conseguirlo».

Todos aquellos que despiertan tus celos también te demuestran el hecho de que, mientras tú has estado refugiándote en excusas, ellos han hecho repeticiones, avanzando poco a poco. Según Tom Brady, no son especiales, sino que solo tienen lo que tú no has tenido: constancia, determinación y resolución para trabajar. En mi caso concreto, ese es al mil por ciento el secreto de mi éxito.

Volviendo al ejemplo de mi amiga, Molly llevaba años sabiendo que debía priorizar su presencia en internet. Por ende, parte de la razón por la que le resultó tan doloroso lo de su vecina fue porque se encontró de cara con los frutos del esfuerzo ajeno. Eso es lo que pasa cuando no perseguimos de verdad aquello que deseamos.

La página web que tanto sacó de quicio a mi amiga no apareció espontáneamente de la noche a la mañana: su vecina trabajó en ella durante meses. La estrategia de redes sociales igual. Mientras Molly se escudaba tras excusas, aquella mujer investigó el mercado, estudió, aprendió y creó un montón de publicaciones.

La razón por la que este tipo de cosas nos molesta tanto es porque sabemos que nosotros también podríamos hacerlo, y nos enoja no haber empezado antes. La inspiración no es suficiente como para motivarnos a hacer algo. He aquí cuando cobra importancia la ira, y por qué las comparaciones pueden ser un buen maestro, sobre todo cuando nos comparamos con gente que nos irrita. Por ejemplo, Aron, tu compañero de oficina, quien de repente ha dejado su puesto y trabaja a tiempo completo en su negocio de barcos a medida, al que le ha estado dedicando los fines de semana, mientras tú te dedicabas a salir con amigos.

Te molesta que él lo haya conseguido porque cuando gente que conocemos logra algo, significa que no podemos poner excusas de por qué nosotros no lo hemos logrado. Después de un año sentado al lado de Aron en la oficina, sabes que el cambio no reside en un superpoder, en una herencia ni en un enchufe: simplemente ha trabajado duro. Y ahora ha logrado su sueño, lo que te enfurece. Sin embargo, esa rabia es justo lo que necesitas.

Es totalmente normal enojarse ante la preciosa página web de otra persona, o al ver cómo tu excompañero empieza una nueva vida, o al entrar en la magnífica nueva casa de un amigo. Pero si deseas de verdad conseguir tu objetivo, no tienes tiempo de enojarte ni puedes permitirte malgastar energía en estar celoso. Necesitas de todas tus fuerzas, pues tienes trabajo que hacer.

Atravesar este tipo de momentos es algo muy duro, y vas a tener que hacerlo varias veces en la vida, así que prepárate. No obstante, gracias a la teoría *Let Them* serás capaz de identificar cuándo la comparación te está enseñando algo. Los celos pueden ser una puerta abierta a tu futuro, por lo que te conviene reconocer en qué momento ocurre para atravesarla.

Al permitir que otras personas te guíen, te das cuenta de que debajo de todo el miedo, las excusas y el tiempo perdido se encuentra la vida con la que siempre has soñado. Ahora mismo, lo único que te impide tomar las riendas de tu devenir son precisamente esas excusas y miedos, así como las emociones de las que ya hemos hablado anteriormente en el libro.

A partir de aquí es donde dejas de intentar controlar lo que los demás piensan, sienten y hacen, y dedicas tu tiempo y energía a crear el mejor capítulo de tu vida. Esto me parece tan importante que quiero contarte un ejemplo personal más al respecto.

El punto de esta historia es que no siempre resulta obvio lo que podemos aprender de nuestros celos. A mis cuarenta y algo, cuando teníamos problemas económicos, antes de que hubiera construido mi carrera profesional actual, una de mis amigas hizo en su casa una enorme renovación.

Cada vez que quedábamos para comer o para dar un paseo, quería genuinamente que me lo contara todo sobre el tema y que me enseñara fotos del progreso. Me encantaba. Sin embargo, al volver a mi casa me sentía… desanimada y triste.

Nunca se me olvidará el día que Chris y yo recorrimos el largo y sinuoso camino de entrada a la casa de mi amiga, una vez terminadas sus reformas, y se nos cayó la boca al suelo. El resultado era magnífico.

Mientras mi amiga nos enseñaba todo, caí en un círculo vicioso de comparación. Recuerdo pensar, por ejemplo: «¿Cómo diablos tienen tanto dinero?».

Por supuesto que me alegraba por ella, pero a la vez también estaba terriblemente celosa. Sabía que se lo merecía, que tanto ella como su marido habían trabajado durísimo durante años. Se habían ganado todo el derecho del mundo a renovarla, a hablar de ello, a disfrutarlo y a enorgullecerse del resultado.

Lo sabía, de verdad, pero no tenía ni idea de cómo sentirme feliz por ella de forma genuina sin sentirme también celosa e insegura hasta el extremo. Cuando abrió las puertas de la sala de juegos, casi ardo. «Este es el desván, con la mesa de billar y la zona de estar, para que los niños disfruten ahora, pero también, de forma responsable, cuando sean mayores, con sus amigos», nos explicó. Luego nos dedicó un guiño y todos nos reímos.

«Y esta habitación con literas es para que los niños puedan dormir con sus amigos cuando los inviten a casa. Pero resulta que a mis hijos les gustó tanto que no quieren dormir en sus propias habitaciones…», nos contó de la siguiente estancia.

Mi mandíbula cayó hasta el suelo. De repente, entendí a la perfección por qué mis hijos siempre querían quedarse a dormir en la casa de mi amiga y, en cambio, nunca querían invitar a sus amigos a la nuestra. ¿Literas del tamaño de una cama matrimonial? ¿Un cuarto de juegos encima del garaje? ¿¿¿Hola??? Aquello era el sueño de todo niño, y siempre había sido importante para mí tener la casa donde todos los hijos del grupo quisieran pasar el rato.

A aquellas alturas yo ya solo podía pensar en bajar la escalera, robar una botella de vino y refugiarme en una de esas literas gigantes: así de mal estaba. Me sentía como una persona horrible por dejar que mis celos agriaran mi alegría auténtica por ella. Pero mi cerebro me torturaba sin cesar: ahora mi amiga no solo era un ser humano maravilloso al que todos queríamos, sino que encima tenía la casa de mis sueños.

A medida que la noche avanzaba, intenté controlar mis emociones, fingiendo que nada de aquello me afectaba en lo más mínimo. Sin embargo, una vez que Chris y yo nos subimos en el coche, ya no tenía que seguir reprimiendo mis celos… así que se los lancé a él a la cara.

«Nunca jamás podremos tener una casa así. ¿Por qué tuviste que meterte en el negocio de los restaurantes?», le espeté. Chris no supo qué contestar, así que nos dirigimos a casa envueltos en un tenso silencio.

Soy capaz de recordar tantos detalles de esta historia porque la hemos analizado muchas veces en terapia matrimonial. Lo fácil sería creer que la anécdota trata sobre una casa, pero no es así. La verdad que necesitaba descubrir era mucho más profunda. En los celos hacia mi amiga y la rabia que me provocaban se escondía una lección que me cambiaría la vida.

Lo cierto era que no estaba enojada con ella, ni siquiera con mi marido: estaba enojada conmigo misma por haber renunciado a mis propias ambiciones. Contaba con que mi marido tuviera éxito y me proporcionara el sostén económico necesario para obtener las cosas que yo quería. Pero mi vida era mi responsabilidad. Si deseas tener cierto nivel financiero, es tu responsabilidad luchar por él. Si deseas una casa con literas enormes y una cocina totalmente renovada, es tu responsabilidad luchar por ello.

Yo llevaba una década evadiendo aquella responsabilidad. No obstante, el suceso en casa de mi amiga me obligó a mirarme en el espejo y a ser honesta conmigo misma sobre lo que quería y lo que no. Aquellos celos fueron, en realidad, un mensaje de mi futura yo. Ver triunfar a mi amiga me permitió comprender que yo también podía aspirar a mayores posibilidades.

Así que atravesé la puerta y me puse a trabajar. Yo no soy una persona especial. Simplemente me puse a hacer lo que no había estado dispuesta a hacer hasta ese momento. Me volví constante, determinada y decidida a trabajar. Me puse a hacer repeticiones. Me costó quince años de mucho esfuerzo llegar al punto de las literas gigantes. Pero lo logré, lo que significa que tú también puedes.

La teoría *Let Them* te ayudará a profundizar en tu interior para descubrir lo que los celos intentan enseñarte y en qué aspectos no estás contento contigo mismo. Si todo lo que haces es quedarte en la superficie malgastando tiempo y energía en pensar en otra gente y en cosas que no puedes controlar, nunca descubrirás el sentido de tu vida y todas las posibilidades que te aguardan en el camino.

Tienes por delante una vida maravillosa que vivir. Tienes un potencial que ni siquiera te imaginas. Lo que te limita no es el lugar donde resides, las circunstancias que estás atravesando ni nada por el estilo.

Si te atreves a sincerarte contigo mismo sobre lo que de verdad anhelas y asumes tu responsabilidad en alcanzarlo, lo lograrás. No necesitas ser alguien especial. Simplemente tienes que despertarte cada día, poner un pie delante del otro y trabajar duro, centrándote en ser hoy un poquito mejor que ayer. Y uno de esos días te despertarás y te darás cuenta de que no solo has cambiado, sino que estás viviendo la vida que antes te provocaba celos.

VEAMOS QUÉ HEMOS APRENDIDO SOBRE EL HÁBITO DE COMPARARSE

Hasta ahora has dejado que el éxito ajeno te paralice. La teoría *Let Them* te enseña a permitir que los demás alcancen sus metas mientras usas su ejemplo como inspiración para crear la vida que deseas.

1. **Problema**: cuando nos centramos en lo injusta que es la vida y nos comparamos con otras personas, malgastamos nuestro precioso tiempo y energía en cosas que no podemos controlar. Dejamos así que el éxito ajeno nos paralice, lo que nos estanca y nos hace sentirnos frustrados, desanimados. Este tipo de mentalidad nos lleva a la procrastinación y el perfeccionismo, impidiéndonos de esta forma pasar a la acción.
2. **Realidad**: siempre habrá alguien que sea más afortunado, o que posea cosas que anhelas, la vida le vaya mejor o alcance el éxito más rápido que tú. Compararse con los demás es un rasgo natural del ser humano, pero cuando nos consume, mina nuestra autoestima y motivación. No podemos controlar el éxito ajeno, pero sí cómo respondemos a él.
3. **Solución**: la teoría *Let Them* te ayudará a dejar de torturarte y a usar las comparaciones a tu favor. Deja que los demás triunfen y aprovecha sus éxitos para crear tu propio camino. Las victorias ajenas son una prueba de que tú también puedes lograrlo. Convierte la inspiración en acción para alcanzar la vida que te mereces.

Al decirte «Déjalos», aprendes de los éxitos ajenos y les permites guiarte. Al decirte «Déjate», te centras en jugar las cartas que te han tocado, convirtiendo la inspiración en acción y ganando al recorrer este viaje con otros, no contra ellos.

Es momento de jugar tu mano y alcanzar aquello que anhelas.

Acabas de terminar la primera mitad del libro, y seguro que ya sientes cómo la teoría *Let Them* comienza a surtir efecto en tu vida. Por ahora has aprendido lo liberador que resulta dejar de malgastar energía en aquello que no puedes controlar —las conductas, opiniones y expectativas ajenas— y centrarte, en cambio, en ti mismo.

Cuanto más digas «Déjalos» y «Déjate», más espacio mental, energía emocional y tiempo liberarás, fortalezas que ni siquiera eras consciente de tener. Gracias a esa libertad, cambiarás tú y cambiarán tus relaciones, el área en el que la teoría *Let Them* más impacto tendrá.

En la siguiente mitad del libro, veremos cómo utilizar la teoría para desenvolvernos en las frágiles dinámicas entre adultos. Ya sean relaciones de amistad, de pareja, familiares o laborales, aprenderemos a poner límites claros, a estrechar lazos y a soltar por fin la agotadora tentación de intentar controlarlo todo y a todos.

Puede que ahora mismo te sientas frustrado y solo, y dudes de si las relaciones que deseas tener son incluso posibles.

La verdad es que las mejores relaciones de tu vida están todavía por llegar. Si aprendes a aceptar a las personas por lo que son y dejas de intentar forzar una relación para que sea algo que no es, vivirás las amistades más satisfactorias, las historias de amor más hermosas y los vínculos familiares más increíbles.

Cuanto más sueltes tus expectativas, tus intentos de controlarlo todo y la necesidad de cambiar a tus seres queridos, más florecerán tus relaciones. Nunca es lo suficientemente tarde para crear amistades increíbles, hacer las paces, reforzar los lazos familiares o construir la relación de pareja con la que siempre has soñado.

¿Qué tan maravilloso es saber que los momentos más significativos de tu vida y las conexiones más profundas están a la vuelta de la esquina?

LA TEORÍA *LET THEM* Y TUS RELACIONES

Cuanto más les permitas a los demás ser ellos mismos, mejor serán tus relaciones.

Mel Robbins

DOMINAR LA AMISTAD ADULTA

CAPÍTULO 11

LA VERDAD QUE NADIE TE CONTÓ SOBRE LA AMISTAD ADULTA

Seamos sinceros: la amistad adulta es difícil. Todo el mundo que conozco tiene problemas con este tema, ya sea para crear nuevas amistades, perderlas o incluso encontrar tiempo para cuidar de ellas.

Si has llegado a un punto de tu vida en el que te preguntas: «¿Qué ha pasado con todas mis amistades?», no eres el único. Puede que te parezca que no tienes ningún amigo, o puede que te encuentres en una etapa vital distinta a la de tus personas más cercanas. Quizás lo veas todo negro, o estés esperando a que sea alguien más quien dé el primer paso, o no tienes clara la situación. Quizás sientas que la vida de todos los demás es una gran fiesta que te estás perdiendo. Deseas mejores amistades, pero no sabes cómo conseguirlo.

Yo también he estado ahí.

En esta parte vamos a profundizar en las amistades adultas, las cuales sigues viendo como las veías cuando eras niño: como algo que, simplemente, ocurre. Por culpa de esta expectativa, no tienes las amistades que podrías llegar a tener.

Lo cierto es que las relaciones de amistad cambian drásticamente cuando nos convertimos en adultos, sin que nadie lo vea venir. No obstante, la teoría *Let Them* puede ayudarnos a mejorar esta área de la vida.

La amistad es uno de los aspectos más importantes de la experiencia humana. Te mereces tener amigos increíbles, que te hagan la vida más divertida y satisfactoria, e incluso que se conviertan en la familia elegida.

LA GRAN DISPERSIÓN

La razón por la que cuesta tanto desenvolverse en las amistades adultas es porque, a partir de los veintitantos, la amistad pasa de ser un deporte de grupo a uno individual sin que nadie entienda cómo.

Si no aceptamos que este cambio se ha producido (algo que ninguno de nosotros solemos hacer), no cambiamos nuestra concepción de la amistad, por lo que terminamos sintiéndonos solos. Además, es difícil mantener el contacto con las personas a las que quieres en un mundo cada vez más ajetreado y disperso.

Conforme crecemos y cambiamos y empezamos en un trabajo y nos mudamos de ciudad y nos enamoramos y nos desenamoramos, nos enfrentamos continuamente al reto de «encontrar a nuestra gente» tanto en sitios nuevos como en nuevos capítulos de nuestra vida.

La teoría *Let Them* nos ayuda a comprender la amistad adulta con mayor profundidad, a reforzar los lazos que ya tenemos y a conocer a gente nueva, quienes, en ocasiones, se convertirán en nuestras personas favoritas del mundo.

En primer lugar, abordemos las diferencias entre la amistad cuando somos niños y la amistad después del cambio radical que se produce cuando nos convertimos en adultos.

De pequeños, nos sentimos uno con nuestros amigos y compañeros de clase, avanzando por la vida al mismo ritmo y en el mismo lugar. Desde la guardería al bachillerato, todos tenemos la misma rutina diaria: tomamos el mismo transporte escolar, leemos los mismos libros y aprendemos lo mismo en la escuela.

Además, vemos todo el tiempo a la gente que tiene nuestra misma edad: en clase, en los pasillos, en los campos deportivos, en el barrio. También atravesamos los mismos hitos —cumpleaños, graduaciones, clubes, actividades, deportes, clases e incluso el mismo calendario de vacaciones—, lo que nos hace creer inconscientemente que somos un gran grupo de gente que avanza a la vez en la vida, un grupo del cual formamos parte.

Por eso mencioné antes que en la niñez y en la adolescencia, la amistad es un deporte de equipo. Durante los primeros veinte años de vida, nos encontramos la amistad ya planificada, ya sea por parte de los padres, el sistema escolar, los equipos deportivos, las residencias universitarias o las actividades extraescolares, lo que nos facilita estar rodeados de gente de nuestra misma edad y pasar juntos por experiencias muy similares al mismo tiempo.

Por lo tanto, no solo es fácil hacer amigos, sino que les dedicamos tanto tiempo y compartimos tantas experiencias que también es fácil crear amistades realmente profundas. Y cuando somos parte de un equipo o de un grupo de amigos o de un club, estamos invitados a todos los acontecimientos que sucedan.

De esta forma, la infancia nos hace creer que siempre estaremos invitados a todo, que las relaciones de amistad serán siempre fáciles, que seguiremos viendo siempre a nuestros amigos y que siempre habrá cosas divertidas que compartir.

Pero, de repente, *¡bum!* Cumplimos 20 años y entramos sin darnos cuenta en una fase de la amistad que yo llamo «la gran dispersión».

En la gran dispersión, el bachillerato o la universidad se acaban y todos los amigos nos dispersamos en direcciones diferentes. De la noche a la mañana, antes de tomar incluso conciencia de ello, nos encontramos en etapas vitales distintas, con trabajos distintos y nuevos grupos sociales, así como completando hitos a ritmos desiguales. Y las condiciones que fomentaban todas nuestras amistades ya no están.

Por eso sentimos una pérdida tal de control en cada uno de los aspectos de la existencia. De pronto, ya no existen caminos únicos que seguir ni horarios ni hitos que nos digan qué hacer a continuación o cuándo dar el siguiente paso. Súbitamente, todo depende de nosotros.

En otras palabras, nuestra vida adulta acaba de comenzar. Por primera vez, estamos al cien por ciento solos. Es decir, depende enteramente de nosotros elegir a qué dedicar nuestro tiempo, dónde trabajar, en qué ciudad vivir y con quién quedar.

Mientras el tiempo avanza, nuestros amigos más cercanos, que ahora viven en otro sitio, empiezan cada vez a parecernos más y más lejanos. Nadie tiene tiempo libre; intentar cuadrar los horarios y calendarios de todos es misión imposible. Y lo que parece ser lo único que mantiene el grupo unido es un grupo de WhatsApp en el que cada vez se habla menos. Como es normal, todos estamos concentrados en vivir nuestra vida y en las personas que tenemos justo enfrente.

Es entonces cuando la soledad nos invade, cuando las amistades se complican. Las condiciones que nos permitían ver a nuestros amigos todo el tiempo, y la certeza de que eso era así, han desaparecido. De repente, nos encontramos preguntándonos: «¿Qué ha pasado con todas mis amistades?». Puede que te sientas fuera de control, que te aferres al pasado. Puede que te sientas tan inseguro que te cueste todavía más soltarlo.

La realidad es que las amistades adultas vienen y van. Cualquier otra expectativa solo logrará destruir tus relaciones. Necesitas, pues, un nuevo punto de vista, uno más flexible y proactivo. Y es por ello por lo que tendrás que repetirte todo el rato «Déjalos».

Déjalos mudarse. *Déjalos* priorizar a sus nuevos amigos. *Déjalos* no tener tiempo para ti. *Déjalos* no escribirte. *Déjalos* no incluirte en los planes. *Déjalos* quedar para comer sin que te avisen.

Es algo que nos pasa a todos, aunque eso no quita que pueda resultarnos increíblemente confuso. Desde ahora y para siempre depende de ti cambiar la forma en la que piensas y lidias con la amistad, porque la gran dispersión es algo que ya ha pasado y que volverá a pasar de distintas maneras conforme envejezcas.

Pasará cuando tus amigos solteros se casen, cuando empiecen a tener hijos, cuando se muden a las afueras, cuando sus hijos se marchen de casa, cuando se divorcien. Cuando envejezcan, pasen por una mala racha, se jubilen o sufran una pérdida.

Volverá a pasar una y otra vez, y es normal. Es por ello por lo que necesitas la teoría *Let Them*, pues te enseñará a ser más flexible en tu forma de lidiar con la amistad y a invertir tu tiempo con sabiduría para crear las amistades más bonitas de tu vida.

LOS TRES PILARES DE LA AMISTAD

Existen tres factores que, en mi opinión, hacen posible una gran relación de amistad: la proximidad, la etapa vital y la energía.

Cuando los amigos se alejan, se separan o pierden el contacto, suele ser por la falta de uno de estos tres factores. Es decir, que la mayoría de las veces las amistades adultas no fracasan por razones personales, sino por uno de estos pilares. Por ende, comprender el papel de los mismos puede ayudarte a usar la teoría *Let Them* para ser más flexible, empático y proactivo.

1. LA PROXIMIDAD

La proximidad hace referencia a la frecuencia con la que suelen verse. Esto importa porque cuanto más cerca estamos físicamente de alguien, más tiempo pasamos juntos de forma natural.

En cambio, si no viven cerca, se verán menos y supondrá un mayor esfuerzo mantener el contacto. Esto no significa que no sea posible, sino simplemente que será más difícil. Como resulta obvio, es más sencillo sentirse cerca de alguien a quien se ve a menudo. No se trata solo de sentido común: es un hecho.

El concepto de proximidad ha sido objeto de muchas investigaciones y se ha demostrado que influye en con quién entablamos amistad y con quién no. Esto se debe a que cuanto más vemos a alguien, más oportunidades tenemos de llegar a conocerlo, pasar tiempo juntos, compartir experiencias y conectar y formar una relación más profunda.

Según un estudio de la Universidad de Kansas, hay que pasar setenta y cuatro horas con alguien para convertirse en amigos ocasionales, y más de doscientas para ser amigos cercanos. Comparemos estos datos tanto con las amistades que entablamos cuando somos más jóvenes como con aquellas de la adultez.

En el bachillerato pasas doscientas horas con tus compañeros cada cinco o seis semanas. En la universidad, este número es aún mayor cuando vives con tus amigos, pues comen y pasan juntos los fines de semana. Esta proximidad les permite fortalecer su conexión y compartir infinidad de experiencias y recuerdos juntos, lo que genera confianza mutua.

Si te encuentras físicamente cerca de alguien, esa proximidad los hace pasar más tiempo juntos, ya sea por vivir en la misma calle, dormitorio o pasillo, o por sentarte en el escritorio de al lado, o por quedar todos los fines de semana en los partidos de futbol de sus hijos.

Esto es vital, y explica también por qué es más fácil hacer amigos de joven y por qué, al hacernos adultos y que todo el mundo se disperse, nos cuesta más. Al fin y al cabo, doscientas horas es mucho tiempo.

Encima, como adultos no tenemos tanto tiempo libre como cuando éramos jóvenes, debido, sobre todo, al trabajo. Según el *Estudio del Tiempo en Estados Unidos*, desde los 21 años hasta los 60 pasamos más tiempo con los compañeros de trabajo que con la familia y amigos juntos.

Eso significa que la única manera de quedar con amigos es después del trabajo o en los fines de semana. Pero piensa ¡cuántos cafés, paseos y parrilladas te llevaría llegar a las doscientas horas con un nuevo amigo adulto! Y si la proximidad es tan importante, ¿por qué no somos automáticamente mejores amigos de nuestros compañeros de trabajo, ya que son las personas con las que más tiempo pasamos?

2. LA ETAPA VITAL

La etapa vital hace referencia al momento que estás viviendo ahora mismo. Si no te encuentras en la misma etapa que alguien, es mucho más difícil conectar, pues tienen menos en común.

En ningún sitio es esto más evidente que en el trabajo. Como acabamos de ver, desde los 21 años hasta los 60, pasamos más tiempo con nuestros compañeros de oficina que con amigos y familia en total. Sin embargo, aquí está la trampa: en el trabajo, casi todo el mundo se encuentra en una etapa vital distinta. Esto significa que durante unas cuatro décadas vas a compartir la mayoría de tu tiempo físico con gente que, por lo general, no está en el mismo momento de su vida que tú.

Es más difícil conectar con los demás si, por ejemplo, te llevan cuarenta años. Esto es lo que le pasa a una de mis hijas, quien siempre nos cuenta que para romper el hielo en las reuniones se preguntan cosas como: «¿Cuánto hace que te casaste?» o «¿Qué vas a hacer cuando te jubiles?». Además, siente que tiene que mentir todos los lunes por la mañana, pues la gente se pone a hablar de qué hizo el fin de semana con sus hijos y ella se lo pasó emborrachándose con sus amigas y vomitando en una cubeta.

Este caso ilustra perfecto por qué la etapa vital importa. Da igual la cantidad de tiempo que mi hija pase con sus compañeros y lo bien que le caigan: se encuentran en momentos de su vida muy distintos. Por eso nunca quedan fuera de la oficina: porque no tienen nada en común más allá del trabajo.

Déjame contarte otro ejemplo más de cómo influye la etapa vital en la amistad. Chris y yo tenemos amigos de la familia a los que ambos queremos y que nos parecen geniales. A ambos nos encanta pasar tiempo con ellos. No obstante, nosotros tenemos quince años menos y ellos ya son abuelos. Y esas diferencias hacen que tengamos mucho menos de lo que hablar, pues tenemos menos en común.

¿Y aún así somos amigos? Por supuesto. ¡Los queremos con todo nuestro corazón! Pero nuestra amistad no puede seguir creciendo, porque no vivimos cerca, no nos vemos a menudo y no estamos en la misma etapa vital.

Lo importante de entender de estos tres pilares es que te permite darte cuenta de que nada suele ser personal. Las amistades van y vienen; puedes sentirte hoy muy cerca de alguien y mañana muy lejos. Y nada de eso es personal. Todo depende de la proximidad y de la etapa vital.

La teoría *Let Them* me ha ayudado bastante a soltar el control sobre mis amistades, ya que cuanto más crecemos en la vida, más gente va y viene. Déjalos.

Cuando dejamos de esperar que todo el mundo sea nuestro mejor amigo, o ser siempre invitados o incluidos, o conectar con cualquiera, las amistades se convierten en una relación con la que es más fácil lidiar. La teoría *Let Them* te permitirá concebir la amistad desde esa óptica, haciendo así que tu vida sea mucho más satisfactoria, próspera y feliz.

3. LA ENERGÍA

O conectas con alguien o no. No es algo que se pueda explicar, solo tienes que confiar en que es así. Hay corriente entre dos personas o no. Punto. No hay una explicación científica detrás.

He aquí otra verdad: la energía cambia con el tiempo, algunas veces a mejor y otras a peor. Pero es algo bueno, porque significa que tanto tú como tus seres queridos están creciendo, convirtiéndose en nuevas versiones de ustedes mismos.

Imagínate, por ejemplo, que vivías con cinco amigos durante la universidad; los querías mucho y conectaban, por lo que fue la mejor experiencia de tu vida. Sin embargo, después de graduarse, dos de ustedes se mudaron juntos y tras cuatro meses algo simplemente no terminaba de funcionar. Esto es algo normal: significa que ambos estaban creciendo y cambiando, y no quiere decir que la amistad se haya terminado.

El error que solemos cometer es que nos obsesionamos con lo que no funciona, en vez de centrarnos en aceptar, empatizar y admirar a la otra persona. Solo porque hayan sido mejores amigos durante una época de la vida no significa que vayan a seguir siéndolo.

De hecho, ya que ha salido el tema, tengo que admitir que odio el término «mejores amigos», pues carga de demasiada presión y expectativas a una relación que siempre seguirá creciendo, evolucionando. Cuando la gente entre y salga de tu vida, déjala. Confía en el momento vital, en el *timing*.

Hay gente destinada a estar en tu vida durante solo una época, gente destinada a estar en tu vida por una razón en concreto y gente destinada a estar en tu vida para siempre. Y es completamente normal.

Cuando sientas que alguien se aleja de ti o que algo no termina de funcionar, no conviertas al otro en tu enemigo. Se nota cuando una amistad es forzada y la energía está cambiando porque empieza a agotarte. La conversación ya no fluye igual y algo parece no encajar. Confía en tu instinto. Yo misma he aprendido por las malas que aferrarse a algo solo lo empeora todo.

Tendemos a no querer soltar las cosas que sabemos que no son para nosotros porque intuimos que, en cuanto dejemos de forzar la situación, la relación terminará. Eso es exactamente lo que me pasó a mí. De repente, me di cuenta de que estaba fuera del que creía mi grupo de amigas más cercanas. En el momento no supe qué hacer, y ahora veo con claridad que no lo gestioné bien.

CAPÍTULO 12

POR QUÉ CIERTAS AMISTADES SE APAGAN DE FORMA NATURAL

He aquí lo que pasó.

Una de las épocas más divertidas de mi vida fue cuando era una joven madre con tres hijos. Vivía con Chris y los niños en un vecindario en el que tenía un gran grupo de amigas, también madres, y criábamos a nuestros hijos juntas y quedábamos bastante, creando así una comunidad preciosa.

Todas teníamos hijos de las mismas edades que iban a la misma escuela pública. Fue una de las épocas más sociales y divertidas de mi vida, ya que me encontraba con mis amigas todo el tiempo, pues los horarios de los niños se solapaban. Siendo sincera, me sentía como si estuviera de nuevo en el bachillerato con planes constantes, invitaciones a todo y mucha gente con la que quedar.

Había dos parejas en particular con las que Chris y yo conectamos más, tanto que hicimos muchas cosas juntos: pasar el fin de semana por ahí en familia, celebrar Halloween, ir a los entrenamientos de futbol los sábados por la mañana, comer los domingos, asar carnes en el jardín… Todo lo que puedas imaginarte.

Chris y yo éramos felices de verdad. Nos parecía pura suerte: nos habíamos mudado a una pequeña ciudad en la que no conocíamos a nadie y habíamos dado con un montón de parejas maravillosas con las que nos encantaba pasar el rato. ¡Y encima nuestros hijos se habían hecho amigos! Era demasiado bueno para ser cierto.

En aquella época, una pareja de amigos muy cercanos, que vivía en otro estado, nos decía siempre lo celosos que estaban de que tuviéramos un círculo de amigos tan grande y divertido. A Chris y a mí nos pareció que la única manera de que las cosas mejoraran era que se mudaran con sus hijos a nuestra ciudad. Así que los animamos a ello.

Y terminaron haciéndolo. Es más, se compraron una casa justo enfrente de donde vivían las dos parejas con las que hacíamos todo. Yo estaba tan emocionada... Imagínatelo: dos de tus más cercanos amigos no solo se mudan a tu ciudad, sino también a la misma calle de los amigos con los que estás todo el día. ¡Era perfecto!

Obviamente, mi expectativa es que aquello fuera una gran fiesta: todas nuestras familias juntas todo el rato. Al principio, de hecho, era tal y como esperaba: quedábamos, por ejemplo, para cenar una noche cualquiera de la semana. Pero luego, con el tiempo, algo inesperado empezó a pasar: las invitaciones fueron reduciéndose cada vez más. Y nos resultó fácil entender que lo que pasaba era que las otras tres familias seguían quedando todo el tiempo... pero sin nosotros.

Ahora, al mirar atrás, veo que era inevitable que ocurriera: la proximidad prima sobre todo lo demás. Ellos vivían en la misma calle, justo enfrente; literalmente podían saludarse desde las entradas a sus casas. Sus hijos tenían la misma edad, y todos los días tomaban el transporte escolar juntos y compartían coche para ir a los deportes extraescolares.

Analizándolo ahora, lo entiendo. No era nada personal. Cuando estás esperando junto a alguien en la parada del transporte a que lleguen tus hijos de la escuela, te sale de forma natural preguntarle: «Oye, ¿qué harán esta noche? ¿Quieren venir a cenar?».

Tenía todo el sentido del mundo que se convirtieran en mejores amigos. Y tenían derecho a serlo. Pero mi experiencia fue ver cómo esta pareja de Atlanta se quedaba, sin pedir disculpas, con lo que yo pensaba que era nuestro lugar en el grupo de amigos. Y no lo gestioné bien.

LO ABORDÉ FATAL

Me pasó lo que le pasa a la mayoría de la gente cuando se siente amenazada o excluida, ya que no entendía cómo funciona la amistad adulta: los celos y la ira me consumieron. No podía evitar pensar: «Nos robaron nuestro grupo de amigos». Y en cuanto mi energía hacia ellos cambió, todo lo demás también lo hizo.

Al principio, intenté ser divertida, amable y simpática, esperando que la situación se revirtiera. Pero cada vez que pensaba en lo que sucedía, o que simplemente me cruzaba con ellos, era como si un demonio me poseyera por completo.

Perdía todo el control sobre mis sentimientos; me volvía fría y desagradable. Mi energía se había enrarecido, y todos lo notaban. Chris lo notaba, las tres parejas lo notaban, e incluso otros amigos del grupo lo notaban. Aunque no fuera mi intención, empecé a comportarme de forma horrible. Intentaba no pensar en el tema, pero sabía que, mientras nosotros cenábamos espaguetis un día cualquiera de la semana, todos ellos estaban juntos en el patio, asando carne. Me quemaba por dentro.

Me da vergüenza recordar cómo me sentí y actué y lo mala que fui y lo insegura que era. Pero, en aquel entonces, no comprendía mis propias emociones ni sabía cómo gestionarlas. Tampoco conocía la teoría *Let Them*, así que me convertí en una mala amiga.

Si me encontraba con alguno de ellos en un partido de futbol, en una reunión escolar, en una fiesta o en el súper, me estresaba *ipso facto*. Intentaba actuar normal, pues me caían bien y quería que las cosas mejoraran, pero no tenía ni idea de cómo lidiar con mis sentimientos. No podía controlarme. Mi tono de voz cambiaba; me cruzaba de brazos. Y, aunque no quería sentirme de aquella manera, no sabía cómo dejar de hacerlo. No creo que nadie nos excluyera a mí o a Chris a propósito.

Ahora, al recordar aquella época, soy capaz de ver la situación tal como era. Me doy cuenta de lo celosa y enojada que estaba. Yo tampoco habría querido invitarme a una parrillada: nadie quiere una energía tan negativa cerca. Sinceramente, me parece un milagro que, aun así, en aquel momento nos invitaran a cualquier cosa.

Pobre Chris. A él le había dado igual que la dinámica del grupo hubiera cambiado; simplemente, no se tomó las cosas de manera personal. Pero yo no lograba cambiar lo que sentía. Incluso ahora sigue resultándome muy doloroso hablar del tema, aunque asumo toda la responsabilidad por mi falta de madurez y mi tóxica conducta. Me comporté como una niña. Un momento estaba de malas y al siguiente fingía que no pasaba nada, y a menudo, en privado, montaba una rabieta delante de Chris.

Si hubiera conocido en aquel entonces la teoría *Let Them*, hubiera sido capaz de dejar estar a mis amigos. Habría estado por encima de aquella situación. Habría asumido la responsabilidad de comprender y procesar mis emociones de forma madura y saludable. Sin embargo, en aquella época no sabía hacer nada de eso. Me lo tomaba todo como un ataque personal, por lo que los convertí en los villanos de mi historia.

¿Por qué? Pues porque es más fácil culpar a los demás y arder de rabia que asumir tu responsabilidad. Estaba cometiendo, pues, el peor error que se puede cometer en la amistad adulta: esperaba ser amigos para siempre, esperaba ser siempre incluida, y esperaba que todo fuera siempre fácil.

Esta anécdota demuestra el papel tan importante que juega la proximidad a la hora de formar y mantener una amistad adulta, y cómo esa variable no está siempre bajo tu control. También ilustra cómo la energía puede destruir una relación, y cómo esa variable sí está bajo tu control. Aquello me pasó entre los treintaipico y los cuarentaipocos, pero puede pasar a cualquier edad. En algún momento, pasarás de estar dentro de un grupo de amigos a sentirte fuera, y es normal.

Porque conforme la gente viene y va, dispersándose en distintas direcciones, cambiando de vida y convirtiéndose en las personas que están destinadas a ser, también cambian los diferentes pilares de la amistad: la proximidad, la etapa vital y la energía. Por esto es por lo que las amistades adultas requieren de flexibilidad, y por qué normalmente no es algo personal que alguien entre o salga de tu vida.

Déjalos.

«APLIQUÉ LA TEORÍA, PERO AHORA NO TENGO AMIGOS»

En la fase de investigación de este libro, al analizar las experiencias de la teoría *Let Them* de miles de personas alrededor del globo, llegué a la conclusión de que una de las experiencias más difíciles de afrontar es aceptar que aquellos que crees tus amigos no lo son.

Al decirte «Déjalos», verás a los demás exactamente como son y descubrirás qué significas para ellos en su vida. Por ende, terminarás usando mucho la teoría con amigos, lo que te permitirá darte cuenta de que en algunas relaciones tus esfuerzos no son correspondidos.

Tú eres el que suele tomar la iniciativa, y, cuando no lo haces, nadie te llama ni te escribe. Tú eres el que suele proponer los planes, y, si dejas de hacerlo, nadie te invita a nada. Tomar conciencia de la verdad es doloroso. Cuando te pase, y lo hará, quiero que recuerdes los tres pilares de la amistad: la proximidad, la etapa vital y la energía.

Cuando una amistad se desvanece, o alguien te revela quién es en realidad, uno de esos tres pilares se ha desmoronado, o quizás más de uno. Antes de dejar que la pena te invada y de aislarte, o enojarte, fíjate en los hechos.

¿Tu amigo o tú han cambiado o crecido en algún aspecto? ¿Tienen ahora otras rutinas u horarios? ¿Se ven tanto como antes? ¿Se encuentran ambos en la misma etapa vital o están en capítulos distintos? ¿Ha ocurrido algo en sus vidas que ha alterado la energía, la conexión, entre los dos?

Es vital que te hagas estas preguntas, pues tendemos por inercia a pensar que hemos hecho algo mal o a echarles a los demás la culpa, y luego declarar terminada la relación.

Antes de alejarte de una amistad, asume que ambas partes tienen buenas intenciones. A veces es simplemente que nuestro amigo es una persona que nunca hace planes o que es muy introvertido, o hay muchas cosas demandando su atención. No es que no te quiera: es que quizás la vida que tiene ahora le roba toda la energía. Que su relación se haya enfriado no es algo personal, y que sigas esforzándote por mantener el contacto puede ser su salvavidas.

En la fase de investigación de este libro me encontré con muchos comentarios de gente enojada porque sus amigos no les respondían los mensajes. No quiero que uses la teoría *Let Them* para arruinar amistades simplemente porque la otra persona no te responde tan rápido como te gustaría.

Las amistades no son un ojo por ojo. Deja de llevar la cuenta. Contacta a tus amigos porque te apetece, pero no esperes que hagan exactamente lo mismo. La rapidez o la frecuencia con la que alguien te contesta los mensajes no es una señal de cuánto te quiere. De hecho, puede que sea solo un indicador de lo agobiados que están. Todo el mundo está metido en mil cosas y el 99 por ciento de las veces no tenemos ni idea con qué tienen que lidiar en su vida. Así que no los juzgues cuando no te contesten, sino asume siempre primero que hay buenas intenciones, sobre todo con los amigos.

DÉJALOS NO CONTESTARTE

Personalmente, te confieso que los últimos cuatro años han sido lo más frenéticos y agobiantes de mi vida, lo que ha tenido un gran impacto en mis amistades.

Después de vivir justo a las afueras de Boston durante veintiséis años, nos mudamos a un pequeño pueblo en otro estado, donde no conocía a nadie de mi edad. A la vez, mi empresa se encontraba en un periodo de hipercrecimiento, y yo nunca antes había gestionado un negocio tan grande. Fuera del trabajo, mi prioridad número uno era pasar tiempo con la familia e instalarnos en la nueva comunidad. Así que el poco tiempo libre que he tenido lo he dedicado a mi familia y a intentar hacer nuevos amigos en el pueblo.

Estoy segura de que muchos de mis antiguos amigos creen que los ignoro, que he descuidado las relaciones o que soy una mala amiga. Y desde su punto de vista tienen razón.

No es que no me importen: es que en los últimos años he decidido dedicar mi tiempo y energía a otras prioridades, y mantener el contacto de forma proactiva con mi antiguo grupo de amigos no ha sido una de ellas. Y no pasa nada.

Cuando pierdes el contacto con alguien, no significa que hayas perdido a ese amigo. Odio pensar que hay tanta gente que convierte en enemigo a una persona solo por haberse distanciado. *Déjalos* distanciarse. Que no tengan ya contacto no significa que tengas que estar en su contra. En vez de eso, anima a la gente y deséales lo mejor.

Si algo he aprendido es que hay personas que «desaparecen» durante un par de años y resulta que estaban cuidando a un progenitor o a un niño, o se encontraban atrapadas en una relación tóxica o un camino profesional muy demandante. No tenía nada que ver contigo. Y siguen siendo amigos.

Te digo todo esto porque no quiero que uses la teoría *Let Them* para hacer suposiciones y echar por tierra amistades maravillosas: quiero que la uses para ser flexible y permitir que la gente entre y salga de tu vida. A veces, lo único que hace falta es una llamada o un mensaje para recuperar la relación.

Ahora que por fin veo la luz tras estos cuatro agobiantes años y me siento instalada en nuestro nuevo hogar y los estudios de Boston funcionan bien y les he dedicado mucho tiempo a mis padres, ya mayores, y nuestros tres hijos se han ido de casa, ha comenzado un nuevo capítulo de mi vida. Y en esta nueva etapa vital tengo como una de mis prioridades volver a centrarme en las amistades.

Si alguna vez has recibido una llamada o un mensaje de alguien con quien habías perdido el contacto, sabrás que es una de las mejores sorpresas que hay en el mundo. Hay gente con la que llevo años sin hablar, pero que sé que, si quedáramos para un café, volveríamos enseguida a desarrollar una conexión profunda y sincera. Y no puedo esperar a que eso pase. «*Déjate*».

Las conexiones que tenemos con otras personas nunca se rompen del todo: simplemente perdemos el contacto por la falta de proximidad, por estar en distintas etapas vitales o por no seguir teniendo la misma energía. Por ende, nunca es tarde para llamar o escribir a un antiguo amigo, y esto sí es algo que está del todo bajo nuestro control.

Decirte «Déjalos» te ayudará a ser flexible y empático y a entender que la gente va y viene. Decirte «Déjate» te recordará que dejes de esperar propuestas de planes o de asumir malas intenciones, motivándote en cambio a ser proactivo a la hora de mantener o recuperar el contacto con viejos amigos y hacer nuevos.

La teoría *Let Them* te permitirá encontrar a tu gente, incluso si empiezas de cero. Al usarla, crearás algunas de las relaciones de amistad más bonitas de tu vida. De hecho, pronto te darás cuenta de que todavía no has conocido a muchos de los que se convertirán en tus personas favoritas. ¿No es emocionante saber que existen tantas personas, experiencias y conexiones increíbles en el mundo esperando a que te atrevas a dar el primer paso?

La teoría *Let Them* nos llevará a ellas. A mí, por ejemplo, me resultó imprescindible a mis 54 años, cuando nos mudamos al pueblo. A continuación, voy a contarte la historia entera para que podamos fijarnos con atención en la segunda parte de la teoría, la parte del «Déjate» relativa a la amistad.

CAPÍTULO 13

CÓMO CREAR LAS MEJORES AMISTADES DEL MUNDO

Cuando nos mudamos al pueblo, me sentí muy sola, pues no conocía la zona ni a nadie de mi edad. Esto es algo que nos pasa a todos en algún momento, pues cada cambio vital provoca cambios en las amistades. Es lo que sucede, por ejemplo, al romper con alguien, cuando muchos amigos eligen un bando. O lo que ocurre cuando tú o algún ser querido atraviesan un problema grave y la gente no tiene ni idea de cómo apoyarte o se siente incómoda, así que se aleja. O lo que pasa cuando avanzas en tu camino profesional o educativo.

La realidad es que, incluso cuando el cambio te hace muchísima ilusión —como ir a la universidad de tus sueños o mudarte a tu ciudad favorita en el mundo—, al principio, al llegar, no tendrás amigos. Normalmente, la primera vez que esto se experimenta es en la universidad. Al empezar el curso, esperas conocer enseguida a un montón de buenos amigos, pero esto no suele ser lo que ocurre. Todo el mundo está nervioso y se aferran a la primera persona que conocen, intentando formar un grupo.

En una semana, parece que todo el mundo pertenece a un grupo. Sin embargo, tanto en la universidad como en el bachillerato el grupo suele haber cambiado mucho a la hora de graduarse. Eso se debe a que cuesta encontrar a las personas con las que de verdad encajamos.

DALE UN AÑO

Cuando mi hija Sawyer empezó a ir a la universidad, me llamaba llorando todo el tiempo, diciéndome: «Me he equivocado de universidad. No encajo con nadie aquí. Necesito irme a otra». Y yo siempre le respondía que me colgara, se fuera a la cafetería, se acercara a alguien que le llamara la atención y le preguntara si podía sentarse a su lado. «Tienes que seguir intentándolo y, lo más importante, dale un año», le decía.

Ella odiaba ese consejo. Se pasó todo un año llamándome, sintiéndose sola y desesperada. Y las dos amigas que había hecho al principio, Lexi y Micaela, se sentían igual. A su favor hay que decir que las tres siguieron intentándolo todo el primer curso.

Sawyer lo intentó todo —se sentaba con gente, les hablaba por internet a personas que no conocía para quedar, se unió a un millón de clubes, se presentó a las pruebas del equipo de *lacrosse* (no las pasó), fue a todos los eventos y fiestas—, pero nada parecía funcionar. De verdad que tuvo que estar intentándolo todo un año. Y de repente, en las últimas semanas de curso, conoció a una de sus ahora más cercanas amigas, Mary Margaret, quien le presentó (a ella, a Lexi y a Micaela) a otras siete chicas, con las que hoy en día sigue teniendo relación. Literalmente, había tenido que darle un año.

Sin embargo, cuando nos mudamos al pueblo, no sé cómo olvidé mi propio consejo. A la semana de mudarnos, estaba convencida de haber cometido un gran error. Me sentí fatal durante un año entero. Lloraba todo el tiempo, y estaba segura de que nunca conocería a nadie con quien conectar.

¿Y qué estuve haciendo durante todo aquel año? Nada. Quedarme en casa, ahogándome en la soledad.

No intenté conocer gente; ni siquiera busqué oportunidades para conectar con alguien. Simplemente, me ponía música triste y me regodeaba en la tristeza; también me quejaba con Chris, llorando. Me cerré en banda y cometí el error de esperar que una amistad me cayera del cielo, aterrizando en mi regazo. Pero no funciona así.

Seguro que tú también has vivido algo parecido. Quizás te hayas mudado o hayas cambiado de trabajo o atravesado una ruptura, o hayas tenido que cuidar de un familiar, o quizás tus hijos se hayan ido de casa y hayas sentido que tenías que volver a empezar de cero. En este tipo de situaciones, no tengo ninguna duda de que te sentirías solo. Es normal.

Incluso teniendo buenos amigos, todos nos sentimos solos si no tenemos ninguno cerca de nosotros. En mi caso yo estaba fatal, fatal de verdad.

Hasta que un día, paseando con mis dos hijas adultas mientras me quejaba de lo mucho que odiaba vivir ahí porque me sentía muy sola, pasamos por delante de la casa de una mujer que había conocido seis meses antes, y les mencioné a mis hijas que esa vecina parecía simpática. De repente, mis hijas me obligaron a acercarme hasta la puerta de entrada para saludarla.

No me apetecía absolutamente nada. Es más, la situación incluso me asustaba. Me sentía una fracasada.

«¿En serio llegaste a ese punto?», te preguntarás. Pues sí. Ahora, al recordarlo, me doy cuenta de que era lo mismo que le decía a Sawyer que hiciera cuando estaba en el primer año de universidad, pero en aquel entonces no era capaz de verlo.

Me dio muchísima vergüenza llamar al timbre. Sentí cómo mi corazón se aceleraba al escuchar a sus perros ladrar y unas pisadas acercarse. Y encima, cuando se abrió la puerta, no era aquella mujer, sino su marido.

Le pregunté: «¿Está Mia? —y de repente le solté—: La conocí hace unos meses. Soy nueva por aquí y me siento muy sola, así que se me ocurrió pasar a saludar…». Mis hijas intervinieron: «Nuestra madre necesita amigos. Le pareció que tu mujer era simpática, así que la obligamos a venir a saludar».

Él fue muy amable: nos invitó a entrar y nos enseñó la casa. Conocimos a los perros, Mia se puso contentísima de que hubiéramos pasado, intercambiamos números y, una semana después, dimos juntas un paseo. Aquel fue el principio de una nueva etapa en mi vida, pues aprendí que la amistad adulta no es algo que sucede de forma espontánea, sino algo que se crea.

Me alegra informarte que, tras llamar a la puerta de Mia y otros mil momentos incómodos —acercarme a un desconocido en una cafetería, entrar a una florería local para decirles a los propietarios que sus flores me parecían increíbles, saludar a la persona al lado de mí en una clase de deporte—, he sido capaz de, poco a poco, crear una nueva comunidad.

En el transcurso de aquel año, empecé a sentir no solo que iba conociendo todas las caras de nuestro pequeño pueblo, sino que, al hacerlo, encontraba a mi gente. Por eso es vital centrarse en la segunda parte de la teoría, la relativa a nuestra responsabilidad.

EL HÁBITO DE DAR EL PRIMER PASO

Déjate ser el que se presente. *Déjate* ser el primero en decir: «Soy nuevo. ¿Cuánto llevas viviendo aquí?». *Déjate* ser el que se lance: «Si alguna vez te apetece dar un paseo, avísame. Este es mi número».

Sin prisa pero sin pausa, una conversación incómoda a la vez, no solo fui encontrando a mi gente en el pueblo, sino que conocí a algunas de las personas más maravillosas que he conocido en toda la vida. Y si puedo hacer amigos a los cincuentaipico, tú también puedes, da igual dónde vivas o qué edad tengas.

Nunca es demasiado tarde porque todo el mundo quiere y necesita buenas amistades. Incluso cuando alguien ya pertenece a un grupo de amigos, siempre va a abrirse a conectar de verdad con otra persona.

Todo lo que tienes que hacer es dar el primer paso.

Sé tú quien salude a los que están a su alrededor, porque supone una diferencia colosal. Yo me pasé bastante tiempo sin hacerlo, encerrada en casa llorando. Incluso cuando me obligaba a salir, estaba cerrada. Entraba, por ejemplo, en la cafetería y veía a la misma gente de siempre, pero no me sabía el nombre de nadie porque no preguntaba. Por eso no conocía a nadie: porque no me atrevía a iniciar una conversación.

En cuanto empecé a dar el primer paso, me dirigí de nuevo a esa misma cafetería y, cuando fue mi turno, me presenté al dependiente: «Hola, soy Mel. ¿Cómo te llamas?». «Kevin», me respondió. Así que cuando me dio mi café, le dije: «Gracias, Kevin».

En cuanto me senté, desbloqueé mi teléfono y creé un nuevo contacto con el número de la cafetería, y en la sección de notas añadí: «Kevin, el camarero alto con barba». Lo hice inmediatamente porque me daba miedo olvidar su nombre si esperaba al llegar al coche.

Luego me volví hacia una pareja joven a la que veía todos los días que iba a aquel café, pero con la que nunca había hablado, hasta ahora: «Hola. Perdonen, pero los veo mucho por aquí. Acabo de mudarme al pueblo y quería presentarme. Me llamo Mel, ¿y ustedes?».

Gregory y Jordan; no podían ser más lindos. Enseguida añadí sus nombres en las notas del contacto de la cafetería, bajo el nombre de Kevin, con esta corta descripción: «Una pareja encantadora. Se han mudado aquí desde Los Ángeles. El bebé es precioso». Entonces les pregunté cuánto tiempo llevaban viviendo en la zona, y resultó que justo se habían mudado hacía un año.

Luego les pregunté que a qué se dedicaban. ¿A que no te lo imaginas? Gregory trabaja en el mundo de los pódcast y Jordan es psicóloga. ¡Vaya casualidad! Y pensar que me había pasado un año entero sentándome cerca de dos personas con las que tenía tanto en común... Lo que me puse a hacer ese día en la cafetería era mucho más que entablar conversaciones triviales: era empezar a crear mi propia comunidad, mi propio grupo.

La calidez que ofreces a los demás siempre halla su camino de regreso a ti. Algo tan sencillo como sabernos los nombres de las caras que nos rodean nos ayudará a sentirnos más conectados con el lugar en el que vivimos. Además, cuanta más gente conocemos, más rápido terminamos encontrando a nuestra gente.

Y todo esto tiene, encima, más beneficios. Para empezar, crear una conexión produce un gran impacto en nuestro bienestar y felicidad. No es algo a subestimar: según las investigaciones, aquellos junto a los que nos sentamos en la cafetería o con quienes entramos en el ascensor, no son extraños, sino «lazos débiles».

Ese tipo de lazos es también una parte de nuestra vida importante, y pueden convertirse en una base que mejore nuestro día a día. Apréndete sus nombres. Salúdalos. Acaricia a sus perros. Anota sus nombres para refrescarte la memoria al día siguiente, antes de volver a verlos.

Con cada conversación fui creando mi andamiaje social, una red de personas a las que conocía por su nombre de pila, lo que me hacía sentirme un poco menos sola.

También es como conocí a uno de mis más cercanos amigos en la actualidad, David. Nos pasamos todo un año viviendo a menos de dos kilómetros de distancia, pero no nos conocíamos porque ambos estábamos en casa lamentándonos. Sin embargo, un día coincidimos en la cafetería y nos saludamos, y ahora es una de mis personas favoritas en el mundo, hasta el punto en que él y su marido son como parte de la familia.

Si yo puedo, tú puedes. Apóyate en la teoría *Let Them*.

Cuando des el primer paso, ¿habrá gente que responda con incomodidad? Sí. *Déjalos*. Pero ¿habrá mucha más gente que será cálida y receptiva? Por supuesto. *Déjalos*.

No obstante, es la segunda parte de la teoría (*déjate*) la que interviene a la hora de hacer amigos. He aquí unos cuantos trucos que a mí me ayudaron a atreverme a dar el primer paso:

1. Halaga a la gente donde sea que vayas.
Si te gusta su pintura de uñas, díselo. Si te gusta su ropa o sus calcetines, díselo. A todos nos gusta recibir cumplidos porque nos hacen sentirnos vistos y apreciados. Además, es una forma infalible de romper el hielo con alguien sin sentirte tan raro.

2. Sé curioso.
Atrévete a preguntarle a alguien qué está leyendo o qué ha pedido. A todos nos gusta hablar de nosotros mismos. E incluso si la conversación no va a ningún lado, ganas puntos por haber dado el primer paso.

3. Sonríe y saluda a todo el mundo.

Ser una persona cercana y cálida es una habilidad que, si la practicas, se convierte en una forma de vida. Cuando avanzamos por el mundo con espíritu hospitalario, este se abre ante nosotros.

4. Hazlo sin esperar nada a cambio.

El motivo de ser simpático con los demás, aunque no los conozcas, es simplemente porque crear conexiones mejora la vida. La calidez que ofreces a los demás siempre halla su camino de regreso a ti.

Confía en que, cuanto más hagas todo esto sin esperar que te inviten a cambio a cenar o que conozcas a alguien con quien inmediatamente conectes, más rápido acabarás encontrando a tu gente. Puedes concebirlo en términos de energía: estás abriendo tu energía, sabiendo que las personas destinadas a estar en tu vida conectarán con ella de forma natural.

La soledad es algo real, pero no tiene por qué atraparte. Cuesta mucho atreverse, dar el primer paso, pero a la larga cuesta más quedarse en casa lamentándose. Yo, al menos, prefiero vivir algún momento incómodo que seguir sintiéndome sola. ¿Y tú?

Eso sí: recuerda darte un año.

Construir una red de conexiones cercanas que te haga sentir parte de una comunidad es una parte vital de la amistad adulta. A mí me sorprendió lo fácil que resultaba conectar con toda aquella gente que me rodeaba y cómo yo era quien vivía desconectada del potencial de la amistad.

CÓMO CREAR UNA COMUNIDAD EN CUALQUIER PARTE

Yo era la que se había negado durante un año a conectar con la comunidad que se encontraba justo a mi alrededor. Al aislarme, me había cerrado a un grupo que me estaba esperando.

Puede que tu alma gemela o un buen amigo estén a dos mesas de ti. No esperes a que sean ellos quienes te encuentren. Da el primer paso. Y si te apetece acelerar tu habilidad para conocer gente nueva, intenta hacer estas cosas:

1. Apúntate a eventos o clases que te interesen.

Cualquier cosa vale: CrossFit, yoga, pintura, improvisación, un grupo de correr, de andar, de cocina o de renovación de muebles. Esto te acercará a gente con interés en un tema que a ti también te gusta, lo que hará más probable que conozcas a personas con las que tengas cosas en común.

2. Cuando conectes con una persona, queda con ella fuera de clase.

Atrévete a preguntarle si le apetece quedar para dar un paseo o tomar un café. Con cuanta más gente hagas esto, más cómodo te sentirás haciéndolo y más rápido encontrarás a tu gente.

3. A medida que conozcas más gente, busca eventos que te parezcan interesantes y pregúntales a las personas con las que has estado quedando si quieren ir en grupo.

Puede que sea un concierto, una charla o un voluntariado. Yo, por ejemplo, le propuse a una mujer que conocí en el salón de belleza crear un grupo para caminar juntas. Luego, un día, trajo a una amiga. Poco a poco, yo también empecé a invitar a otra gente que había conocido. Quedábamos todos los miércoles a las seis y media de la mañana para caminar por el vecindario.

Tres años después, seguimos haciéndolo. Somos tanta gente en el grupo de la aplicación de mensajería que utilizamos que ya no nos deja añadir a más. Aun así, todo el rato sigue uniéndose gente nueva. Este es otro ejemplo de por qué darles un año a las cosas.

También he creado grupos para ir a escuchar jazz en un bar local, para asistir a clases de confección de coronas de flores, para participar en un bingo de *drag queen* y para ayudar como voluntarios a un agricultor local a desenterrar bulbos de dalia.

Mi marido también usa estos trucos. Se apuntó en un gimnasio, a una liga de golf y a varios cursos de pádel. Practicó esquí en la montaña local. Se hizo voluntario en un hospicio. Todas estas cosas lo llevaron a conocer gente con intereses similares a los suyos. Luego, buscó actividades divertidas en el pueblo y alrededores y le propuso a un nuevo amigo ir con él. También se ha unido a un equipo para competir en una carrera de esquí masculina y ha creado un grupo de «subida a la montaña y bajada esquiando» los martes por la mañana. Como se ha corrido la voz, ahora cualquier martes se ven entre quince y veinte personas de todas las edades y pueblos de los alrededores, subiendo juntas la montaña.

¿Qué conclusión podemos sacar de todo esto?

Que sin prisa, pero sin pausa, podemos hacer nuevos amigos y que cada uno de nosotros está deseando conectar con alguien y conocer más gente.

En vez de esperar a que alguien monte un grupo de senderismo, o de andar, o de lectura, hazlo tú.

Gracias a la teoría *Let Them* no solo tendrás mejores amistades: también tú serás mejor amigo. Y esto es muy importante. Las relaciones mejoran nuestro bienestar y nuestra salud. Los buenos amigos nos hacen más felices y llenan de significado nuestra vida, y son una de las cosas que más apreciamos al mirar atrás.

La teoría *Let Them* te ayudará a crear las amistades que mereces, lo cual va a requerir que seas flexible. Recuerda que los amigos están destinados a ir y venir en tu vida. Deja de esperar que te inviten a todo. Deja de aferrarte con tanta fuerza a ellos cuando las cosas empiezan a cambiar. En lugar de eso, empieza a asumir tu responsabilidad. Déjalos ayudarte a ser más flexible, a no tomarte las cosas de forma personal. Permite que entren en tu vida las personas adecuadas y que salgan de ellas las que ahora no lo son.

La teoría también te ayudará a recorrer la incómoda etapa de hacer nuevos amigos. Si saludas en una cafetería y resultan no ser muy simpáticos, *déjalos*. Si están tan ocupados que no tienen tiempo de ir a dar un paseo, *déjalos*. Si te cancelan los planes del fin de semana porque han tenido una semana horrible de trabajo, *déjalos*. Si se enamoran o tienen un hijo y ya no eres una de sus prioridades, *déjalos*. Si se mudan a otro lugar y empiezan un nuevo capítulo de su vida, *déjalos*. Si dejan de devolverte las llamadas, *déjalos*. Si deciden priorizar otras amistades o su trabajo, déjalos. Si alguno de los tres pilares —proximidad, etapa vital y energía— falla, *déjalos*.

La gente siempre irá y vendrá de tu vida, y cuanto más flexible seas, más lo harán. Y dejarlos hacerlo es algo precioso. Céntrate, en cambio, en tu responsabilidad, porque es aquello que sí se halla bajo tu control.

Déjate ser comprensivo. *Déjate* esforzarte. *Déjate* ponerte en contacto con alguien, sin esperar nada a cambio, solo porque te importa. *Déjate* proponer planes. *Déjate* seguir confiando cuando la energía cambie. *Déjate* llamar o escribir a alguien si te acuerdas de él. *Déjate* creer que todavía no has conocido a algunos de los mejores amigos que tendrás.

Déjate dar el primer paso.

VEAMOS QUÉ HEMOS APRENDIDO SOBRE LAS AMISTADES ADULTAS

Llevas toda la vida concibiendo la amistad adulta de la misma forma que lo hacías cuando eras niño: simplemente esperas que pase. La teoría *Let Them* te anima a dejar de esperar esto y a, en cambio, asumir la responsabilidad de dar el primer paso.

1. **Problema**: llegó la gran dispersión y no te has dado ni cuenta. Desde entonces, has concebido mal la amistad. Esperas ser incluido, seguir viendo a tus amigos todo el tiempo, que te contesten enseguida. Todas estas expectativas te han provocado sentimientos de desconexión, soledad e incertidumbre a la hora de abordar amistades nuevas o ya existentes.
2. **Realidad**: hay tres pilares que determinan las relaciones adultas: proximidad, etapa vital y energía. Es tu responsabilidad conocer y entender estos tres pilares y adoptar una mentalidad flexible y proactiva en relación a la amistad. Todos tenemos mucho poder sobre nuestras relaciones, y algunas de las personas que más querrás en el mundo solo están esperando a que tú des el primer paso.

3. **Solución**: usando la teoría *Let Them*, empieza desde ya a crear conexiones sin esperar nada a cambio. Da tú el primer paso. Preséntate a las personas que te rodean y empieza a crear un sentimiento de comunidad vivas donde vivas. Apúntate a esa clase. Monta un club de lectura. Manda ese mensaje. Poco a poco, encontrarás a tu gente. Este punto de vista te anima a crear una comunidad maravillosa a tu alrededor, formada por amistades significativas, que te apoyen y que vayan en consonancia contigo.

Al decirte «Déjalos», sueltas la necesidad de seguir conectando con amistades que ya no son para ti, lo que te permite crear espacio para conexiones verdaderas. Al decirte «Déjate», asumes la responsabilidad que tienes en tu vida social, dando el primer paso en iniciar y mantener el tipo de amistades que refleja tus valores y te hace feliz.

Es momento de dejar de esperar y empezar a construir las mejores amistades de tu vida, rodeándote de una comunidad que te apoye y saque lo mejor de ti. En el camino te aguardan muchas risas, recuerdos por crear y aventuras increíbles. Está todo ahí, delante de ti, esperando a que llegues.

Todo lo que tienes que hacer es dar el primer paso.

INSPIRAR EL CAMBIO AJENO

CAPÍTULO 14

LA GENTE SOLO CAMBIA CUANDO QUIERE HACERLO

Una de las preguntas que más me han hecho a lo largo de los años es: «¿Cómo puedo hacer que alguien cambie?».

No puedes.

La gente solo cambia cuando quiere hacerlo. Da igual lo mucho que lo desees o lo válidos que sean tus motivos. Da igual si tienes razón o las enormes consecuencias que se desatarán si no lo hace. Si alguien no quiere cambiar, no va a hacerlo. Es más, si presionas a la otra persona a cambiar, solo vas a crear más tensión, resentimiento y frialdad en su relación. Te lo demostraré.

Me gustaría que pensaras en un ser querido por quien te preocupas y que te gustaría que cambiara. Puede ser cualquier persona: tu madre, tu nieta, tu compañero de departamento, tu hermano, tu pareja, tu ex, tus hijos, tu cuñada, tu mejor amigo. Cualquiera.

Tal vez te gustaría que tuviera un trabajo mejor o más motivación, que perdiera peso, que se despertara más temprano, que no gastara tanto dinero, que recogiera la mesa, que dejara de salir con malas personas, que fuera más proactivo, que bebiera menos, que cuidara mejor a su perro, que dejara de ser tan negativo, que cambiara de opinión política, que fuera más agradecido, que dejara de fumar, que se volcara más en sus hijos, que lavara los platos.

Puede que te preocupes por ellos y que no entiendas por qué no se dan cuenta de que tienen que cambiar eso o de que no están motivados. Seguramente has pensado: «¿Por qué no pueden hacer lo que les estoy pidiendo?». Sé exactamente cómo te sientes.

Pero la verdad es que cuando presionas a alguien, solo consigues que esa persona te devuelva el empujón. Al fin y al cabo, estás yendo en contra de una ley fundamental de la naturaleza humana: todos tenemos la necesidad innata de querer controlar lo que nos rodea, de querer controlar nuestras propias decisiones. Presionar a tus seres queridos a cambiar solo provoca en ellos resistencia.

Entiendo que tengas la mejor de las intenciones, pero no va a funcionar, pues siempre que vamos en contra de la naturaleza humana perdemos.

Lo que estás a punto de aprender es tan poderoso que, de todos los capítulos de este libro, este es el que más he compartido con las personas que amo. Porque, seamos sinceros, todos tenemos a alguien en nuestra vida a quien queremos cambiar. Y la realidad es que la gente solo cambia cuando tiene ganas de cambiar. Pero el «tener ganas» es mucho más importante de lo que crees. Si alguien no quiere cambiar, no significa que sea flojo o que en el fondo no le apetezca cambiar. Lo más probable es que se sienta desanimado, que crea que no puede cambiar, que no va a funcionar o que será muy difícil y que fracasará.

Esta no es solo mi opinión, sino que proviene de cincuenta años de investigación clínica citada por algunos de los expertos más respetados del mundo. En este capítulo, tú y yo profundizaremos en las razones por las que la gente se estanca y desentrañaremos la neurociencia del cambio y la motivación.

Gracias a la teoría *Let Them*, descubrirás una nueva manera de lidiar con este tipo de situaciones. Es cierto: no puedes obligar a nadie a cambiar. Pero yo nunca he dicho que no puedas inspirarlos a ello...

Conforme te cuente ejemplos míos y te vaya guiando paso a paso sobre cómo usar la teoría para inspirar a alguien a cambiar, quiero que tengas presentes tus propias relaciones y las personas cuyos comportamientos te frustren.

DESEAR EL CAMBIO AJENO

«Ojalá te cuidaras más».

Una amiga mía está casada con (y profundamente enamorada de) un hombre cuyos hábitos no son muy sanos. Ella lleva años intentando todo lo posible para conseguir que él se cuide más. Se lo ha pedido, se lo ha suplicado, se lo ha insinuado e incluso, alguna vez, se ha echado a llorar delante de él. Es algo que de verdad que le preocupa MUCHO.

También ha llegado a enojarse con él y a espetarle comentarios pasivo-agresivos. Lo inscribió sin su consentimiento en el gimnasio, le ha comprado tenis, le ha cocinado comida sana... hasta le ha comprado una bici estática.

Nada ha funcionado. A estas alturas, todo la vuelve loca, ya sea lo que él pide en un restaurante, su resistencia a hacer deporte, los postres que come después de cenar o las horas que malgasta viendo el televisor cada noche. Da igual lo que su marido haga: la frustra a más no poder.

A favor de él tengo que decir que lo ha intentado. Ha empezado dietas, ha ido al gimnasio a rachas e incluso ha seguido clases en la bicicleta estática, pero no consigue durar nunca, así que él y su esposa permanecen estancados en este punto muerto. A ella le molesta que él no quiera cambiar, y a él le molesta que ella no pare de regañarlo.

¿Te suena? A mí sí. Y seguro que tú también tienes a alguien en tu vida que te gustaría que cambiara a mejor. Sé que deseas lo mejor para ese ser querido; por eso anhelas tanto que mejore. Sé que lo quieres; por eso te preocupa tanto la situación.

Por lo tanto, te encantaría que tuviera unos hábitos más sanos o un mejor trabajo, que estudiara más, que fuera a terapia. Te gustaría que superara su divorcio y empezara a conocer a gente nueva, o simplemente que saliera de casa y pasara más tiempo con sus amigos.

Deseas que alguien que quieres cambie para mejor, que sea más feliz o que tenga una vida más sana, es normal. Es bonito que deseemos que les vaya bien, que seamos capaces de ver posibilidades que ellos no ven, que pensemos que tienen la capacidad de mejorar, de aprovechar más su potencial, de alcanzar sus metas.

El problema no reside en desear que alguien cambie, sino en la forma en que encaramos el asunto y cómo impacta en la dinámica mutua.

También es posible que al leer esto te hayas dado cuenta de que eres TÚ a quien están presionando para que cambie. Ni siquiera es necesario que la otra persona nos diga directamente algo sobre nuestro trabajo, nuestros hábitos o nuestra pareja, ya que sus comportamientos dejan bien claro que no te aceptan tal y como eres ahora.

Les gustaría que vivieras tu vida de diferente manera. Es desagradable, lo sé. Y es normal que te resistas a ello.

La teoría *Let Them* me ha hecho reflexionar mucho sobre esta reacción instintiva a presionar a la gente y su reacción innata a resistirse, y sobre por qué es difícil que alguien cambie.

¿POR QUÉ CUESTA TANTO CAMBIAR?

Bueno, cuando queremos que alguien cambie, ¿no damos por hecho que le resultará fácil cambiar de un día para otro?

A mí sí me ha pasado: todo lo que he hecho ha sido señalarle a la persona lo evidente. O, por ejemplo, decirle lo bien que va a sentirse al hacer deporte, o recordarle todo el rato que debería cambiar de trabajo y cómo un sueldo mejor le solucionaría todos sus problemas económicos. O le he recalcado el hecho de que no va a conocer a nadie si se pasa el fin de semana echado en el sofá jugando videojuegos.

A ver, es que claramente nunca se lo habían planteado por sí mismos, ¿no?

Ahora démosle la vuelta a esta idea. ¿Cuántas veces te ha señalado alguien lo obvio? Como si tú no supieras que es bueno hacer deporte, o que quedarte llorando en tu cuarto no va a hacer que tu ex vuelva contigo, o que solicitar plaza en la universidad es un requisito imprescindible para ser aceptado.

Cuando una persona nos hace esto, nos resulta casi ofensivo. Nos sentimos atacados. Y también nos molesta cuando alguien nos trata de manera condescendiente y actúa como si se pudiera cambiar o encontrar un trabajo mejor remunerado con solo chasquear los dedos. ¡Cómo osan pensar que saben mejor que tú lo que te conviene!

Lo cierto es que cambiar le cuesta a todo el mundo, incluyéndote a ti. A nadie le gusta además que lo presionen, pues seguro que ya le agobia el tema bastante sin ayuda externa.

Volvamos al ejemplo de mi amiga y su marido. ¡Por supuesto que a él le gustaría estar más sano! Él desea ponerse en forma: no es fácil lidiar con veinte kilos de más. Sabe perfectamente que es malo para el corazón. No es idiota. Además, no le gusta ser el más gordo de su grupo de amigos. Pero también es consciente de lo difícil que es cambiar y de cuánto esfuerzo requiere.

Va a costarle madrugar, pasar vergüenza en el gimnasio, consumir menos alcohol, comer más sano. Es así. De la misma forma que a un fumador le cuesta horrores dejar el tabaco, o a alguien que suele gastar mucho ceñirse a un presupuesto. También cuesta dejar una relación en la que ya no estás cómodo, porque cuesta estar soltero, y cuesta creer en uno mismo para ponerse a buscar trabajo cuando acaban de despedirte.

Cambiar nunca es pan comido. Si fuera fácil y divertido, esa persona a la que tanto quieres ya lo habría hecho.

Lo mejor que puedes hacer es dejar de presionarla, dejarla en paz. Ahora mismo tienes unas expectativas completamente irreales y una forma de lidiar con la situación que resulta del todo contraproducente. No te queda más remedio que dejarlos: deja que los adultos sean adultos.

La teoría *Let Them* te obligará a volver a la realidad y a tratar a tus seres queridos con mayor compasión y humildad, y de una forma mucho más efectiva. Para empezar, necesitas comprender cómo funciona desde el punto de vista científico la motivación y el cambio.

Verdad #1: los adultos solo cambian cuando quieren hacerlo

Deja de intentar motivar a la gente. No funciona. Según las investigaciones, la motivación del cambio debe ser intrínseca.

A la gente le encanta la palabra «motivación». Mi amiga se queja de que su esposo no está «motivado» a cuidarse más. Quizás a ti también te frustre que la persona que deseas que cambie tampoco se sienta motivada.

Sin embargo, no es tan sencillo. Empecemos definiendo el término: «Motivarse» significa: «Tener ganas de hacer algo». Y, como ya hemos afirmado, los adultos hacen aquello que quieren hacer.

Tu marido no tiene ganas de hacer deporte. ¡Por eso no está motivado! Porque no quiere hacerlo. No está en tu mano motivarlo, pues el deseo debe provenir de su interior.

El problema de la motivación es que nunca aparece cuando más la necesitamos. Si fuera una capacidad humana automática, todo el mundo tendría abdominales marcados, un millón de dólares en el banco y el mejor negocio del mundo. Además, si pudieras mágicamente hacer que a los demás les «apeteciera» hacer algo, no estarías motivándolos, sino controlando su mente.

Yo también he metido la pata en esto. Por ejemplo, me pasé años intentando «motivar» a la gente a cambiar de la misma forma que había cambiado yo: a través de la presión. Presioné a una de mis mejores amigas a volver a tener citas, le regalé a mi hermano una suscripción con un entrenador personal, intenté forzar a mi madre a ir a terapia. Un error tras otro. Obviamente, nada de ello funcionó, porque presionar a alguien solo genera resistencia en esa persona.

Verdad #2: el ser humano está predispuesto a inclinarse hacia lo que le hace sentirse bien

¿Quieres conocer otra razón por la que la presión no funciona? Los seres humanos estamos predispuestos a inclinarnos hacia lo que nos hace sentirnos bien y a alejarnos de aquello que en el momento nos parece duro.

Este dato se encuentra respaldado por la neurociencia. En la fase de investigación de este libro mantuve una conversación con el doctor Alok Kanojia, un psiquiatra formado en Harvard conocido como doctor K por los millones de personas que lo siguen en su plataforma Healthy Gamer.

El doctor K es, en la actualidad, uno de los referentes en el tema de la motivación y los cambios conductuales. Me dijo a bocajarro que presionar a los demás es contraproducente porque «uno nunca sabe cuál es el verdadero carácter de las personas».

Lo que tenemos que entender, según él, es que el ser humano siempre va a preferir lo que le resulta placentero en el presente y a evitar lo que le resulta doloroso o difícil. Y en ese momento cambiar resulta difícil y doloroso. Es por ello por lo que nadie está motivado a hacerlo, incluso cuando sabemos que es lo mejor a largo plazo.

El marido de mi amiga es consciente de que mejorar su salud va a requerir de infinitos viajes al gimnasio y muchos otros cambios de su estilo de vida. Pero ¿el sofá en el que está sentado? Es cómodo AHORA. ¿La bolsa de papas fritas que se está comiendo? Es delicioso AHORA. ¿El partido que está viendo en la tele? Lo entretiene AHORA.

Mientras que la caminadora y el resto de las máquinas darán resultado *en algún momento*, no hay en ellas gratificación instantánea. De hecho, lo primero que sentiría si se levantara del sofá y se subiera a la caminadora es… dolor.

La caminadora y las pesas lo van a dejar agotado, adolorido. Van a requerir muchísimo trabajo… ¿Y si encima no consigue hacerlo con regularidad? ¿Y si no vale la pena? ¿Y si no le ayuda a bajar de peso? ¿Y si no se siente capaz? ¿No es acaso mejor idea, y más fácil, terminarse la bolsa de papas fritas e intentarlo de nuevo mañana?

Pues claro. ¡Por eso no se siente motivado a cambiar! No lo hace porque no le apetece.

El doctor K afirma que, cuando presionamos a los demás a cambiar, «nos pasamos la vida nadando contra corriente»: «En lugar de comprender nuestro circuito motivacional, intentamos conquistarlo. En vez de utilizarlo a nuestro favor, intentamos luchar contra él, dominarlo».

Al presionar a alguien, estás luchando contra una predisposición cerebral humana. La gente está predispuesta a inclinarse hacia el placer inmediato. Según el doctor K, para lograr un cambio, debemos ser capaces de disociarnos de la acción que debemos emprender y del dolor asociado a ella.

Lo que significa que, mientras se encuentra aún en el sofá, el marido de mi amiga va a tener que decirse: «Ir al gimnasio es un asco, pero voy a hacerlo de todas maneras».

Tiene que elegir hacerlo. Tiene que disociarse del dolor decidiendo anular sus sentimientos y obligarse a sí mismo a pasar a la acción. Y eso no es algo que tú puedas hacer en lugar de los demás, así que déjalos quedarse sentados en el sofá.

Esto, sin embargo, no es todo. Hay más razones psicológicas por las que presionar a la gente es contraproducente.

VERDAD #3: CADA PERSONA DEL PLANETA SE CREE LA EXCEPCIÓN

En la fase de investigación de este libro también hablé con la doctora Tali Sharot, una neurocientífica del comportamiento y directora del Laboratorio del Cerebro Afectivo, un proyecto del University College de Londres y el Instituto de Tecnología de Massachusetts (MIT). Su investigación integra neurociencia, economía conductual y psicología para estudiar cómo la emoción y el comportamiento influyen en las creencias y decisiones de la personas.

Y uno de sus hallazgos ha sido revolucionario: que la gente se cree que las advertencias, las amenazas y los riesgos conocidos no les afectan a ellos en particular.

Según esa regla de tres, el marido de mi amiga piensa que es la única persona del planeta que puede tener sobrepeso, ser sedentaria y no sufrir un ataque al corazón. Es por eso por lo que está convencido de que puede seguir con los mismos hábitos sin que le pase nada malo.

Y es por eso por lo que esa amiga tuya se cree la única persona del planeta que puede vapear sin tener repercusiones pulmonares, o por lo que tú te crees que puedes llegar tarde al trabajo, irte temprano y no esforzarte casi nada sin que nadie se dé cuenta. Es por eso por lo que tu pareja no te cree cuando le dices que si no cambia, la dejarás.

Todos nos creemos la excepción a las consecuencias negativas, lo cual explica por qué tus lágrimas, ruegos y ultimátums son también contraproducentes. Nuestro cerebro ignora los peores supuestos posibles. Por ello, tus suspiros pasivo-agresivos no sirven de nada: porque todos nos creemos la excepción. (Tú también; de hecho, seguro que hay cambios en tu propia vida que te resistes a implementar). Por eso ser pasivo-agresivo, sacar el tema constantemente o utilizar amenazas para intentar presionar a otra persona a que cambie siempre será contraproducente.

Además, la doctora Sharot afirma que los escáneres cerebrales han demostrado que, cuando alguien nos dice algo negativo («Si no dejas de beber, te dejo») o algo que no queremos oír («Tu novio es un narcisista»), nuestro cerebro se apaga. Literalmente: se puede ver en los escáneres como la parte del cerebro encargada de escuchar ¡se apaga!

¿Qué significa esto? Pues que tus amenazas, comentarios pasivo-agresivos, ojos en blanco y tácticas que se sustentan en el miedo ni siquiera son procesados por el cerebro de la otra persona. Es decir, que solo estás malgastando tiempo, palabras y aliento. Es normal que te sientas tan frustrado y agobiado por la situación.

Por eso necesitas una forma distinta de lidiar con este tema. En ese sentido, la teoría *Let Them* se apoya en la ciencia para que uses tu tiempo y energía de manera mucho más efectiva y empática. Si lo haces bien, puede que motives a tu ser querido a cambiar por sí mismo.

Volvamos al ejemplo de mi amiga y su marido, pero ahora me gustaría que te imaginaras en esa misma situación.

Digamos que vuelves a casa después de un largo día de trabajo y te encuentras a tu esposo tirado en el sofá, viendo un partido de basquetbol y metiéndose papas fritas en la boca. Está contento; es más, está feliz. Nada más verte te saluda con una gran sonrisa en la cara.

Tú, sin embargo… Le diriges un vistazo y el estrés te golpea de inmediato. Tu amígdala se activa y notas cómo te enojas. La rabia comienza a burbujear dentro de ti. No puedes evitar soltar un sonoro suspiro.

En ese momento, no piensas en nada de lo que acabamos de ver: ni en el cerebro humano ni en lo que dice la ciencia de la motivación ni ninguna de esas cosas. Lo único en lo que puedes pensar es en lo fácil que sería que tu marido se levantara y se pusiera a hacer algo más que vaguear.

Como ahora mismo lo estás juzgando y no intentando aceptarlo, no caes en todas las pequeñas acciones que implica ir al gimnasio ni en lo duro que va a resultarle. No caes en que tiene que ir a la habitación, cambiarse de ropa, rellenar la botella de agua, agarrar las llaves, ir al gimnasio, entrar, buscar una máquina libre y entonces, y solo entonces, empezar a ejercitarse.

En lugar de empatizar con ello, se te olvida cuál es la realidad, lo que dice la ciencia al respecto y lo duros que son los cambios para todos nosotros, y te enojas porque tu marido no hace lo que tú quieres que haga, justo cuando deseas que ocurra.

En realidad, lo que la situación requiere es empatía y compasión, no desdén. Ni tu sonoro suspiro ni tu mal humor van a hacerlo querer levantarse del sofá. De hecho, precisamente esas señales de desprecio solo van a lograr que vaguee aún más, hasta perder el control de la tele entre los cojines.

No importa lo buenas que sean tus intenciones tras tus sonoros suspiros: lo que tu marido siente es que deseas cambiarlo, lo que solo le provoca más dolor y el deseo de alejarse de ti. Tu actitud lo hace ponerse a la defensiva, y es justo eso lo que lo vuelve todavía más reacio al cambio.

EL ENFRENTAMIENTO

La presión no genera cambio, sino solo resistencia. Cuando intentamos ejercer control sobre el comportamiento de alguien, esa persona se va a resistir de forma instintiva.

De esta manera, en vez de inspirar el cambio, lo que hacemos es crear una lucha por el control.

La doctora Sharot me reiteró que los seres humanos sentimos una necesidad intrínseca de control. Es un instinto de supervivencia: sentir que tenemos el control de nuestra vida nos hace creernos seguros. Y esto te ocurre a ti y a todo el mundo que conoces.

Lo que significa que tu pareja, tu compañero de departamento, tu madre, tu jefa y tus amigos poseen el mismo instinto natural de querer tener el control, al igual que te pasa a ti. Es decir, que tus seres queridos solo se sienten a salvo cuando creen tener el control de su propia vida.

Cuando presionamos a los demás, cuando les decimos qué hacer, lo que estamos haciendo es amenazar su innata necesidad de control. Estamos cerniéndonos sobre *su* voluntad, es decir, el sentimiento de que tienen el control de su vida, sus pensamientos, decisiones y acciones.

Al soltarle a alguien que «es un buen día para salir a correr», lo estás haciendo sentirse amenazado. Tu consejo, independientemente de lo útil que pretendas que sea, parece decirle a la otra persona que intentas quitarle su derecho a hacer lo que quiera cuando quiera.

Es por esto por lo que debes dejar que los adultos sean adultos. *Déjalos*.

El aceptar al otro tal como es representa la base de una relación sana y bonita. Cuando sentimos que los demás nos aceptan tal como somos, nos sentimos a salvo con ellos.

Sin embargo, lo que ocurre cuando presionamos, intentamos cambiar o criticamos a alguien, o cuando esperamos que actúe de forma diferente, es justo lo contrario. Esta presión empuja a las dos partes a una pelea por el control, nos demos cuenta de ello o no.

¿Te acuerdas de la investigación del doctor K sobre cómo el cerebro está predispuesto a inclinarse hacia lo que le genera placer y a alejarse de lo que le causa dolor? La presión que alguien ejerce sobre nosotros es desagradable, y por eso la evitamos. Esto, a su vez, solo provoca que la otra persona siga presionándonos y nosotros, resistiendo.

Este enfrentamiento entre ambos será interminable. Pero tú tienes el poder de terminarlo.

Déjalos quedarse sentados en el sofá, porque es lo que tienes que hacer si quieres que acabe el enfrentamiento. En el caso de mi amiga y su marido, ¿quién crees que tiene el control?

Exacto: el marido. Pues mientras sea capaz de ignorar a su mujer, seguirá teniendo poder sobre su propia vida, sus decisiones, su conducta. En cambio, en cuanto haga lo que ella le dice, perderá su voluntad y su mujer «ganará». Llegados a este punto, la discusión ni siquiera trata ya sobre hacer ejercicio, sino sobre quién tiene el mando.

Esto también explica por qué ella no es capaz de soltar la situación. Al fin y al cabo, la salud de su marido le preocupa muchísimo, tanto que siente que no tiene control sobre una parte importante de su vida. Por eso intenta controlarlo: para sentirse con más poder sobre aquello que le preocupa.

Pero, claro, su presión hace que su marido se sienta amenazado y, por ende, se resista por pura supervivencia. Y, cómo no, cuanto más terco es él, más lo presiona ella.

¿Te das cuenta de cómo esta dinámica crea un círculo vicioso que no hace más que empeorar?

Y no es solo el doctor K quien informa acerca de esto. Cuando hablé con el doctor Stuart Ablon, citó cincuenta años de investigación neurocientífica como prueba de por qué intentar «obligarlos» a hacerlo solo crea más resistencia a ello.

Puede que ahora incluso seas capaz de ver ese mismo círculo vicioso entre tú y uno de tus hijos o uno de tus padres, o entre tú y tu pareja. O quizás el círculo vicioso se deba a que hay alguien presionándote a ti.

He aquí la verdad: a nadie le gusta sentirse presionado por un ser querido. Lo que todos deseamos es recibir amor incondicional, aceptación, amabilidad y empatía. Ninguno de nosotros queremos que nos controlen, al revés: queremos que nos acepten tal y como somos, con todo lo que hay en nuestra vida.

Es este amor incondicional lo que nos permite ser realmente nosotros mismos y sentirnos seguros en nuestras relaciones.

Claramente, nadie desea que su mejor amiga le diga que su novio no le gusta, o que su pareja lo fastidie con ir al gimnasio, comer sano o subirse a la bici estática.

Lo cual me lleva a otra verdad: la mayoría del tiempo, en el fondo, la persona en cuestión desea cambiar.

El doctor K me habló mucho sobre la tensión interna que sentimos cuando sabemos que nuestro comportamiento no nos conviene a largo plazo. Y eso es exactamente lo que siente el marido de mi amiga: por eso lo intenta y se rinde una y otra vez. Por eso le cuesta tanto.

A todos nos resultan duros los cambios, lo que es aún peor cuando encima hay alguien respirándote en la nuca y no solo debes lidiar con la presión que ejerce sobre ti, sino que sabes que también tendrás que admitir que tenía razón cuando termines cambiando.

El doctor K insiste en subrayar que la necesidad de cambiar debe venir de esa persona, no de ti. El marido de mi amiga necesita encontrar, pues, una razón propia que lo haga levantarse del sofá, más allá que lograr que su mujer se calle. De otra manera, el cambio no será duradero y el resentimiento entre ambos no hará más que crecer.

LA GENTE HACE LO QUE LE APETECE

La gente solo cambia cuando se siente preparada para cambiar por sí misma. Deja de meterles presión por no hacerlo cuando tú quieres. Deja de intentar «motivarlos» a hacer algo que claramente no desean hacer.

Es un desperdicio de tu tiempo, y algo que te estresa, que está arruinando tus relaciones y que encima no funciona. Y, sobre todo, es algo que está creando una brecha entre ustedes.

Querer a los demás significa quererlos tal como son. Tienes que aprender, pues, a dejar que los adultos sean adultos. Por eso, la teoría *Let Them* es tan efectiva.

Cuando los dejas ser, los aceptas como son. *Déjalos* ir a su ritmo. *Déjalos* fracasar laboralmente. *Déjalos* vapear. *Déjalos* rendirse.

Déjalos seguir en esa relación tan terrible. *Déjalos* hacer promesas que luego no cumplen. *Déjalos* ser desordenados. *Déjalos* ir en pants a la fiesta. *Déjalos* jugar videojuegos todo el fin de semana. *Déjalos* ver por sí mismos las consecuencias de su inacción. *Déjalos* quedarse en el sofá y no ir al gimnasio. *Déjalos* vivir su vida.

Es sencillo, pero no fácil. Sé que seguramente leas esto y pienses: «Oh, ¿así que no hay nada que pueda hacer?». Siempre hay algo que podemos hacer, porque hay algo que siempre se encuentra bajo nuestro control: nosotros mismos. El único cambio conductual que puedes controlar es el TUYO. Y aquí reside tu poder.

El primer cambio de comportamiento que debes implementar es dejar de presionar a los demás y empezar a aceptarlos. *Déjalos* ser, estar. Cuando aceptamos a los demás tal como son, cesa esa absurda y frustrante batalla por el control y nos preparamos para ganar la guerra por el cambio positivo. Es ciencia.

Pero seguro que estás pensando: «Si la presión no funciona, entonces ¿qué funciona?». He dicho que no puedes cambiar su conducta, no que no puedas influir en ella. Aquí es donde entra la segunda parte de la teoría (*déjate*) para ayudarte a liberar el poder de tu impacto.

Décadas de investigaciones tanto desde la psicología como desde la neurociencia demuestran que no podemos motivar a los demás a cambiar, pero podemos «inspirarlos» a ello e incluso hacerles creer que ha sido idea suya dar el paso.

En el capítulo siguiente te enseñaré cómo puedes aprovechar el innato deseo de cambiar de una persona decidiendo NO presionarla: *Déjala estar.* Y en lugar de eso, utilizar tu influencia para decir y hacer lo correcto en el momento adecuado, según nos indica la ciencia.

CAPÍTULO 15

DESCUBRE TU CAPACIDAD DE INFLUIR EN LOS DEMÁS

Cuando dejamos de intentar presionar a los demás para que cambien y los *dejamos ser y estar*, sucede algo mágico: de repente, tienes tiempo y energía suficientes para liberar el poder de tu influencia positiva.

Las personas somos seres sociales y, como tales, nos vemos fuertemente influenciados e inspirados por la gente que nos rodea. Esto ha sido demostrado una y otra vez por numerosísimas investigaciones de la conducta humana. Por eso, cuando vemos a alguien en internet hablando maravillas de una proteína en polvo, unos nuevos jeans, o a un golfista profesional sosteniendo un palo que al parecer «ha mejorado su juego», sentimos la instantánea necesidad de comprarlo.

De la misma forma, si vemos que algo le funciona bien a alguien, suele captar nuestro interés. Nos demos cuenta o no, cuando vemos que alguien se lo está pasando bien o consiguiendo los resultados que nosotros también buscamos, o simplemente hace que algo parezca fácil y agradable, nos inclinamos hacia ello de forma natural. A esto se debe que cuando una amiga habla sin parar de un libro, de pronto quieras leerlo.

Si alguien se come una manzana roja y crujiente en el tren, los estudios señalan que a los pasajeros cercanos también se les antoja una. Si un compañero de trabajo empieza a aprovechar la hora de comer para darse un paseo fuera de la oficina, es más probable que te apetezca hacer lo mismo.

La razón por la que la influencia ajena funciona ha sido comprobada por muchísimas investigaciones del comportamiento humano: somos seres sociales y los individuos que nos rodean ejercen una gran influencia e inspiración en nosotros. La doctora Sharot lo denomina «contagio social», una forma elegante de ilustrar que nuestro comportamiento es contagioso.

Utilizar este concepto con la gente que te rodea es muy sencillo: implementa tú mismo el cambio conductual que deseas ver en la otra persona y cumple con lo que le has estado pidiendo.

Si tienes alguna posibilidad de influir en el otro para que adopte el comportamiento o cambio que quieres que haga, es a través de demostrarle en primera persona lo fácil que es. No puedes pedirle a alguien que coma más sano justo después de comerte un cruasán. Sin embargo, puedes inspirarlo a hacerlo si te ve siempre comiendo sano y hablando de lo bien que te sienta y de lo mucho que te gusta.

No puedes pedirle a alguien que use menos el teléfono si tú eres el primero en llevar siempre el tuyo en la mano. Pero puedes inspirarlo a hacerlo dejando tu teléfono en otra habitación y estableciendo mejores límites con las pantallas.

Implementa la conducta que quieres ver en la otra persona para servirle de modelo. Lo que me encanta de esta conclusión es que es una forma sutil de conseguir que alguien cambie y encima hacerle creer que ha sido idea *suya*.

Volvamos al ejemplo del compañero de trabajo que sale a pasear a la hora del almuerzo. Ver que alguien hace algo todos los días, semana tras semana, nos influencia de manera subconsciente. Lo vemos irse a la hora de la comida, y luego volver del paseo con mejor humor, más energía y sonriendo. Y entonces al día siguiente lo hace de nuevo, mientras nosotros lo observamos sentados en el escritorio, con un sándwich en la boca y adelantando un par de tareas mientras comemos.

Media hora después, nuestro compañero regresa con un aspecto más relajado, despierto, feliz. Su ejemplo tiene un impacto en nosotros, aunque no nos demos cuenta de forma consciente. ¿Y a que no sabes qué pasa cuando seguimos viéndolo actuar así, día tras día, claramente disfrutándolo? Pues que, de repente, un día miramos por la ventana y hace un tiempo maravilloso y nos entran unas ganas terribles de dar un paseo durante la pausa de la comida, en vez de trabajar un poco mientras comemos, como solemos hacer.

Y lo mejor del poder de la influencia es que, conforme abandonamos la oficina, estamos convencidos de que ha sido nuestra idea. No: ha sido la magia que ha ejercido en nuestro cerebro la inspiración de nuestro compañero. ¡Y eso que ni siquiera era su objetivo! Simplemente, le apetecía dar un paseo y relajarse.

Ese es el poder de nuestra influencia, un poder que podemos usar para inspirar a cualquier ser querido a cambiar.

¿Cómo?

Primero, *déjalos*. Deja de presionarlos para que cambien. Acepta que no puedes controlar sus conductas ni acciones, pues los adultos hacen aquello que desean hacer. Tienes que aceptarlos tal como son. *Déjalos*.

Después, *déjate*.

USA TU INFLUENCIA

Recuerda que en tu influencia reside tu poder. Esto significa que debes enfocarte en lo que puedes controlar: tu propio comportamiento. Utiliza tu ejemplo para demostrar que es posible, divertido y fácil implementar el cambio que deseas ver en la otra persona.

La investigación de la doctora Sharot demuestra que nuestra influencia es muy efectiva, pero que requiere de mucha paciencia, porque para que nuestro impacto positivo tenga efecto en el cerebro de alguien se necesita tiempo.

Así que vas a tener que repetirte «Déjalos» hasta la saciedad mientras te centras en tu propia conducta y tu actitud al respecto. Eso sí: es importante hacerlo sin esperar que el otro cambie. La razón de esto es que, si lo esperas, cuando no cambie vas a guardarle rencor.

Céntrate en ti mismo, en implementar la conducta y la actitud positiva también porque te hace bien, y ten la esperanza de que la magia de tu influencia funcione. Además, prepárate para tener que esperar seis meses o más.

Sé lo que debes estar pensando: «¡¿Seis meses?!».

Sí, puede llevarte seis meses o más empezar a ir al gimnasio, hacer que parezca fácil y que se noten los resultados para lograr que a la otra persona de repente le apetezca hacer ejercicio también.

Si no quieres esperar tanto o si ya te encuentras en un punto muerto muy frustrante con un ser querido, es hora de aprender algunas técnicas avanzadas basadas en la ciencia.

EL BUCLE DEL ABC

El bucle del ABC es una herramienta que he creado yo, la cual combina las mejores cosas que los expertos recomiendan en una fórmula sencilla que puedes aplicar con cualquier persona.

El bucle del ABC consta de tres pasos:

a. *Apologize*: discúlpate y haz preguntas abiertas.
b. *Back off*: apártate y observa su comportamiento.
c. Celebra sus avances mientras sigues ejemplificando el cambio.

Veamos a detalle cada uno de ellos para que sepas exactamente qué hacer y poder explicarte, a través de la ciencia y de la teoría *Let Them*, por qué esto funciona.

1. LAS REGLAS BÁSICAS DEL BUCLE DEL ABC

Si quieres usar técnicas avanzadas, vas a tener que prepararte antes un poco.

El bucle del ABC comienza con una conversación a la que le sigue una técnica científica de eficacia probada. Esta conversación es muy distinta a todas las ya mantenidas sobre el problema en el pasado, pues se trata de un método respaldado por varias investigaciones que es utilizado por profesionales médicos en entornos clínicos. Para asegurarte de que la conversación concluya con éxito, debes tomártela muy en serio y prepararte para ella.

Si el problema existe desde hace tiempo, es posible que tengas mucha frustración y muchas emociones contenidas al respecto. A estas alturas, eso es ya parte del problema, y por eso se encuentran en un punto muerto. Que te prepares bien para la conversación, te ayudará a calmar dichas emociones y a actuar de forma más efectiva.

La conversación debe mantenerse en persona, sin alcohol de por medio ni un tiempo límite para terminarla. No la saques en un sitio cualquiera ni por teléfono ni cuando solo tengas veinte minutos. Para que funcione de verdad, ambas partes deben conectar profundamente.

Además, debes tomarte la conversación como un momento en el que practicar la empatía, la compasión y la curiosidad, y no como una excusa para desahogarte o quejarte sobre lo muy preocupado y frustrado que estás. El objetivo no es tener la razón, sino comunicarse mutuamente de manera que la tensión quede neutralizada y se cree el espacio necesario para que el cambio a mejor pueda darse.

La mejor forma de encarar la conversación es estar preparado para escuchar a la otra persona de corazón, sin interrumpirla.

Si sigues la fórmula al pie de la letra, no tienes de qué preocuparte, porque estarás enfrentándote al problema desde el amor y la ciencia. Tú puedes.

2. EL TRABAJO PREVIO: UTILIZAR EL MÉTODO DE LOS 5 PORQUÉS

Antes de la conversación, debes tener muy claro qué es lo que te preocupa o te molesta tanto y por qué te gustaría que la otra persona lo cambiara. Esto es vital, pues antes de sincerarte con nadie es importante que seas total y brutalmente honesto contigo mismo.

Para hacer esto, toma una hoja, un cuaderno o tu teléfono, algo donde puedas escribir.

La idea es que llegues al fondo de por qué te molesta tanto, despegándote de tus emociones y utilizando una técnica de eficacia demostrada llamada «los 5 porqués». Esta herramienta fue creada por Sakichi Toyoda, inventor y también fundador de las empresas de la familia Toyota, para ayudar a los ingenieros a describir la causa raíz de los problemas, y ahora es enseñada en las universidades de negocios y de ingeniería de todo el mundo.

La técnica de los 5 porqués es una fórmula que yo he utilizado mucho, tanto en mi vida personal como en mi trabajo y en mi matrimonio. La uso siempre que me enfrento a un problema que no logro resolver porque me ayuda a desestancarme y a adquirir una comprensión más profunda del mismo.

El método consiste en preguntarte «¿por qué?» cinco veces, hasta que sientas que has llegado a la raíz de lo que te preocupa.

Para empezar, pregúntate: «¿Por qué esta situación o la conducta de esta persona me molesta tanto?». Reflexiona sobre ello y después escribe la respuesta.

De nuevo, pregúntate: «¿Y por qué eso me molesta?».

Tras escribir la respuesta, pregúntate otra vez: «¿Y por qué eso me molesta?».

Y luego otra vez, y después en una última ocasión.

Volvamos al caso de mi amiga y su marido para ejemplificar el método.

¿Por qué te molesta el comportamiento de tu esposo?
Porque no parece preocuparse por su salud.

¿Y por qué te molesta eso?

Porque es un modelo de hábitos no saludables para nuestros hijos.

¿Y por qué te molesta eso?

Porque es como si ignorara todo lo importante con tal de tomarse otra cerveza, ver la tele quince minutos más o comerse un helado... y siento que le resta atractivo.

¿Y por qué te molesta eso?

Porque es el amor de mi vida y me parece que está siendo egoísta. No quiero que le dé un ataque al corazón cuando podría levantarse del sofá y hacer deporte.

¿Y por qué te molesta eso?

Porque me da muchísimo miedo perderlo antes de tiempo.

¿Ves? Cinco porqués después, es bastante obvio que el problema posiblemente va más allá de que ella solo esté enojada con él. Por eso le preocupa tanto el tema.

Si algo tienes que saber de esta técnica es que las respuestas serán muy personales. Permítete llegar a la raíz del asunto, aunque implique descubrir algo desagradable de ti mismo.

Después de haber realizado este ejercicio con muchísimas personas, me he dado cuenta de que un tema muy redundante y muy difícil de percibir en uno mismo es el juicio a la otra persona, y cómo su comportamiento se refleja en ti para mal (o eso crees).

Por ejemplo, tras realizar el ejercicio puede que descubras que la raíz de que te moleste que tu hijo beba es porque te da vergüenza tener un hijo con problemas de alcohol. O que descubras que te abochorna estar casado con alguien que no tiene éxito.

Sea lo que sea lo que halles, es personal y no tienes por qué contárselo a la persona en cuestión (puedes hacerlo si crees que te ayudará a disculparte por haberle metido presión). Esta herramienta sirve para que tú descubras la causa de tu frustración, la cual siempre tendrá que ver con cómo el comportamiento o la situación que te molestan te generan una pérdida de control.

Permítete ser sincero contigo mismo. Es mucho más fácil dejar de presionar a los demás, cuando te das cuenta de que todo el tiempo se trataba de TI y de tu necesidad de control. Y tomar conciencia de ello te permitirá afrontar la conversación desde la calma, utilizando el bucle del ABC.

EL BUCLE DEL ABC

CELEBRA SUS AVANCES MIENTRAS SIGUES EJEMPLIFICANDO EL CAMBIO

APÁRTATE Y OBSERVA SU COMPORTAMIENTO

PASO A: *APOLOGIZE*. DISCÚLPATE Y HAZ PREGUNTAS ABIERTAS

En este primer paso se utiliza una técnica científica llamada «entrevista motivacional», la cual yo conocí gracias al doctor K. Según él, esta es una de las maneras de inspirar a alguien a cambiar de forma efectiva, por lo que es una técnica que utiliza con sus propios pacientes.

Lo que más me gusta de esta herramienta es que se centra en preguntas abiertas. La idea detrás de esto es conseguir que la persona hable de cómo se siente, pues esto le ayudará a identificar la disonancia entre lo que desea y su comportamiento actual.

Esta técnica es lo opuesto a presionar. En vez de creer que sabes qué debería hacer alguien, le haces preguntas abiertas para descubrir qué opina y en qué punto se encuentra.

La mejor manera de sacar esta conversación es disculpándote primero. Por ejemplo, con algo como: «Me gustaría pedirte perdón por juzgarte y haberte presionado. Me he dado cuenta de que, en realidad, nunca te he preguntado cómo te sientes con el tema de...».

Tu salud.

Tus estudios.

Tu búsqueda de trabajo.

Estar soltero.

Tu matrimonio.

El alcohol.

Tus finanzas.

Al empezar con una disculpa, estableces el tono para una conversación empática cuyo objetivo es el apoyo mutuo. Cuando la otra persona hable, escúchala de corazón, ponte en su piel e intenta entender cómo se siente respecto al problema. Digan lo que digan, sigue haciéndoles preguntas abiertas que reflejen las respuestas que acaban de darte.

Mi amiga, por ejemplo, podría preguntarle a su marido: «¿Cómo te sientes con el tema de tu salud ahora mismo?».

Según el doctor K, este tipo de preguntas invita a la persona a ver la brecha entre cómo se siente y el hecho de que no está haciendo nada para mejorarlo o solucionarlo. «Todas las acciones que hacemos en la vida son individuales —afirma—. Y esto es algo que la entrevista motivacional ayuda a la persona a entender. Lo que pretendemos con ello es animar al otro a reflexionar sobre su situación».

Da igual lo que la otra persona te responda a esta primera pregunta: no le expliques en ningún momento cómo te sientes tú. Simplemente, repite su respuesta. Diga lo que diga, sigue haciéndole preguntas abiertas que reflejen la respuesta que acaba de darte. Por ejemplo: «¿Así que estás contento con tu salud?».

Si la respuesta es monosílaba —«Sí»—, conviértela en otra pregunta abierta, como: «¿Y qué te hace estar contento con ella?».

Sigue escuchando con curiosidad y aceptación, y responde solo con preguntas abiertas que reflejen la respuesta más inmediata.

He aquí algunas preguntas que el doctor K afirma que vienen bien para cualquier tema:

- ¿Cómo te sientes al respecto?
- Así que te has acostumbrado a ello, ¿no?
- Dices que estás cómodo con la situación, pero a mí me parece un poco como si más bien te hubieras resignado a ella. ¿Acaso te parece que cambiarla va a requerirte demasiado esfuerzo?
- ¿Qué es lo que te parece tan difícil?
- Ha debido de ser muy frustrante para ti tenerme regañándote continuamente, esperando más de ti.
- ¿Puedes contarme un poco más sobre cuánto tiempo llevas sintiéndote así?
- Así que no necesitas que yo haga nada ni que intervenga, ¿no?

De nuevo, te recuerdo que esta fase consiste únicamente en hacer preguntas. Tus opiniones y sentimientos son ahora irrelevantes. Si los sacaras a colación, seguramente la otra persona se sentiría presionada de nuevo, por lo que acabarías con la eficacia de esta.

Y he aquí una pregunta que el doctor Ablon utiliza en su práctica clínica y que me encanta: «¿Has pensado en lo que TÚ podrías hacer al respecto?».

Lo que me encanta de esta pregunta es que demuestra que no estás intentando obligarlos a hacer algo. Todo lo contrario. Quieres trabajar con ellos para encontrar una solución. Al hacer estas preguntas abiertas, se gana terreno. ¿Acaso no es eso muy poderoso? Hace sentir a la persona que amas que controla lo que está pasando, lo que a su vez la hace sentirse más empoderada.

Ha sido demostrado en investigación y en escenarios clínicos que este método, además de hacer que la gente tenga una sensación de poder sobre cómo abordar la situación, es muy efectivo a la hora de conseguir que la gente se admita a sí misma que hay una brecha entre su conducta actual y lo que de verdad desean.

Y ese es precisamente tu objetivo: que la otra persona se dé cuenta de esa disonancia.

El doctor Ablon también compartió conmigo la siguiente filosofía: las personas hacen las cosas bien cuando pueden. No cuando quieren, sino cuando pueden. Al plantear todas estas preguntas abiertas, es posible que descubras que la persona que amas quiere hacer las cosas bien bien, solo que no se cree capaz en ese momento dado. No es una cuestión de motivación. Lo que se interpone en su camino es la falta de confianza en su capacidad para cambiar: no cree que pueda hacerlo. Me encanta esto porque te hace pasar del juicio a la compasión, y crea un espacio para que se produzcan una conexión y un cambio verdaderos.

De nuevo, no te desmotives si todo lo que recibes como respuesta son monosílabos, o si la otra parte intenta cambiar de tema. La meta de esta fase no es que la otra persona te diga la verdad, sino crear una incomodidad que sienta internamente, aunque no te lo exprese.

Esa tensión es crítica, pues termina siendo la fuente de que se anime a cambiar. Ver la brecha entre lo que queremos y lo que hacemos es lo que nos acaba impulsando a cambiar por nosotros mismos.

Y es por eso por lo que no puedes intervenir más allá de las cinco preguntas. Eres tan solo el medio de hacerle sentir al otro esa disonancia, y debes hacerlo de forma empática, cariñosa y curiosa. Simplemente, quieres saber cómo lo hace sentir el tema.

Esta conversación es vital para despertar en las otras personas la motivación necesaria para cambiar. Así que *déjalos* hablar y *déjate* escuchar.

Paso b: *Back off*. Apártate y observa su comportamiento

Ahora que te has disculpado por tu propia conducta y le has hecho a la otra persona preguntas abiertas, debes apartarte y dejar de presionarla.

No esperes que decida actuar de inmediato: va a hacerle falta un tiempo para procesarlo todo. Por eso es importantísimo que tú le sirvas de modelo, integrando el cambio perseguido en tu vida y haciendo que parezca divertido y fácil, a la vez que le das la libertad de entender por su cuenta por qué le importa el asunto.

Volvamos al ejemplo del compañero de trabajo que aprovecha el almuerzo para dar un paseo: puede que necesites pasarte meses viéndolo salir para que genuinamente te apetezca pasear a ti también. Si te fijaras de verdad, te darías cuenta de que, cada vez que ves a tu compañero irse a pasear mientras tú comes enfrente de la pantalla, la tensión invade tu cuerpo. Poco a poco, esa tensión también termina motivándote a salir por la puerta.

Por eso hay que darle tiempo a este proceso: porque conlleva tiempo que la tensión se transforme en motivación. *Déjalos*.

Después de las preguntas abiertas, todo lo que puedes hacer es observar el devenir de los acontecimientos. No intentes cambiarlos. Si ves que la situación mejora, genial. Si no, déjalos.

Esto lleva tiempo, sobre todo cuando se trata de un ser querido. Así que apártate de su camino. La otra persona necesita espacio, tiempo y distanciarse de la conversación contigo para sentir que no va a acabar recibiendo un «Te lo dije». El espacio le permitirá llegar a una conclusión por sí misma, y el tiempo hará que la tensión se convierta en motivación.

Paso c: CELEBRA SUS AVANCES MIENTRAS SIGUES EJEMPLIFICANDO EL CAMBIO

Una vez que has tenido con esa persona la conversación y te has apartado a la vez que has seguido ejemplificando el cambio en tu propia vida, debes celebrar cada pizca de progreso que veas. Aunque sea el pasito más pequeño del mundo, celébralo.

La investigación de la doctora Sharot muestra que los cumplidos inmediatos son claves para inspirar un cambio conductual. Por ejemplo, si el marido de mi amiga se subiera un día a la bicicleta estática, ella debería darle un abrazo y decirle lo orgullosa que está de él.

Según la doctora Sharot, una de las cosas más efectivas es decirle a la otra persona lo guapa que está, o darle un beso en la mejilla, en cuanto haya terminado de entrenar o hacer lo que sea. Suena cursi, pero de verdad que funciona.

ES SIMPLE: LA GENTE QUIERE SENTIRSE BIEN

Según varios estudios, recibir una recompensa inmediata justo después de esforzarse en algo aumenta la motivación intrínseca o el deseo de hacerlo de nuevo. Cuando le reconocemos a alguien su esfuerzo, el halago lo ayuda a no rendirse.

De esta forma, lo duro se ablanda con algo agradable: el cumplido o la recompensa que le ofreces al terminar. ¿Recuerdas lo que el doctor K nos enseñó sobre el cerebro humano? Que estamos predispuestos a inclinarnos hacia lo que nos resulta placentero, fácil, divertido.

Cuantos más cumplidos, abrazos y muestras de admiración le dirija mi amiga a su marido justo después de que este haga deporte, más rápido él conectará el ejercicio con los halagos, el deseo y el hecho de que a su esposa le parece cada vez más atractivo. Su atención positiva se convierte así en el placer que él persigue y que ha estado ausente hasta ahora.

Esto no se sustenta solo en el sentido común: es neurociencia. Ya hemos visto que los humanos estamos programados para inclinarnos hacia lo bueno. En cambio, muy a menudo abordamos el camino con refuerzos negativos —amenazas, presión y miedo—, cuando el verdadero éxito radica en aceptar al otro, ser compasivo y apoyarlo de forma genuina.

Tiene sentido, ¿no? *Pues claro que sí.*

Las personas adultas solo hacemos lo que queremos. Tu poder reside, pues, en tu influencia positiva. *Déjalos* ser, estar, y mientras *déjate* usar la ciencia para inspirar el cambio. *Déjalos* ayudarte a despegarte de tus emociones y romper esta dinámica de lucha por el control para reforzar tu conexión, mientras el *déjate* influencia el cambio positivo en la persona que quieres.

Puede que el cambio suceda de inmediato, o puede que tarde una semana, unos meses, quizás un año. Tal vez nunca cambien. Y eso también está bien.

Más adelante hablaremos de qué hacer cuando hemos intentado el bucle del ABC y hemos esperado unos seis meses, pero el cambio no se ha dado. Cuando esto ocurra, tendrás que decidir si es un motivo de ruptura o no, pues no es justo quedarse en una relación donde te estés quejando crónicamente de la otra persona. Tienes el poder, siempre, de mejorar o de aceptar las cosas tal como son.

El cambio más importante en cualquier relación es también el único que se encuentra bajo tu control: el tuyo. Cambia tu actitud. Deja de presionar a la persona que tanto quieres y trátala con más amor. Esto es lo que te da el poder de inspirar.

Y en el proceso, si lo haces bien, no solo reducirás la tensión entre tú y la otra parte, sino que también lograrás que su relación mejore muchísimo.

Pero ¿qué pasa cuando hay mucho en juego? ¿Cuando no es solo cuestión de que alguien se ponga en forma, o se motive más en relación al trabajo, o sea más proactivo y ayude más en casa?

¿Y si tu ser querido tiene un problema grave? ¿Simplemente lo dejas seguir bebiendo? ¿Quedarse en la cama todo el día con depresión? ¿Simplemente le permites que se derrumbe?

En la fase de investigación de este libro me he encontrado con estas preguntas una y otra y otra vez. Por eso, en el siguiente capítulo veremos cómo apoyar a alguien que está pasándolo mal gracias a la teoría *Let Them* y a las últimas investigaciones científicas al respecto.

PERO ANTES VEAMOS QUÉ HEMOS APRENDIDO SOBRE INSPIRAR EL CAMBIO AJENO

Sí, deseas que un ser querido cambie, pero presionarlo solo va a crear resistencia en la otra persona. La teoría *Let Them* te anima a aceptar a los demás, a centrarte en tu propio crecimiento y a inspirar el cambio ajeno a través de la influencia positiva.

1. **Problema**: ejercer presión sobre los demás no genera cambio, sino

resistencia. Por mucho que tengas la mejor de las intenciones, con esta actitud estás obteniendo el peor resultado posible. Cada vez que presionas a alguien, lo alejas de ti. De esta forma, no solo estás forzando tus relaciones, sino que encima estás luchando contra el cuerpo y la mente de la otra persona. Crees que la tensión y la frustración se deben a que el otro no hace lo que tú deseas, pero te equivocas: la tensión y la desconexión se deben a la presión que tú estás ejerciendo.

2. **Realidad**: las personas adultas solo cambian cuando quieren hacerlo. El ser humano intenta por naturaleza controlar cada mínimo aspecto de su vida, por lo que cada vez que alguien se siente forzado a algo, se resiste a ello, y esto solo los llevará a una lucha por el control. Lo que todos deseamos es sentirnos aceptados y queridos, a la par que necesitamos tener el control de nuestros propios pensamientos, acciones y decisiones. Tu poder reside en tu influencia.
3. **Solución**: al usar la teoría *Let Them*, aprovecharás las leyes de la influencia para despertar la motivación intrínseca de la otra persona a cambiar por sí misma. Gracias al bucle del ABC —hacer preguntas abiertas, ejemplificar el cambio deseado y celebrar los avances—, haces uso de tu poder para inspirar el cambio ajeno. La clave es lograr que la otra parte crea que el cambio es idea suya, no tuya.

Al decirte «Déjalos», aceptas a los demás tal como son, eliminas de la relación la tensión y la presión y les permites tener el control de su propia vida. Al decirte «Déjate», utilizas la neurociencia a tu favor para usar el poder de tu influencia e inspirar el cambio ajeno.

Deja que los adultos sean adultos e inspira el cambio con tu influencia.

AYUDAR A QUIENES ATRAVIESAN UN MAL MOMENTO

CAPÍTULO 16

CUANTO MÁS INTENTES RESCATAR A ALGUIEN, MÁS SE HUNDIRÁ

Sé que, al leer este libro, seguramente hayas pensado en algún momento: «¿Dejar que los adultos sean adultos? Pero ¿y si la persona que quiero que cambie tiene un problema grave? ¿Qué debería hacer entonces, dejarla simplemente seguir así? ¿Dejarla beber y conducir?».

Por supuesto que no.

Si alguien tiene conductas peligrosas o autodestructivas, no podemos simplemente «dejarlos». Debemos, en cambio, intervenir, quitarles las llaves o hacer lo que haga falta para ayudarlos —ya sea pedir ayuda, llamar a la policía, llevarlos a desintoxicación o quedarnos con ellos durante la crisis—, pues nuestra respuesta podría incluso salvarles la vida.

La cuestión es que la mayoría de la gente con problemas intenta ocultárselo a sus seres queridos. No suelen, por ejemplo, drogarse delante de nosotros, sino que nos mienten al respecto. O van de fuertes en el trabajo mientras que en secreto lidian con la depresión.

Parte del reto con las personas que tienen problemas es no saber en qué grado los tienen de verdad, hasta que ya es muy grave o demasiado tarde. Y de esto no se libra nadie: te garantizo que en tu vida hay al menos una persona con problemas serios sin que tengas ni la menor idea de ello.

Cuando las personas tienen problemas importantes, sienten mucha vergüenza y tienden a negárselo incluso a sí mismas. Suelen sentirse una carga de por sí y suelen pensar que están defraudando a todo el mundo. Esta es una de las razones por las que la gente no pide ayuda o se sincera sobre lo que está pasando.

Ver a un ser querido pasarlo mal debido a su salud mental, un duelo atroz o una adicción es una de las experiencias más duras a las que te enfrentarás en la vida. Y más dura aún es esta verdad: no todo el mundo está ya preparado para mejorar, para dejar de beber, para esforzarse, para encarar sus problemas. Y no todo el mundo puede.

Por mucho que quieras a alguien y creas en él y estés dispuesto a hacer cualquier cosa para ayudarlo, no puedes desear que su dolor desaparezca más de lo que lo anhela él mismo.

En esta parte del libro veremos cómo, al intentar ayudar, podemos estar impidiendo sin darnos cuenta que otras personas hallen su propia fortaleza para enfrentarse a sus dificultades. Cuanto más intentamos rescatar a alguien de sus problemas, más suelen refugiarse en ellos. Permitir que alguien afronte las consecuencias naturales de sus actos es una parte necesaria de la recuperación. La realidad es que las personas solo mejoramos cuando estamos dispuestas a trabajar en ello, y tú lo estarás muchísimo antes que un ser querido con problemas. Es duro, pero es así.

Ahora vamos a tomar todo lo que hemos aprendido hasta el momento sobre las relaciones, las amistades y la naturaleza humana y vamos a basarnos en ello para entender cómo se aplican esas verdades incluso en las situaciones más difíciles.

También aprenderemos una nueva técnica para apoyar a alguien a través de sus luchas, la cual se basa en la creencia de que todo el mundo puede mejorar.

Pero antes de entrar en materia, me gustaría avisarte algo importante: hay una gran diferencia entre apoyar a un adulto con problemas y a un niño con problemas. Recuerda que, cuando se trata de un menor, tú eres el responsable de su bienestar emocional, económico y físico. Sin embargo, cuando se trata de un adulto, no.

LA DURA VERDAD SOBRE LA RECUPERACIÓN

Como ya hemos visto, presionar a alguien a cambiar genera resistencia al cambio, y tu frustración y tus juicios solo van a complicar aún más la relación con alguien con problemas. Cuanto más hay que perder, más vergüenza y parálisis siente la otra persona.

La gente solo se recupera cuando está preparada para hacerlo. Si no lo hacen, es porque no se sienten listos. Cuando un ser querido atraviesa un problema, no va a recuperarse por ti, por sus hijos ni por su familia: tiene que querer recuperarse por sí mismo.

Puede que no lo comprendas o que creas que actuarías diferente en la misma situación. Da igual: cualquiera de tus opiniones es un juicio. Y tus juicios sobre la otra persona y lo que piensas que debería hacer o no es parte del problema, porque se traducen en presión.

Necesitas desahogarte con alguien —una psicóloga, un amigo— porque hacerlo con la persona en cuestión no servirá de nada. Cuando atravesamos un mal momento o tenemos un problema, lo que todos necesitan es aceptación. *Déjalos* lidiar con su batalla.

La gente solo se recupera cuando está lista para hacerlo por sí misma. Este tipo de batallas son muy personales y complicadas... y solo pueden ser libradas por la persona en cuestión, pero cuando esté preparada para hacerlo. No puedes librar la batalla de nadie, ni obligar a nadie a batallar. No puedes obligarlo a dejar de beber, a ser responsable con el dinero. No puedes obligarlo a sanar.

Sí, necesitan sentir tu amor y apoyo. Sin embargo, he aquí la parte dura: no necesitan que los «salves». Te lo repito: cuanto más intentas rescatar a alguien de sus problemas, más tiende a refugiarse en ellos. Y cuanto más los juzgues por su comportamiento, más te mentirán y mejor se les dará hacerlo.

Es, pues, imperativo que aceptes que intentar salvar a alguien no es apoyarlo, así como permitir su conducta autodestructiva no es quererle. Hay una delgada línea que separa el apoyo de la permisividad.

La *permisividad* es cuando justificas o apoyas el comportamiento problemático de alguien por intentar ayudarlo. Por ejemplo, cuando le das dinero a una persona que no es capaz de usarlo de forma responsable y no busca proactivamente un trabajo. O, por ejemplo, cuando encubres a alguien porque anoche estuvo bebiendo, o excusas el enojo desmedido de tu pareja o ignoras el problema para evitar el conflicto.

Muchas veces querer a alguien significa dejarlo aprender por las malas, y reclamar tu propio poder significa no arreglar los problemas ajenos ni excusar malos comportamientos.

Cuando permites ciertas conductas con dinero, palabras o acciones, no fomentas la independencia de la otra persona, sino que obstaculizas su recuperación, prolongando así su sufrimiento, sus deudas, su derrumbe... y también el tuyo. En el momento te parece estar facilitando las cosas, pero, en realidad, las estás complicando.

Porque uno de los pasos más importantes de la recuperación es enfrentarse a las consecuencias naturales de nuestras acciones.

La teoría *Let Them* nos enseña que ayudar a los demás no significa solucionar sus problema en su lugar, sino apoyarlos y darles espacio y herramientas para que puedan hacerlo ellos mismos.

Una forma de comprender esto es pensar en la recuperación como un juego que la persona en cuestión tiene que decidir jugar. De esta forma, ofrecerle apoyo sería como lanzarle la pelota. Puedes lanzársela una y otra vez, pero es la otra parte la que tiene que elegir correr y atraparla. Vale, pues la permisividad es como si, cada vez que la persona decide no moverse, corrieras y atraparas tú la pelota en su lugar.

Déjalos elegir no atrapar la pelota. *Déjate* no lanzarla más. *Déjate* resistir la necesidad de atraparla y echarte a correr con ella. *Déjate* de mentirte sobre lo que está ocurriendo. *Déjate* aceptar el hecho de que no están listos para cambiar.

Lo entiendo: una de las cosas más duras en el mundo es ver a un ser querido pasarlo mal. No soy una persona sin corazón. He perdido a varios seres queridos por culpa de la desesperanza y la adicción. Ojalá hubieran querido atrapar la pelota. Pero por mucho que lo desee, nada puede traerlos de vuelta, como tampoco puede hacer que alguien que tiene un problema decida de repente mejorar.

Todo lo que está en nuestra mano es aceptar la situación en la que nos encontramos. Si no quieren atrapar la pelota, debemos dejar de lanzársela. Aunque ambos sabemos que siempre estarás preparado para lanzarla de nuevo, esperando el momento en que estén listos para atraparla.

LOS ADULTOS SANAN CUANDO ESTÁN LISTOS PARA ESFORZARSE EN SU RECUPERACIÓN

Te aseguro que no deseas más la sobriedad de alguien que él mismo, o su recuperación, o su libertad financiera, o mayor ambición, o su felicidad. Y, como ya hemos visto, estarás preparado para que tu ser querido mejore mucho antes de que lo esté él. Es por ello que debes permanecer con el control de tu respuesta a la situación, pues no estás lidiando con alguien capaz de razonar o de tomar decisiones sanas.

Esto es siempre así con los niños, porque su cerebro no está aún completamente desarrollado. Por lo tanto, los menores no deben ser responsables de su propia recuperación o sanación. Según los expertos, el cerebro humano no está del todo desarrollado hasta los 25 años. Legalmente somos adultos a los 18, pero desde el punto de vista neurológico seguimos necesitando de mucha orientación hasta los 25.

Por eso, con los menores debemos comportarnos como adultos y ser los responsables de buscar ayuda profesional y controlar lo que está sucediendo. Sin embargo, es diferente con las personas mayores de 25 años, porque los adultos no son solo responsables de su propia recuperación, sino que también están capacitados para serlo.

Pero, independientemente de la edad de la persona con el problema, es probable que haya entrado en modo de supervivencia pura desde un planteamiento neurológico. Esto significa que se encuentra en un estado crónico de lucha, huida o parálisis, sobre todo si se enfrenta a una depresión, una adicción o una tragedia.

Aquí es cuando las cosas se complican aún más, pues no puedes sacar a nadie a la fuerza del modo de supervivencia. Puedes consolarlos en el momento con un abrazo, o acompañarlos mientras lloran, o escucharlos hasta que se calmen, pero no puedes sacarlos de ese estado de estrés crónico. La única persona que puede hacerlo es uno mismo.

En estos casos, aun así, podemos aplicar todo lo que hemos aprendido en capítulos anteriores sobre gestionar el estrés, inspirar el cambio ajeno, etcétera. Por ejemplo, lo que nos explicó el doctor K sobre que el ser humano está predispuesto a inclinarse hacia lo que le da placer o le parece fácil y a evitar lo que le resulta difícil o desagradable.

Cuando estamos deprimidos, lo fácil es quedarnos en la cama. Cuando estamos de luto, lo fácil es pensar que nunca lo superaremos. Cuando tenemos un problema, lo fácil es intentar calmarnos con alcohol. Por eso, la gente que queremos suele lidiar con los mismos demonios durante años. Por supuesto que les gustaría recuperarse, pero seguramente duden de su capacidad de lograrlo.

En las épocas en las que yo misma he sufrido de depresión posparto o de ansiedad, ese era uno de mis muchos miedos: no ser capaz jamás de salir de ahí. Ese es el motivo de que el proceso de recuperación siempre sea horrible al principio. Por eso, la gente lo evita y, al hacerlo, actúa de formas que no parecen tener sentido.

Una vez escuché a una especialista en adicciones afirmar que nadie deja de beber hasta que estar borracho es más doloroso que encarar aquello de lo que huimos. A mí oírlo me ayudó mucho, por lo que creo que quizás también puede ayudarte a ti a pasar del juicio a la comprensión y empatía.

A veces necesitamos sentir dolor para lograr despertar en nosotros la voluntad de cambiar.

Y esto sucede con todos los problemas. Nadie supera un trastorno de la conducta alimenticia hasta que estar sumido en él es más doloroso que enfrentarse a los asuntos de los que huimos.

Nadie mejora de una adicción al sexo hasta que esconderlo es peor que encarar la verdad.

Lo que todos los expertos con los que he hablado afirman al respeto de este tema es que pasarlo mal es una parte crítica de la experiencia humana, y que es uno de los elementos más necesarios para que alguien elija ponerse mejor.

Fíjate en que he usado la palabra «elija».

Alguien que está pasándolo mal, en realidad, está huyendo de sus problemas e intentando calmar su dolor. Recuperarse es una elección, por mucho que esto nos suponga a ti y a mí un problema, pues siempre sentiremos la tensión latente entre dejar que alguien lo pase mal y, a la vez, anhelar desesperadamente que no sufra.

Yo misma me he equivocado muchas veces en el pasado, creyendo que si le hacía más fácil la vida a la otra persona, le estaría haciendo también más fácil el cambio. Pero no.

Hay una gran diferencia entre intentar hacer que alguien deje de sufrir y ofrecerle el apoyo necesario para que libre su propia batalla. Lo más difícil de este tema es que cada situación es diferente, por lo que vas a tener que averiguar cómo debes apoyar a tu ser querido en esta circunstancia en concreto.

Estas experiencias dolorosas también forman parte del circuito motivacional del que hablaba el doctor K: si es más fácil evitar el problema que encararlo, nunca se enfrentarán a él.

«DEJA QUE LA GENTE APRENDA DE LA VIDA»

El doctor Robert Waldinger es psiquiatra y psicoanalista, así como profesor clínico de Psiquiatría en la Facultad de Medicina de Harvard. También dirige el Estudio de Harvard sobre el Desarrollo Adulto, uno de los proyectos de investigación más amplios y prolongados jamás realizados sobre la vida adulta. Cuando hablé con él, me dijo:

> Deja que la gente aprenda de la vida. No las protejas de las consecuencias de aquello que elijan. Si alguien dice: «La verdad es que no

quiero trabajar», puedes preguntarle: «Bueno, entonces dime cómo piensas pagar el alquiler». Hay muchas cosas que podemos hacer para ayudar a los demás a afrontar los retos de la vida sin protegerlos como tal de ellos. Esto suele ocurrir en el ámbito de la adicción de un ser querido. Tenemos que dejar que aquellos que queremos se enfrenten al dolor de perder un trabajo o a su pareja por culpa de la adicción. No intentes intervenir y solucionarles la vida. Cuando dejamos que la gente se enfrente a las consecuencias reales de sus decisiones, con suerte aprenden de ellas.

Quizás necesitan pasar una noche en la comisaría.

Quizás necesitan perder su trabajo o a su familia.

Quizás necesitan que las saques de la universidad.

Quizás necesitan vivir contigo porque necesitan estar rodeados de gente que los quiera.

Quizás hayan llegado tan lejos que terminen viviendo en la calle.

Y esto no solo es así en los casos más extremos, como las adicciones o las enfermedades mentales graves: este mismo principio es aplicable también cuando alguien lidia con la ansiedad, la tristeza o una inseguridad seria.

Según la doctora Luana Marques, psicóloga clínica y profesora de la Facultad de Medicina de Harvard, la evitación es un hábito y un mecanismo de afrontamiento muy común cuando alguien se enfrenta a algo.

Tu ser querido va a evitar todas las situaciones, conversaciones o cambios conductuales que le resulten duros. Es parte de la naturaleza humana buscar aquello que nos parece fácil y huir de lo que no. Te lo repito de nuevo porque en estos casos es importante aceptar los datos científicos para abordar la circunstancia desde un planteamiento racional.

DEJA DE ELUDIR EL PROBLEMA

Voy a contarte un ejemplo personal en el que, cuando una de mis hijas pasó una mala racha, yo no actué de la manera correcta. Al intentar reducir la ansiedad de mi hija, terminé, de hecho, empeorándolo todo.

Aunque este libro trata sobre relaciones adultas, las leyes de la naturaleza humana también son aplicables a la crianza de jóvenes adultos. En estos casos, aun así, es importante recordar que, como adultos, somos responsables de las necesidades físicas, mentales y emocionales de nuestros hijos.

Cuando nuestra hija se encontraba en secundaria, tuvo un brote de ansiedad que nos asustó a todos mucho. Se pasaba todo el día acelerada y luego se despertaba en mitad de la noche y no quería estar sola en su habitación, así que venía a la nuestra. Yo cometí el error de acogerla en nuestra cama las dos primeras noches.

Al decirle que no pasaba nada por dormir con nosotros, creía que estaba ayudándola a superar la ansiedad. Pero de lo que no me di cuenta era de que, en realidad, estaba dificultándole el encarar lo que fuera que se escondía bajo aquellas emociones.

Cada noche, sin falta, se despertaba justo antes de la medianoche y bajaba a nuestra habitación. Yo intentaba tranquilizarla, pero se negaba a volver a subir sola. Tarde o temprano, me agotaba y la dejaba dormir con nosotros, por lo que tras unas cuantas noches simplemente le empecé a crear una especie de cama en el suelo de nuestro cuarto.

Esto sucedió durante seis meses, todas y cada una de las noches.

A esto se refería la doctora Marques al afirmar que «cuando alguien tiene un problema, la evitación se convierte en un mecanismo de afrontamiento». A nuestra hija le daba miedo dormir en su cama, así que simplemente evitaba hacerlo. Y el permitirle dormir en nuestra habitación solo empeoraba su ansiedad. Cada día, al dejarla dormir junto a nosotros, le estaba diciendo con mis acciones que no la creía lo suficientemente fuerte como para enfrentarse a aquello.

Puede que esto no parezca importante, pero lo es, y bastante. A lo largo de los siguientes años, su ansiedad solo empeoró, pues le había enseñado a evitarla. Le había enseñado que la solución al problema era huir de él, lo que incrementó su impulso de huida.

Poco a poco, todo le fue dando ansiedad: ir al bachillerato, quedarse sola en el coche, dormir en la casa de una amiga, ir a clases de guitarra. Cualquier pequeño momento normal de nervios se convertía en un ataque de ansiedad en el que «me necesitaba».

Chris y yo tuvimos que tomar un vuelo para volver antes de unas vacaciones porque se puso fatal y la niñera no sabía cómo tranquilizarla; tampoco supe yo. Me culpo mucho por aquello: yo era la madre, la responsable, y permití que ambas evitáramos enfrentarnos a la situación. Creía estar salvándola cuando la realidad era que ella poseía la fuerza, la capacidad y el poder necesarios para encarar su ansiedad y sus miedos y aprender cómo calmarse cuando se sintiera nerviosa o incómoda.

No fue hasta que Chris no pudo más que la llevamos a ver a una psicóloga. Ahí fue cuando aprendimos que la única manera de que alguien se haga más fuerte es enfrentándose a aquello para lo que se cree demasiado débil. Y esto es, precisamente, lo que la teoría *Let Them* nos ayuda a lograr.

La cosa es que es normal despertarse en medio de la noche y tener ansiedad. No tenía por qué convertirse en un calvario de seis meses. La ansiedad no debería haberse convertido en el problema predominante en la vida de mi hija durante una década. Pero así sucedió porque yo no tenía las herramientas que estás aprendiendo ahora.

Eres mucho más capaz de lo que crees, y también lo es esa persona a la que tanto quieres. No está en tu mano que alguien sienta o no ansiedad, ni que se despierte de madrugada y se presente en tu habitación. Pero siempre puedes controlar lo que TÚ piensas, haces y dices en respuesta.

Cuando un ser querido tuyo tenga un problema, abrázalo y ofrécele tu apoyo a la vez que lo animas a enfrentarse a eso que trata de evitar. El doctor Ablon lo llama el enfoque «Con ellos».

No tienes ningún control sobre su ansiedad o sus reacciones, pero sí sobre tu forma de actuar. He aquí cómo puedes utilizar la segunda parte de la teoría *Let Them* para apoyar a la otra persona.

Déjate validar sus sentimientos: «Ay, cariño, siento que estés asustada».

Déjate separar tus emociones de las suyas: «También es duro para mí verte así de triste».

Déjate tranquilizar a tu ser querido: un abrazo siempre hace maravillas.

Y *déjate* apoyarlo asegurándole que posee la capacidad de enfrentarse a cosas difíciles.

Luego, quédate a su lado mientras se enfrenta a ello. En mi caso, por ejemplo, significó despertarme todas las noches de madrugada, acompañar a mi hija a su cuarto y acostarla.

No voy a mentirte: las primeras noches me sentí como un monstruo, pues ella lloraba y suplicaba. Me daban ganas de mandar al cuerno a la psicóloga, tirar la toalla con el plan y dejarla dormir de nuevo en el suelo de nuestra habitación. Porque, claro, tarde o temprano querría volver a su cuarto, ¡¿no?!

Pero no tiré la toalla, por mucho que me doliera verla llorando, por mucho que me costara obligarla a acostarse y luego quedarme fuera de su habitación hasta asegurarme de que se quedaba dormida. Algunas noches volvía después a despertarse y a bajar, a veces hasta varias ocasiones seguidas, y tenía de nuevo que calmarla y acompañarla a su cuarto. Todo por ayudarla a enfrentarse a aquello que quería evadir.

Tómate los problemas de tus seres queridos como una oportunidad de apoyarlos a descubrir sus fortalezas. Cuando nos creemos demasiado débiles para encarar las dificultades, nunca llegamos a darnos cuenta de todo de lo que somos capaces.

Si siempre intervienes para intentar salvar a la gente, empezarán a esperar que lo hagas todo el tiempo. Sin embargo, al encarar día tras día aquello que les parece duro y los asusta contigo al lado, les enseñas que son capaces de hacer cosas que van mucho más allá de lo que creían.

Así que deja de intentar salvar a los demás de sus problemas y empieza a creer en su capacidad para enfrentarse a ellos. Tus acciones son, después de todo, la forma de comunicación más sincera. Por lo tanto, cuando apoyas a alguien a enfrentar lo que le asusta, tu comportamiento le está diciendo: «Creo en ti. Puedes hacerlo. Y yo estaré a tu lado mientras lo afrontas».

Apoyar a aquellos que están atravesando un mal momento es difícil y duro. Es agotador y frustrante, y requiere de mucho tiempo y paciencia. Por eso, tantos de nosotros recurrimos a permitir la situación o a intentar rescatar a nuestro ser querido. Al fin y al cabo, nos resulta mucho más fácil dejarlos dormir en el suelo, cambiarse de escuela, dejar el trabajo, ignorar el problema y esperar simplemente que desaparezca, o tratar de arreglarlo con dinero, la forma más típica de permisividad.

La pregunta, pues, pasa a ser: ¿cómo podemos apoyar a alguien de forma efectiva?

CAPÍTULO 17

LA MANERA CORRECTA DE PRESTAR APOYO

Como siempre surgen tantas preguntas sobre cómo prestar apoyo de manera correcta, quiero compartir contigo una sugerencia muy concreta que me han dado casi todos los expertos con los que he hablado.

Cuando mantienes a un adulto con dificultades, una de las primeras cosas que debes decidir es en qué vas a gastar dinero y en qué no. Si estás apoyando económicamente a alguien para intentar ayudarlo a superar una mala racha, debes tener y dejarle muy claras las condiciones de dicho apoyo.

Si le das a la otra persona dinero sin condiciones, acabarás sintiendo un resentimiento enorme. El dinero no es un regalo. Y el amor incondicional no implica apoyo económico incondicional.

De hecho, a veces implica precisamente lo contrario. Sé que no prestar ayuda económica es algo muy duro, sobre todo para padres de adultos jóvenes con problemas, por lo que suele ser la última decisión en tomarse.

En recuperación hay un término llamado «tocar fondo», el cual se usa bastante por lo general al hablar de personas que atraviesan dificultades. De lo que no se habla suficiente, sin embargo, es de que como el ser querido que acompañas también tocarás fondo en algunos momentos.

Suele pasar cuando lo hemos intentado todo y nada parece funcionar. Estamos sufriendo, no sabemos qué más hacer. Y entonces caemos en la cuenta de repente. Hay una cosa que aún no hemos intentado: dejar de financiarles su vida. En algún punto, de esta forma, todos tomamos consciencia de que, al pagarle a la otra persona el alquiler, las facturas, las clases, etcétera, o al darles un lugar en el que vivir sin condiciones, estamos permitiendo que siga adelante con su comportamiento autodestructivo.

¿Recuerdas lo que afirmaba el doctor Waldinger? «No los protejas de las consecuencias de sus elecciones». Llegará un punto en el que decidas dejar de financiar la vida de tu ser querido, que se niega a esforzarse o a recibir la ayuda profesional necesaria para recuperarse.

El doctor Waldinger y todos los demás expertos con los he hablado son inflexibles en esto: a nuestros seres queridos les debemos amor, aceptación y compasión, pero no dinero. Porque si financiamos cada aspecto de la vida de la otra persona mientras ella se niega a recibir tratamiento o a buscar trabajo o a ir a clase, o continúa mintiendo o robando o esgrimiendo un comportamiento evasivo y turbio, entonces nosotros también somos parte del problema. Dar dinero sin ninguna condición significa permitir la situación.

Pero darlo bajo condiciones concretas es apoyo. Algunos ejemplos son los siguientes: puedes vivir aquí si estás sobrio; yo pagaré la terapia, pero siempre que la psicóloga y tú acepten tener una reunión de control mensual conmigo; te pagaré las clases mientras apruebes; te pagaré el alquiler, la factura del teléfono y los gastos del coche si ingresas en la clínica de trastornos de la conducta alimentaria.

Lo peor ocurre cuando no acceden a las condiciones, porque si se niegan a ingresar en esa clínica o a buscar trabajo o a lo que sea, debes quitarles el apoyo económico, lo que significa dejarles de pagar el alquiler o echarlos de casa.

Y con esto me refiero a todo el apoyo financiero. Al alquiler, a la factura del teléfono, a quitarles el acceso a tus cuentas de plataformas, a no comprarles nada en el supermercado ni pagarles los taxis. Y si ya has hecho algunos pagos mayores, como el depósito de su departamento, tienes que estar preparado para no recuperar nunca ese dinero.

Tu ser querido va a odiarte, y al principio puede que empeore. Pero se ha negado a aceptar las condiciones de tu apoyo, por lo que ahora eres tú quien debe comportarse como un adulto. Me sorprende la cantidad de padres preocupados que hay por adultos jóvenes que atraviesan problemas, a los cuales apoyan económicamente.

Déjalos que la pasen mal. *Déjalos* incumplir los términos de tu ayuda. Y, llegado el momento, *déjate* retirarles el apoyo económico.

Muy poca gente está dispuesta a hacer esto porque le parece cruel. Por eso es tan común que se intente solucionar el problema con dinero. Pero, alcanzado este punto, retirar la ayuda económica es lo único que puede funcionar, porque, además, es lo único que te queda por probar. Recuerda que tienes poder sobre algunas cosas. Y tal vez esta sea exactamente la llamada de atención que la persona a la que quieres necesita.

Y si tú eres esa persona, si tus padres te están pagando la terapia, el alquiler, las clases, la factura del teléfono o cualquier otra cosa, hay algo que tienes que saber: tienen el derecho de intervenir en cómo vives tu vida.

No puedes hacer que otra persona financie tu existencia y luego molestarte porque opine al respecto de cómo usas su dinero. Hacer que tus padres te paguen la terapia y luego negarte a que hablen con tu psicóloga es una forma de manipulación.

Si estás harto de que tus padres te digan lo que deberías hacer, empieza entonces a pagar tus propias cosas. Mientras aún seas dependiente de alguien, puedes decirte «Déjalos» todo lo que quieras, pero la realidad será que su dinero les da derecho a opinar sobre tu vida, te guste o no. Si quieres independencia, demuéstralo empezando a ser independiente económicamente de verdad.

Y seamos sinceros: la razón por la que te molestan tanto los comentarios de tus padres es porque necesitas su dinero y lo sabes. En realidad, no estás enojado con ellos, sino contigo mismo.

DEJA DE INTENTAR SALVAR A LOS DEMÁS CON DINERO

Me gustaría contarte un ejemplo personal de por qué creo que es importante no prestar dinero sin condiciones. Antes he mencionado que, cuando teníamos cuarentaipocos años, Chris y yo arrastrábamos una deuda aplastante.

Teníamos gravámenes sobre la casa, por lo que la deuda ascendía a los 800 000 dólares. El restaurante de Chris se encontraba en crisis, por lo que él llevaba meses sin cobrar. Encima, yo justo había perdido mi trabajo, así que nos costaba hacer el súper o incluso llenar el tanque de gasolina.

Fue una época realmente aterradora. Chris y su socio buscaban desesperadamente dinero hasta debajo de las piedras para mantener el negocio a flote. Tan difícil era la situación que mi marido decidió pedirle prestado dinero a su hermano.

Su hermano le dijo que no, y añadió: «Lo siento de veras si, al no prestártelo, el negocio quiebra y acabas en la bancarrota, pero no creo que la solución sea rescatarte económicamente. Tienes que averiguar cómo salir de esta tú mismo».

¿Fue un duro golpe? No: fue sincero. Él no era responsable de los problemas laborales de su hermano: el responsable era el propio Chris. Por lo tanto, no era responsable de apuntalar un negocio en quiebra ni de rescatar a su hermano del apuro. Para mi marido fue superdoloroso, pero era la pura verdad. Unas pocas semanas después, Chris tocó fondo.

Llevaba sin cobrar seis meses y el negocio funcionaba a duras penas. Él y su socio llevaban trabajando sin parar varios años, intentando que el comercio tuviera éxito. Fue precisamente aquella conversación con su hermano la que le hizo darse cuenta de que tenía que salir de ahí.

El negocio no podía permitirse tener dos dueños. Además, Chris se había refugiado en el alcohol, lo que se había convertido en un problema mayor. Bebía para desestresarse, lo que a su vez lo llevaba a adoptar otros comportamientos autodestructivos. Tenía depresión y ansiedad, y sabía que no podía seguir así. Este punto de inflexión fue gracias a tocar fondo.

Si su hermano le hubiera prestado el dinero, aquella terrible situación simplemente se hubiera alargado. Pero, al negarse, lo había obligado a tener que rescatarse a sí mismo. Por eso tocar fondo muchas veces te cambia la vida a mejor. Porque al verte a ti mismo tan mal, conectas con algo poderoso dentro de ti: la determinación de cambiar.

Quiero aclarar que el hermano de Chris se negó a prestarle dinero, pero eso no significa que no lo apoyara. Siempre lo escuchaba, validaba sus sentimientos, empatizaba con él y, al no querer prestarle el dinero, le estaba diciendo: «Creo en tu capacidad para resolver esto por ti mismo».

¿Y sabes qué? Que Chris lo hizo. La solución no era apuntalar el restaurante ni tampoco huir de la situación, sino decir: «No puedo más. Dejo mi puesto».

El primer paso para cambiar de vida a mejor es asumir el hecho de que nuestra vida no está funcionando. Por esta razón debes dejar que tus seres queridos se enfrenten a la realidad, no ayudarlos a huir de ella.

Es tu responsabilidad quererlos, creer en su capacidad para levantarse y apoyarlos desde una distancia segura, nada más. Porque tal como hay mil maneras de solucionar un problema, también hay mil formas de ofrecer apoyo.

CÓMO CREAR EL MEJOR ENTORNO POSIBLE PARA LA RECUPERACIÓN

Una de mis formas de apoyo favoritas es crear un entorno que favorezca la recuperación. ¿Qué significa esto? Hay muchas investigaciones que demuestran que el entorno físico juega un papel importante en nuestra salud mental, espiritual y corporal. Esto incluye desde el espacio en el que vivimos hasta el desorden que nos rodea, la comida que tenemos en el refri, la gente con la que pasamos tiempo y los planes que cerramos para el futuro.

Hay mil maneras de crear un entorno que facilite el cambio y la recuperación. A continuación, voy a contarte un ejemplo personal para ilustrarlo.

En el nacimiento de nuestra primera hija tuve un parto muy complicado en el que perdí mucha sangre. Cuando por fin me dieron de alta y me fui a casa, no solo estaba destrozada físicamente, sino también mentalmente, pues lidiaba con una depresión posparto.

Me encontraba tan mal que durante los primeros cuatro meses de vida de la bebé no podían dejarme sola con ella. Tampoco podía dar el pecho debido a la medicina que tenía que tomarme. Estaba tan agotada que me pasaba la mayor parte del día durmiendo o sentada en el sofá cual zombi.

Lo que más me ayudó es que nadie me preguntó cómo podía ayudarme: mis seres queridos simplemente aparecían por casa y se encargaban de acondicionar mi entorno para que sanara.

Mi primo fue a limpiar. Mis padres recorrieron el país en coche para pasar unas semanas a mi lado. Una amiga reciente, Joanie, que estaba embarazada por ese entonces, se quedaba conmigo para hacerme compañía cuando Chris se iba a trabajar, y mientras yo me dedicaba a dormir, ponía y tendía lavadoras o me hacía alguna comida sencilla.

Mi familia política estuvo con nosotros también una semana, con algo planeado para cada día. Sin ni siquiera preguntarme, anunciaban de repente: «Venga, nos vamos a Boston a ver la exposición de flores», y nos metían a mí y a la bebé en el coche. Aunque seguía como un zombi, todavía muy deprimida, crearon un entorno adecuado para que fuera saliendo de casa poco a poco y empezara así a volver a la vida.

Nadie me preguntó: «¿Qué necesitas?», «¿Quieres que te lave la ropa?», «¿Te apetece que me acerque a cenar contigo?». Simplemente lo hicieron.

Eso es algo importante a tener en cuenta sobre las personas que atraviesan una mala racha: «Déjalas» no significa dejarlas solas.

Cuando lo estás pasando mal, no sabes lo que quieres ni lo que necesitas. Algunas veces, de hecho, ni siquiera sabes en qué días estás. Si no, fíjate en que cuando le preguntas a alguien que está pasando por un duelo o una ruptura, o simplemente acaba de salir del hospital, cómo puedes ayudarlo, lo normal es que te conteste: «No te preocupes, estoy bien» o «No necesito nada».

Cuando nos encontramos mal, encima no queremos molestar a nadie, porque ya nos sentimos una carga de por sí. Así que *déjate* crear un entorno adecuado para facilitarle a tu ser querido la recuperación.

He aquí algunos ejemplos de cómo hacerlo: preséntate en su casa con un tóper de comida, ayúdalos a limpiar el piso, rellénales el refri con comida saludable, ábreles las persianas y ventila la casa, lávales la ropa, crea una lista de reproducción con canciones alegres, envíales episodios de pódcast que los ayuden a recuperar la esperanza, regálales paquetes de autocuidado o cómprales un marco de fotos digital lleno de imágenes para que puedan ver todo el tiempo recuerdos alegres y sepan que hay gente a su alrededor que los quiere.

Uno de mis consejos favoritos, sobre todo en relación a madres primerizas, lo aprendí de la psicóloga K. C. Davis: cómprale una montaña de platos y vasos de papel para que no tengan que estar lavando la vajilla a la vez que cuidan del recién nacido.

Ah, y ya que estamos en el tema: llama o escríbele a una amiga y dile que irás el sábado mismo a llevarte a los niños o al perro al parque para que pueda tomarse un descanso.

Para ayudarle con su ruptura, llévate a tu compañera de departamento a hacerse la manicura o al museo. Escríbele a esa persona que está pasándolo mal una vez a la semana simplemente para decirle: «Me acuerdo de ti. No estás en esto solo. No hace falta que me contestes a este mensaje, solo quería que supieras que estoy aquí para ti, siempre». Invita a ese amigo que acaba de salir de un programa de rehabilitación a ir contigo a yoga todos los miércoles, y, si puede ser, recógelo incluso.

Puedes crear un entorno propicio al cambio ofreciéndole a la otra persona ir a terapia, o cocinándole la comida, o hablando con ella, o haciéndole preguntas abiertas. ¿Te das cuenta de que estos ejemplos no se parecen en nada a intentar arreglar la situación con dinero o a tratar de salvar a alguien, o a permitir sus comportamientos? Todas estas son formas de facilitarle a tu ser querido el regreso a la vida normal.

Nunca sabemos por completo por lo que está pasando la otra persona, pero aun así, podemos elegir qué clase de amigo o familiar queremos ser. En este libro hemos hablado ya mucho de la importancia de actuar de tal manera que nos enorgullezcamos de ello. Cuando ayudes a alguien, hazlo sin esperar nada a cambio, solo porque te haga sentir bien.

No lo hagas esperando recibir, por ejemplo, un largo mensaje de respuesta poniéndote al día de lo que está pasando. Llévale la comida a alguien que acaba de tener un bebé no porque quieras de vuelta un agradecimiento, sino porque te hace sentir bien saber que das la cara por las personas que quieres en la vida.

Recuerda que cuando alguien está pasándolo mal, suele sentirse tan abrumado que no tiene la energía necesaria para ponerte al día ni acordarse de darte las gracias. Simplemente, confía en que tu gesto de amor haga una diferencia, reciba reconocimiento o no.

Tu responsabilidad consiste en quedarte al lado de tu ser querido tomándolo de la mano. Sé un faro de esperanza. Y cree en su propia capacidad para mejorar.

La gente tiende a evitar la recuperación porque no suelen creerse capaces de encarar el dolor del que huyen. Así que déjalos tomar prestada de ti la esperanza. Cuando nos sentimos aceptados, queridos y apoyados, nos resulta más fácil vernos capaces de volver a la vida.

VEAMOS QUÉ HEMOS APRENDIDO SOBRE CÓMO AYUDAR A QUIENES ATRAVIESAN UN MAL MOMENTO

En esta parte hemos aprendido cómo sin querer impedimos que otros adultos libren sus propias batallas. La teoría *Let Them* nos enseña que ayudar a los demás no es sinónimo de solucionarles los problemas, sino que significa darles el espacio y las herramientas necesarias para enfrentarse a ellos por sí mismos.

1. **Problema**: intentar rescatar a alguien de sus dificultades solo los hace ahogarse más en ellas. Cuando permites los comportamientos ajenos con dinero, palabras y acciones, no fomentas su independencia, sino que obstaculizas su recuperación. De esta forma, prolongas sus deudas, sus crisis y su sufrimiento, a la vez que aumentas también tu propio dolor.
2. **Realidad**: la gente solo se recupera cuando se siente preparada para hacerlo, y tú te sentirás listo mucho antes que la persona que lo necesita. Aunque tengas buenas intenciones, intervenir todo el tiempo para tratar de solucionarle a alguien sus problemas crea dependencia y frustración, así como anula la capacidad de la otra persona de asumir su propia responsabilidad. Recuerda que es imposible que desees que alguien sane más de lo que él mismo lo anhela.
3. **Solución**: usando la teoría *Let Them*, debes dar un paso atrás y permitir que la persona se enfrente a las consecuencias naturales de sus actos. En lugar de intentar salvarla, ofrécele apoyo con condiciones. Este enfoque ayuda a la persona en concreto a asumir la responsabilidad de su propia recuperación y su crecimiento personal, y demuestra que crees en su capacidad innata para mejorar.

Al decirte «Déjalos», confías en los demás y los empoderas a encarar sus dificultades al comprender que enfrentarse a los problemas es una parte intrínseca del crecimiento personal. Al decirte «Déjate», te centras en proporcionar apoyo sin asumir el control, al tiempo que ofreces el entorno y las herramientas necesarias para que la otra persona mejore por sí misma.

Confía en su capacidad de mejorar y crea unas condiciones que permitan el cambio.

ELEGIR EL AMOR QUE MERECES

CAPÍTULO 18

DÉJALOS ENSEÑARTE SU VERDADERO SER

Al final de tu vida, ¿cuáles son las últimas palabras que quieres escuchar?

«Te quiero».

El amor es la fuerza más poderosa del mundo. Te mereces sentirte querido, ser querido; te mereces enamorarte, expresar y que te expresen amor, y vivir una de las mayores alegrías de la existencia humana: estar en una relación en la que haya amor.

Ya sea que estés soltero, divorciado, ennoviado, prometido, en una relación no formal o lleves casado mucho tiempo, creo que el mayor amor de todos todavía se encuentra más adelante en tu camino. Incluso las mejores relaciones pueden adquirir más y más significado, y tu conexión con alguien siempre puede ser más profunda.

Si estás soltero, tu historia con el amor está lejos de terminar. El amor de tu vida no se encuentra en el pasado, sino que está esperándote en el futuro. Todo lo que ha ocurrido y cada relación que has tenido han servido para prepararte para lo que está a punto de suceder.

En la fase de investigación de este libro recibí muchas preguntas sobre cómo utilizar la teoría *Let Them* en el tema del amor. Así que en los próximos tres capítulos profundizaremos en las citas y el compromiso, y en cómo saber si una relación es adecuada para ti, cómo hacer que el amor dure y cómo sobrevivir a una ruptura. Asimismo, vamos a analizar el hecho de que has estado aceptando menos que el amor que te mereces.

La realidad es que todos podemos decidir con quién estar y cómo amar, y a veces tú no vas a ser el elegido. La conducta de los demás te muestra la verdad de qué sienten por ti. Pasa muy a menudo que se persigue el amor —o el potencial de lo que se cree que podría serlo— y se olvidan los propios valores. Al perseguir el amor, ahuyentas la relación profunda y significativa que te mereces.

El amor es algo extraordinario, pero también es la fuente de mucho dolor. A veces deseamos tanto ser amados que podemos llegar a ceder nuestro poder a la otra persona.

Por ejemplo, puede que algún extraño que has conocido por internet dicte ahora tu estado de ánimo. Quizás alguien te ha dejado de hablar repentinamente y, con ello, ha destruido tu autoestima. O tal vez tu pareja sea muy despectiva y te trate como a un compañero de departamento, algo que simplemente has aprendido a aceptar.

En la vida amorosa es fácil caer en la trampa de dejar que otra gente —y sus propios traumas y problemas— te lleve a olvidarte de tus estándares, por lo que termines conformándote con mucho menos de lo que en realidad deseas o incluso de lo que sabes que necesitas.

Cuando el corazón está implicado, la lógica se escapa volando por la ventana. Tanto es así que podemos terminar excusando un mal comportamiento o creándonos una fantasía en la mente en lugar de aceptar la realidad. También podemos autoconvencernos de seguir en una relación que no funciona porque lo preferimos a romper y tener que enfrentarnos a la incertidumbre.

Pero lo cierto es que te mereces una historia de amor maravillosa, y nunca deberías conformarte con menos que eso.

Gracias a la teoría *Let Them* aprenderás a diferenciar entre perseguir el amor y escogerlo, así como a identificar con quién vale la pena comprometerse y con quién no. También veremos cómo utilizar la teoría para crear la relación de pareja más íntima, solidaria y comprometida que jamás hayas tenido.

La realidad es que las mejores relaciones crecen y cambian con el tiempo, por lo que cambiar tú también puede generar la conexión llena de amor que te mereces.

ASÍ QUE EMPECEMOS POR EL PRINCIPIO... CÓMO ENCONTRAR EL AMOR

Tener citas hoy en día puede ser toda una odisea. De hecho, no conozco a nadie a quien le guste ni le parezca fácil o divertido. A todos nos aterra la idea de exponernos a ligar a través de aplicaciones y adentrarse en lo que parece un mundo tóxico y superficial. Así que si te sientes desanimado al respecto o te da inseguridad estar soltero, no eres el único. Es normal que te sientas así, pues se debe en gran parte a que las aplicaciones de citas y las redes sociales han convertido el amor y las relaciones en un juego, una industria, una competición.

Otra razón por la que ligar resulta frustrante es porque la mayoría de los consejos sobre el tema parecen trucos, reglas e incluso trampas para conquistar a la otra persona o asegurarse la próxima cita o atraer tantos me gusta como sea posible. A eso me refiero al afirmar que hoy en día el mundo de las citas parece una competición. Sinceramente, esa es una de las peores formas de abordar el tema del amor y de las relaciones de pareja. No es un juego. No deberías engañar a alguien para gustarle. No hay que seguir ninguna regla sobre cuándo enviar el siguiente mensaje o qué decir y qué no.

Lo ideal es que seas tú mismo, que confíes en que, si te muestras tal como eres, esa persona que desea estar con alguien tan increíble como tú terminará encontrándote. Cualquiera que te cuente un truco para «pescar» a alguien, en realidad te está alejando de ti mismo, por lo que acabarás conociendo a la gente equivocada. En lugar de decirte que debes ser y actuar de forma distinta, en este libro veremos qué tienes que dejar de hacer.

Encontrar el amor consiste más en decir «no» que en decir «sí». Cuando tienes un alto nivel de exigencia contigo mismo y el tipo de relación que deseas, las citas se convierten en un proceso de eliminación. La teoría *Let Them* te ayudará a ser sincero contigo mismo y a encontrar la valentía necesaria para dejar que los demás te revelen quiénes son mientras tú te mantienes fiel a ti mismo.

Cuando tienes el coraje suficiente como para ser tú mismo, mantienes el control de la situación, porque eres tú el que decide quién se merece tu tiempo y energía y quién no. Ahí es donde reside tu poder.

También se requiere valentía para aceptar que alguien no está interesado en nosotros. Hace falta tener confianza en uno mismo para recordar que es fácil enviarte mensajes, pero si realmente quisieran verte, lo harían.

En cuanto empiezas a buscar excusas y a montarte películas en la cabeza, le cedes tu poder a la otra persona. En el mundo de las citas hay que ser muy parcial, muy de blanco o negro, cuando se trata del comportamiento ajeno. Esto es difícil, pero gracias a la teoría *Let Them* vas a aprender a identificar las relaciones correctas en lugar de seguir persiguiendo a las personas incorrectas.

EL PROPÓSITO DE LAS CITAS NO SOLO ES ENCONTRAR A LA PERSONA «ELEGIDA»

Un motivo importante de por qué tener citas nos resulta tan duro es porque realmente no comprendemos el verdadero propósito de ello. No se trata solo de encontrar a la persona «elegida»: las citas nos ayudan a entender más cosas de nosotros mismos y a saber qué queremos y qué no. Al conocer a distintas personas, vas siendo capaz de identificar qué sí y qué no te gusta. Es por esto por lo que casi todas las experiencias, incluso las peores, te enseñan algo.

Una de las lecciones más importantes que podemos aprender en este proceso es qué tipo de conductas no estamos dispuestos a permitir, y con qué tipo de persona queremos estar de verdad en una relación. Cuando nos obsesionamos con encontrar a la persona elegida, pasamos por alto todos los aprendizajes que las citas intentan enseñarnos sobre el valor del amor en nuestra vida.

No hemos sido puestos en la Tierra para ser el esposo o la esposa de alguien. Estamos aquí para cumplir nuestros sueños, compartir nuestra historia y crear una vida maravillosa.

Nadie excepto tú puede crear esa vida, y la persona que elijas amar es con quien vas a compartirla. Por eso es tan importante elegir bien.

Cuando estés en una época de tener citas, pásatelo bien y conoce a mucha gente, pero nunca te olvides de lo que quieres: encontrar a alguien capaz de ayudarte a ser tu mejor yo y junto a quien crear una vida preciosa.

Así que no, el objetivo de las citas no es solo encontrar a la persona «adecuada».

Por eso debes considerar las citas como una oportunidad de abrirte a distintas experiencias en pos de conocerte mejor, lo que finalmente te llevará a elegir compartir la existencia con alguien increíble que también quiera estar contigo.

Lo duro es que esta última parte —que alguien quiera también estar contigo— no depende de ti. No puedes controlar si el momento apropiado para ti coincide con el de otra persona.

La gente elige a quién querer y cómo hacerlo, y a veces no serás tú el elegido. Sin embargo, tú también eliges a quién querer y cómo hacerlo, a quién dedicarle tu tiempo y energía y cómo deseas que te traten. Muchas veces, la forma de elegir es eligiendo alejarse de alguien cuando no nos trata como nos merecemos.

Lo que me lleva a un hecho: la forma de comportarse y actuar de los demás te mostrará qué sienten por ti en realidad.

Tu responsabilidad no recae en interpretar ni adivinar las conductas ni los sentimientos de nadie, sino en dejar que la gente te revele quiénes son y qué sienten por ti y en aceptarlo. Algo que, por cierto, debes hacer en todas las etapas de cualquier relación.

LOS INICIOS

Una vez que empieces a conocer gente puede que te parezca que mucha de ella te gusta o te interesa, porque en el mundo hay muchas personas atractivas, interesantes y divertidas.

Por eso los inicios suelen ser tan emocionantes... y por eso solemos terminar diciéndole que sí a mucha gente que resulta no ser adecuada para nosotros. Es fácil decir que sí a alguien atractivo o a alguien que nos despierta un torrente de emoción, o cuando no tenemos más planes, cuando nos cansa seguir solteros o cuando nos asusta acabar solos.

Es duro pasar por citas porque todos tenemos tanto miedo de estar solos y nos encontramos tan desesperados por hallar a alguien y vivir un cuento de hadas, que no somos todo lo exigentes que deberíamos ser.

¿Cuántas veces te has autoconvencido de que algo es más serio de lo que es, de que va a algún lado, de que tiene futuro, o de que esos encuentros ebrios significan que le gustas a la otra persona tanto como te gusta ella a ti?

Hay un dicho famoso al respecto que tiene toda la razón: «Si le gustas, lo sabrás, y si no, solo te sentirás confuso». Sentirse confundido es muy peligroso cuando estás saliendo con alguien, porque si te gusta, tu reacción instintiva será autoconvencerte de que tú también le gustas. NO lo hagas. *Déjalos* confundirte.

¿No te has dado cuenta ya a estas alturas de que las únicas personas que te confunden son aquellas a las que no les gustas de verdad? Atrévete a concebir la confusión por lo que es: una señal de que a la otra parte no le gustas como tú querrías. Cuando nos autoconvencemos de que está pasando algo que claramente no está sucediendo, estamos persiguiendo el amor. Y perseguir el amor solo lo espanta aún más. Perseguir a las personas equivocadas para nosotros solo nos conduce a lugares a los que no pertenecemos. Perseguir una idea o una fantasía significa que sabes que algo no va bien, pero decides ignorar la verdad.

¿Cómo saber si estás persiguiendo el amor? Tú eres quien sueles escribir, llamar, buscar a la otra persona; crees que los encuentros medio borrachos llevan a algún sitio especial; intentas estar cerca del otro; esperas que se enamore de ti.

Te crees todo lo que esa persona te dice, aunque su comportamiento parezca decir otra cosa. Piensas que con el tiempo todo mejorará. Crees saber que lo que precisamente más le conviene a esa persona eres tú. Sueles verla casi exclusivamente en bares. Crees que cambiará por ti. Crees que, si le mandas tal o cual mensaje, podrías recuperarla.

Todos estos son ejemplos de lo que es perseguir una fantasía y elegir no ver la realidad. No te empeñes en «hacer que funcione», no persigas algo que sabes en el fondo que no te conviene. Es como enamorarte de unos zapatos e intentar embutir tus pies en ellos, a pesar de que son dos tallas más pequeños. Tus pies no van a encogerse de repente, por arte de magia, y de la misma forma en que esos zapatos no van a quedarte nunca bien, tampoco esa persona va a convertirse de pronto en lo que deseas. Por eso es imperativo que dejes de perseguir el amor.

Cuanto más tiempo dediques a perseguir a las personas inadecuadas para ti, más va a costarte encontrar a la adecuada. *Déjalas* ignorarte y *déjate* pasar página.

Deja de perseguir la fantasía de lo que alguien podría ser. Deja de volcar tu tiempo y energía en gente que no te devuelve el esfuerzo. Deja de intentar explicarles que su conducta hacia ti es irrespetuosa. Deja de regalar tu amor a aquellos que no te regalan el suyo. Deja de excusar a aquellos claramente no interesados en ti. Deja de perseguir a gente a la que no le gustas. Dejar de jugar este juego.

Sí, el mundo de las citas es duro y difícil. Sí, es normal que tus emociones te desborden al pasar por él. Sí, el rechazo duele. Y sí, el sexo es increíble, estar con esa persona es divertido y te encanta no ser el único soltero de tu grupo de amigos. Sí, es genial estar con alguien a quien pareces interesarle y tener planes chidos cuando llega el fin de semana o simplemente algo por lo que ilusionarse. Y sí, habrá momentos en los que esa persona parezca la adecuada, pero el momento no.

Recuerda que encontrarás a la persona adecuada diciéndoles no a las inadecuadas. Así que cuanto antes digas que no, antes terminarás con el amor de tu vida. La teoría *Let Them* te ayudará a buscar la relación de pareja que te mereces, pues te obligará ser completa y bestialmente honesto contigo mismo sobre tu situación y sobre quién es la otra persona y qué siente de verdad por ti.

ABRE LOS OJOS: NO LE GUSTAS

La única forma de darse cuenta de quién es alguien y de qué significas para él en la vida es observando su comportamiento. Olvídate de todo lo que te diga: fíjate solo en lo que haga. Sé que esto puede costarte mucho, porque, sobre todo al principio, las emociones y las hormonas impregnan cada milímetro de la situación, por lo que pueden enturbiar tu capacidad de identificar cómo te está tratando la otra persona.

Una pregunta muy útil que hacerse a uno mismo para ver más allá es: «Si a uno de mis mejores amigos lo estuvieran tratando así, ¿qué me parecería?».

Uno de los principios fundamentales de la teoría *Let Them* es que las conductas ajenas nos muestran exactamente qué significamos para alguien de verdad. Necesito que entiendas que en este tema solo existe el blanco o el negro: o eres una prioridad para la otra persona o no. No hay grises.

Déjalos mostrarte quiénes son.

Si estás ocupado persiguiendo a alguien, no te permites ver la realidad. Pero quiero que te quede claro que, si alguien te manda señales contradictorias, significa que no está interesado en ti. Estas señales no son contradictorias como tales. Te están dejando, en realidad, bastante claro que no eres su prioridad, sino una conveniencia.

Por ejemplo, si la persona en concreto te escribe sin parar, pero nunca te cita, no está interesada. *Déjala* escribirte sin parar. O si quiere verte cada vez que pasa por la ciudad, pero no intenta mantener el contacto cuando vuelve a irse, no quiere nada más que sexo. *Déjala*. La otra persona no es el problema: lo eres tú, pues no valoras tu tiempo lo suficiente como para aceptar que esto no va a ningún lado.

Si te encuentras en esta situación, necesitas aplicar la segunda parte de la teoría *Let Them*, la parte en la que asumes tu propia responsabilidad. *Déjate* abrir los ojos y ser sincero contigo mismo. *Déjate* entender que, cuanto más persigas a esa persona, cuanto más tiempo le dediques, cuanto más te aferres a esa fantasía que solo existe en tu mente de que en algún momento se dará cuenta de que están hechos el uno para el otro, menos probabilidades vas a tener de conocer a alguien que de verdad quiera embarcarse en una relación.

Déjate respetarte lo suficiente como para aceptar que esto no va a ningún lado. Cuando alguien te tome el pelo o te confunda, déjalo. Siempre está en tu mano el poder de cortar el contacto. Ahora mismo, sin embargo, eres parte del problema, porque estás permitiendo que te traten así. Si estuvieras en una relación de pareja positiva y llena de amor y esta misma persona en cuestión te escribiera para una aventura, ¡pondrías los ojos en blanco! Es el momento, pues, de que admitas tu propia parte de culpa y recuperes tu poder.

Déjate recordarte que no deseas seguir quedando con alguien que no quiere nada serio contigo. Una de las claves de una relación sana es que todo en ella es mutuo. El esfuerzo es mutuo, el respeto es mutuo; los sentimientos, la atracción, el interés: todo es mutuo.

Si no paras de excusar el comportamiento de alguien... para, por favor. *Déjalos* demostrarte quiénes son en realidad. *Déjalos* revelarte si de verdad quieren estar contigo, si de verdad les importas.

Lo que hace que las citas sean tan confusas es que te niegues a aceptar que no les importas tanto como te gustaría. Nos ha pasado a todos, y sí, es duro no sentirse correspondido, pero no puedes controlar a quién eligen querer los demás.

No malgastes tu tiempo intentando encajar en donde no encajas, convertirte en otra persona, o cambiar por alguien, solo para poder estar con una persona que en realidad no te quiere.

Es muy fácil caer en esta trampa al principio de una relación, creer que la otra persona es la adecuada para ti, incluso si algo en ti intenta avisarte de que no lo es. Es fácil esperar ciegamente que sientan lo mismo que tú, o pensar que te querrán si cambias solo un poco. Es fácil aferrarse a la fantasía de ser amado, incluso cuando no se parece a la idea que tenías en mente. Es fácil autoengañarse con que no estarán viendo a nadie más, aunque no hayan cerrado la relación porque te hayan dicho que «no les gustan las etiquetas». Es fácil caer en una relación insatisfactoria solo para poder dejar de ser el «amigo soltero». Sí, todo esto es lo más fácil en el momento, pero a largo plazo te romperá el corazón.

La angustia emocional, la pérdida de uno mismo, la inseguridad constante, la desazón ante el hecho de que quizás nunca quieran comprometerse... nunca vale la pena. Te lo repito: si le gustas, lo sabrás, y si no, solo te sentirás confuso.

Déjalos no responderte a los mensajes. *Déjalos* hacerte promesas estando borrachos. *Déjalos* desaparecer abruptamente por la mañana y nunca ir más allá del «me encantaría volver a verte». *Déjalos* confundirte, enfurecerte, mandarte señales contradictorias. Debes dejar que sus acciones sean el mensaje.

La parte de dejarlos es la más fácil de las dos. La dura es la de dejarte a ti mismo, porque lo cierto es que no quieres ver la verdad. *Déjate* darte cuenta de quiénes son. *Déjate* aceptar la realidad que te muestran con sus actos: que no eres una de sus prioridades. Deja de perseguir el amor de gente que, claramente, no desea comprometerse contigo.

Si no se esfuerzan por ti, no merecen que tú lo hagas por ellos.

CAPÍTULO 19

CÓMO LLEVAR TU RELACIÓN AL SIGUIENTE NIVEL

Puede que pienses: «Pero, Mel, la otra persona sí me da la atención que me merezco. Sé que le gusto porque me lo ha dicho y me lo demuestra con sus actos…, excepto por un detalle muy importante: no quiere comprometerse conmigo».

Esta es una situación muy común que puede manifestarse de varias maneras: quizás la otra persona no quiera que tengan una etiqueta, que formalicen la relación, que sean oficialmente pareja, que se muden juntos, o que se comprometan o se casen.

Si te encuentras en esta circunstancia, lo primero que debes preguntarte es: «¿Suelo fijarme en gente que no desea comprometerse? ¿Es, pues, un patrón mío? ¿O es algo que solo me ha pasado con esta persona?». A continuación, vamos a profundizar en estos dos temas por separado, pues son dos problemáticas diferentes.

SI SIEMPRE TE FIJAS EN GENTE INADECUADA

Si siempre terminas fijándote en aquellas personas que no desean comprometerse o que no están disponibles, lo más probable es que no sea una coincidencia, sino que signifique que tienden a atraerte los individuos que crees que puedes cambiar o conquistar, o con los que no puedes comprometerte porque ya tienen pareja o simplemente no están disponibles emocionalmente.

Si piensas que puede ser el caso, hazte las siguientes preguntas: ¿sueles salir con gente que nunca se compromete? ¿Sueles ser la novia que tienen antes de conocer a su futura esposa? ¿Sales con personas en las que no confías del todo, que son celosas o controladoras? ¿Tiendes a seguir acostándote con alguien esperando que lo suyo se convierta en algo serio? ¿Sales con gente con problemas de los que crees que puedes salvarla? ¿O con gente que te sea infiel o que le sea infiel a otra persona contigo? Cuando tus relaciones acaban explotando, ¿sueles decirles a tus amigos que la otra persona estaba loca?

Si cualquiera de estas cosas se acerca a la verdad, es hora de que seas honesto contigo mismo: te encanta la persecución. Es un patrón y es un problema. Tus relaciones se desarrollan en gran medida como una fantasía en tu mente, porque vives en la idea de lo que podría ser, no en la realidad.

Este patrón seguirá repitiéndose a menos que lo rompas. Las investigaciones demuestran que las personas tendemos a elegir perseguir de forma inconsciente al mismo tipo de individuo una y otra vez, basándonos en relaciones anteriores y experiencias de la infancia.

Por ejemplo, un estudio de la Universidad de Alberta concluyó que, tras la fase de luna de miel inicial, una nueva relación tiende a seguir exactamente los mismos patrones que relaciones anteriores.

El estudio, que duró ocho años, demostró así que tendemos a aplicar las mismas dinámicas en nuevas experiencias, evitando de esta forma abordar los problemas que caracterizan a cada relación... lo que, a su vez, crea de nuevo el mismo patrón de relación roto.

Si todo esto te suena, deberías ir a terapia para comprender tu pasado y llegar a la raíz de tus problemas, porque estos no van a desaparecer solo porque estés en una relación. De hecho, si no los solucionas, vas a seguir persiguiendo relaciones inadecuadas y espantando las sanas. Embarcarte en otra relación no solo no es la respuesta, sino que lo único que vas a lograr es empeorar tus problemas.

Necesitas estar soltero.

Espera, un momento, voy a decírtelo otra vez: necesitas estar soltero.

Si de verdad quieres arreglar esto para poder estar en un futuro en una relación sana y llena de amor, tienes que estar dispuesto a quedarte soltero durante por lo menos un año mientras te centras en ser feliz por ti mismo y comprender y sanar tus problemas.

Ahora quizás pienses: «Pero, Mel, no quiero estar soltero, y tampoco me parece que sea un problema como tal. Simplemente, es que no he conocido a la persona adecuada. No soy yo: son los demás. Solo tengo que fijarme esta vez en alguien distinto».

No. El problema eres tú. Aunque me acabo de dar cuenta justo ahora de que vas a pensar que eres la excepción a este estudio.

¿Te acuerdas de por qué en un capítulo anterior hablamos de que la doctora Sharot afirma que es imposible convencer a alguien de que cambie? Porque todo el mundo se cree la excepción, precisamente lo que te está pasando a ti ahora mismo.

Si sueles seguir el patrón de perseguir el amor, pero nunca alcanzar un compromiso sano, entonces no eres la excepción: eres el problema. El mayor reto al que vas a tener que enfrentarte a continuación es a ser capaz de reconocer que esto es un patrón que necesitas arreglar, y que implicarte en otra relación solo te alejará más de la solución.

Te mereces vivir una historia de amor preciosa, pero no lo harás hasta que no descubras la raíz de por qué siempre persigues gente que no te conviene o que no va a estar dispuesta a comprometerse contigo.

Y te lo digo desde el cariño.

Ahora veamos cómo usar la teoría *Let Them* en situaciones en las que estás conociendo a alguien o en una relación y quieres pasar al siguiente nivel, pero no tienes claro si la otra persona querrá o cómo sacar el tema de la forma correcta.

LA CONVERSACIÓN SOBRE EL COMPROMISO

En todas las relaciones llega un momento en el que nos preguntamos adónde está yendo el asunto o si las personas implicadas queremos lo mismo. En cuanto empezamos a sentirnos así, significa que es hora de tener una conversación al respecto.

Nunca te sientas mal por pedir aquello que te mereces. Con algo tan importante como el compromiso hay que ir de frente. Después de todo, ser capaces de mantener una conversación sincera es la base de una relación sana.

Así que no temas este momento. Si la relación debe proseguir, una conversación como esta solo reforzará su conexión. Una comunicación honesta solo destruye lo que es falso.

La forma en que voy a enseñarte a enmarcar esta conversación es idea de mi amigo Matthew Hussey, un autor superventas que lleva más de diecisiete años ayudando a la gente a sentirse más segura en sus relaciones. Su canal de YouTube es el número uno del mundo en consejos románticos, con más de 500 millones de visitas.

En la fase de investigación de este libro le pregunté a Matthew los errores que la gente comete a la hora de intentar llevar la relación al siguiente nivel, y me contó una historia personal muy conmovedora.

Cuando Matthew conoció a su futura mujer, Audrey, salía también con otras personas; además, ambos vivían en ciudades distintas y era algo muy casual. Me confesó (con Audrey sentada a nuestro lado) que estaba jugando con ella. Hasta que ella tuvo con él una conversación estructurada de una manera muy particular, la cual lo tomó completamente desprevenido.

Audrey no intentó hacerlo sentir mal. No le dijo cuánto le gustaba ni que se estaba enamorando de él. De hecho, la conversación directamente no giró en torno a Matthew, sino que estuvo centrada en la valía del tiempo de ella y en lo que ella estaba buscando.

Tras contarme esta historia, Matthew afirmó que el error número uno que la gente suele cometer al intentar llevar la relación al siguiente nivel es centrarse en la otra persona, en lugar de en aquello que desean ellos en la vida y en la valía de su propio tiempo. Y funcionó, porque formalizaron la relación y se comprometieron de inmediato, y ahora están casados y son socios del negocio.

Matthew me explicó lo que aprendió de la experiencia, cómo enseña ahora esta técnica y cómo puedes usarla tú.

Al igual que con el bucle del ABC, es importante que no mantengan esta conversación en un bar, por teléfono o cuando estén cortos de tiempo, y, por supuesto, ni siquiera te plantees la posibilidad de tenerla por mensaje. También es imprescindible no esperar de esta conversación que ambas partes acaben queriendo las mismas cosas. Tu objetivo con esta charla es aclararte, porque has llegado a un punto en el que sabes que, si esto no va a ninguna parte, no deseas dedicarle más tiempo.

Es decir, la meta no es obtener la respuesta que quieres escuchar, sino conocer la verdad de la situación. No se trata de una conversación especialmente emotiva: se trata de saber lo que merece la pena y lo que no. He aquí la recomendación de Matthew, pero siéntete libre de adaptarlo a tu circunstancia:

> Me ha gustado mucho compartir este tiempo contigo, pero me conozco y sé que, en realidad, estoy buscando un compromiso. Quería hablar contigo porque me gustaría saber si ambos pensamos igual sobre hacia dónde está yendo esto. Valoro mi tiempo y mi energía y no quiero dedicárselos a alguien si la relación no va a pasar al siguiente nivel. Y ese es el punto en el que me encuentro contigo. Me lo paso muy bien cuando estamos juntos, pero solo quiero seguir con esto si vamos en serio. Si no te sientes de la misma forma, gracias por el tiempo que me has dedicado hasta ahora. Simplemente me conozco y busco esforzarme por gente que quiere las mismas cosas que yo.

Guau. Ojalá hubiera sabido esto cuando tenía citas. Lo que más me sorprende del enfoque de Matthew y Audrey es su naturalidad.

Mientras lo lees, ¿no crece tu respeto hacia la persona que lo dice? ¿No admiras la forma en que valora su tiempo y energía? ¿Y te has dado cuenta de que no hace sentir mal a la otra persona?

No la hace sentir culpable ni la acusa de nada ni intenta darle pena. Son solo dos adultos pasándoselo bien y uno de ellos siendo claro acerca de lo que quiere en la vida.

¿Acaso no es algo digno de respetar? ¿No deseas de repente valorar tanto tu tiempo? Por supuesto que sí. ¿Y no te gustaría estar con alguien que valore su tiempo y energía de esta manera, y que vaya de frente con sus intenciones?

Además, ¿te has dado cuenta de que el discurso no presenta ninguna expectativa? Al revés: le deja a la otra persona la puerta abierta para negarse.

Aquí viene lo duro: a veces, la persona a la que tú elijas no te elegirá a ti. Será horrible y te desanimarás…, pero terminarás estando bien. Y, además, y aquí está la clave, incluso si te rechazan, podrás decidir qué hacer luego.

Si te dicen que no quieren mudarse contigo a la ciudad donde te criaste, que no quieren formalizar la relación, que no quieren casarse o tener hijos, te han dado todo lo que tenían que darte. Y punto.

Déjalos.

Como le gusta decir a mi amiga Sarah Jakes Roberts, escritora y pastora: «¿Son estas sobras en la mesa lo que estás dispuesto a aceptar o buscas una comida de cinco estrellas?».

Si quieres seguir con la relación después de saber que la otra persona no busca las mismas cosas que tú, es cosa tuya. Es más, si eliges seguir con alguien que no desea comprometerse contigo, deberías llamar a tu psicóloga, porque significa que hay algo en ti que analizar. Al fin y al cabo, ¿por qué quieres seguir en una relación sin compromiso? ¿Por qué deseas seguir con alguien que no busca lo mismo que tú?

Sé que da miedo estar solo y que es horrible pensar que acabas de «perder» seis meses. Sé que es tentador aceptar las migajas de la mesa antes que volver al mundo de las citas. Puede que creas que nunca encontrarás el amor, que nunca conocerás a alguien tan inteligente, tan divertido, tan atractivo, agradable o bueno en la cama como esa persona que te da miedo dejar. Pero te equivocas. No es verdad.

Así que no aceptes las migajas de nadie.

Sé valiente. Decir que no a las situaciones inadecuadas es el camino que te llevará a conocer a la persona adecuada. *Déjalas* revelarte quiénes son y qué quieren, y después céntrate en la segunda parte de la teoría *Let Them*.

Déjate cortar una relación con alguien que no está dispuesto a comprometerse.

Déjate confiar en que este es otro paso para elegir el amor que mereces.

Déjate de perseguir fantasías y ver la realidad tal cual es.

Déjate creer que cada vez estás más cerca de la persona adecuada para ti.

Déjate recuperar tu poder, porque el amor de tu vida se encuentra justo al doblar la esquina.

CAPÍTULO 20

CADA FINAL ES UN BONITO COMIENZO

Un tema que no cesaba de aparecer en la fase de investigación de este libro era cómo saber cuándo los problemas de una relación eran algo posible a resolver versus cuándo eran algo simplemente a aceptar.

¿Cuándo es normal sobrepensar, sentir frustración, discutir, y cuándo es señal de que algo está roto? ¿Cuándo debemos simplemente «dejarlos» y cuándo debemos admitir la cruda verdad de que la relación ya no nos conviene o no funciona?

Después de casi treinta años de matrimonio, puedo afirmar que la mutualidad de sentimientos y esfuerzos y el compromiso son fundamentales para el éxito de una relación. Nadie es perfecto, por lo que tampoco lo es ninguna relación, y todas y cada una de las relaciones cambian con el tiempo.

En una relación a largo plazo habrá épocas increíbles y otras tremendamente difíciles. Todas las parejas que logran que su relación funcione coinciden en dos cosas: primero, ambas partes desean que la relación funcione, por lo que están dispuestas a trabajar para lograrlo; y segundo, los temas que causan problemas no requieren que ninguno de los dos renuncie a un sueño ni transija sus valores.

Así que, si estás preguntándote si te encuentras en la relación adecuada, es bueno porque significa que quieres estar con alguien que saque lo mejor de ti y que trabaje a tu lado para crear una vida maravillosa.

Una de las peores cosas que yo he experimentado en este tema es estar con alguien muy buena persona, pero saber en el fondo que no era la adecuada para mí. O, en un par de casos, estar con una persona realmente increíble, si bien tenía la cabeza en otro sitio, por lo que era yo la inadecuada para él. De hecho, no tenía que estar en ninguna relación. (Estoy pensando en las disculpas que ya les he pedido a mis exnovios de la universidad. Con veintipocos tenía muy mal amueblada la cabeza, y, vaya, me comporté de maneras que lamento de verdad).

Admitir que una relación no funciona es, a veces, una de las cosas más difíciles de hacer en el mundo, sobre todo si estás enamorado de la otra persona. Sin embargo, en muchas ocasiones no resulta obvio cuál es el problema. Simplemente sabes, en el fondo, que hay algo que no encaja.

AMA LA PERSONA, NO SU POTENCIAL

Siempre que te cuestiones si estás en la relación adecuada para ti, pregúntate: «¿Puedo aceptar a esta persona tal y como es y aun así quererla?».

Es decir, ¿de verdad estás enamorado de tu novio, novia, mujer, marido por quién es ahora mismo? ¿O le quieres por cómo era hace tiempo o por cómo crees que podría llegar a ser?

Incluso si hay cosas concretas que te molestan de tu pareja, muchas veces no tienen por qué ser decisivas, ya que puedes aprender a aceptarlas. De hecho, si quieres que la relación prospere, ese es exactamente el trabajo que tendrás que hacer.

Déjalos.

Por ejemplo, tal vez no soportes que tu pareja haya empezado a vapear, que no se cuiden, que sea vaga, que no planee nada, que nunca quiera hacer cosas, que no quiera mudarse a una nueva ciudad, que no desee viajar fuera del país en las vacaciones o que el sexo —cuando ocurre— sea aburrido.

¿Puedes, a pesar de ello, quererla? Pues la realidad es que tal vez nunca cambie. Es más, tal vez ni siquiera desee hacerlo.

Recuerda una de las claves de este libro: la gente hace lo que quiere hacer. Sí, puedes influir en sus decisiones; ya lo hemos visto. Pero si sigues deseando que cambien y no lo hacen, no solo su amor se debilitará, sino que se creará resentimiento entre ambos.

Si de algo me he dado cuenta en el tema de las parejas es que, cuanto más tiempo están dos personas juntas, más quieres que el otro se te parezca. Eso no es justo. Sé honesto al respecto contigo mismo: ¿quieres que tu pareja sea como tú o es que no está satisfaciendo tus necesidades fundamentales en la relación? Esto es muy importante porque, según las leyes de la naturaleza humana, deberías dar por hecho que la otra persona no va a cambiar nunca.

Déjalas ser. En lugar de guardarles rencor o criticarlas a sus espaldas, conviértete en la persona madura de la relación, dispuesta a dar amor. En este sentido, o aceptas a tu pareja tal como es y dejas de intentar que se parezca a ti o le comentas qué necesitas y por qué de forma efectiva, pero cariñosa.

Puede que la otra parte ni siquiera sepa que te sientes así o que estás molesta, o no se imagina lo importante que es eso para ti, o lo sabe, pero no cómo solucionarlo.

Así que en vez de pasarte otro año más sobrepensando y dudando de si tu pareja es la adecuada para ti, mantén con ella una conversación utilizando el bucle del ABC. Recuerda que se basa en los siguientes pasos:

a. *Apologize*: discúlpate y haz preguntas abiertas.
b. *Back off*: apártate y observa su comportamiento.
c. Celebra sus avances mientras sigues ejemplificando el cambio.

Cuando usamos el *déjate* para inspirar el cambio ajeno, debemos hacerlo con la esperanza de que la otra persona puede cambiar porque la queremos y queremos una vida mejor para ella, porque deseamos que la relación funcione y porque el asunto nos importa. Pero no debemos hacerlo jamás bajo la expectativa de que dicha persona tenga que cambiar.

Después de todo, incluso cuando nos apoyamos en la ciencia para influir en alguien, esa persona sigue teniendo el control de lo que elige decir, pensar y hacer. Asegúrate, pues, de esperar al menos seis meses sin transmitirle energías negativas a la vez que sigues ejemplificando el cambio y celebrando sus avances.

Déjalas ir a su ritmo.

¿Por qué seis meses? Porque es tiempo suficiente para que tu energía cambie y la otra persona se sienta de repente inspirada para implementar el cambio y crea que ha sido idea suya.

¿Te acuerdas del caso de mi amiga y su marido? Ella estaba preocupada por su salud, lo que, por mucho que quisiera a su esposo, la hacía dudar de si era la persona adecuada para ella. ¿Podía seguir casada con alguien que no se cuidaba?

Pues hace poco decidió usar la teoría *Let Them*. De esta forma, mi amiga empezó a salir a caminar cada mañana y a relacionarse con él desde la positividad y la alegría; a la vez que le da espacio y no lo presiona, también lo abraza y lo halaga siempre que él hace algo de deporte.

Y ahora le queda esperar. Una de las peores cosas de esperar, de simplemente «soltar», es cuando nuestros seres queridos se quejan de las consecuencias naturales de sus actos sin cambiar todavía de actitud. Como todo el dinero que se gastan en vapear (y no dejan de hacerlo), o lo mucho que odian su trabajo (pero ni siquiera se han puesto a buscar otras opciones), o lo mal que se encuentran anímicamente (y siguen negándose a ir a terapia).

Mi amiga, por ejemplo, me contó que el otro día su marido se quejó de que durante un partido de *pickleball* con sus amigos se había sentido tan cansado que había tenido que abandonarlo.

Cuando alguien que queremos se queja, nuestra tendencia es buscar tranquilizarlo. No lo hagas. Deja que el lamento se quede suspendido en el aire. No respondas.

Déjalos notar el silencio. No digas nada. *Déjalos* transitar sus propias emociones. Deja que la falta de respuesta haga el trabajo por ti. *Déjalos* encarar las consecuencias de sus actos. *Déjalos*.

Y luego entra en la segunda parte de la teoría y hazles preguntas abiertas: «¿Te molesta? ¿Hay algo que te gustaría hacer para cambiarlo?». Como ya hemos aprendido gracias al doctor K, las preguntas abiertas son lo que los investigadores denominan «entrevista motivacional», la cual lleva a la persona a reflexionar sobre el conflicto entre lo que realmente quiere en su vida y su comportamiento actual.

LA DECISIÓN FINAL

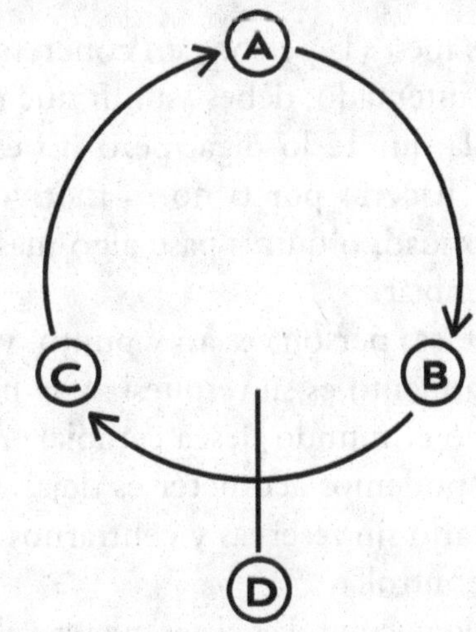

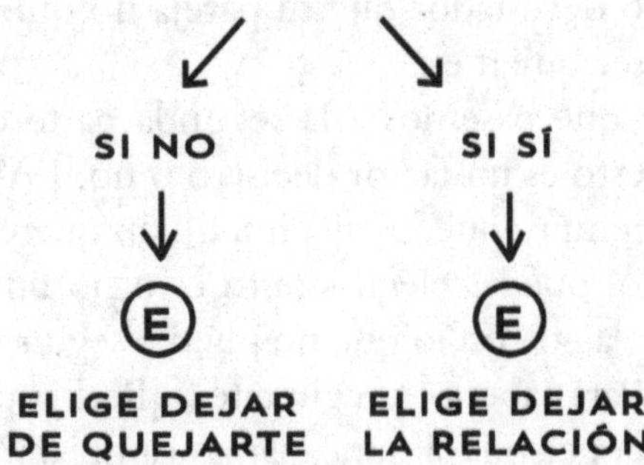

Pero ¿qué pasa si sigues el bucle del ABC y esperas durante meses pacientemente y nada cambia?

En este caso, lo que el comportamiento de tu pareja te está demostrando es que no quiere cambiar. Por ende, tienes una decisión que tomar. Recuerda que, después de todo, siempre tienes poder si te centras en tu respuesta.

Tras seguir el bucle del ABC y no obtener resultados, es momento de pasar a las partes D y E.

Paso d: DECIDE SI ES UN FACTOR DECISIVO O NO

Si después de unos meses la persona en concreto no ha cambiado o ni siquiera lo ha intentado, debes asumir que nunca va a hacerlo. Siento ser yo la que te lo diga, pero no está preparada: no quiere hacerlo. Y hacerlo por ti no es motivo suficiente. Para ella no es una prioridad, o quizás pase algo más que no sabemos y es incapaz de cambiar.

O quizás es que esa persona es así y punto, y eso también está bien. Su comportamiento es su respuesta y la ha dejado clara.

Déjala. No todo el mundo desea cambiar. A veces, el mejor acto de amor que podemos acometer es dejar de intentar «arreglar» al otro, aceptarlo sin reservas y centrarnos en aquello que sí está bajo nuestro control.

Y lo que está bajo tu control es elegir querer a alguien tal como es.

Sé que no es justo. Sé que es una gran decepción y es frustrante e incluso devastador que tu pareja no quiera cambiar por ti. Pero *déjala* ser quien es.

Es hora de que pasemos a la segunda parte de la teoría, de que decidas si esto es un factor decisivo o no, PARA TI, porque recuerda que siempre puedes elegir a quién querer y cómo.

Por lo tanto, puedes elegir si esto es o no un factor decisivo para ti, es decir, algo con lo que no puedes seguir viviendo el resto de tu vida. Para saberlo, pregúntate: «¿Podría pasar el resto de mi vida con esta persona si nunca jamás cambiara?».

Ya sea la respuesta «sí» o «no», avancemos al paso E, porque es momento de elegir qué quieres que termine, si la relación o tus quejas, para que la situación mejore.

Paso e: ELIGE DEJAR DE QUEJARTE O DEJA LA RELACIÓN

Ya aceptaste que tu pareja no va a cambiar. En ese aspecto te encuentras en un callejón sin salida y debes elegir si puedes vivir con ello o no. Es decir, debes elegir entre terminar la relación o dejar de darle importancia a eso que te molesta.

¿Puedes dejar de quejarte de ello de verdad? ¿Incluso para tus adentros? ¿Puedes dejar de echárselo en cara, de actuar de forma pasivo-agresiva, de desahogarte sobre el tema con tus amigos?

Si eliges seguir con tu pareja, le debes tanto a la otra persona como a ti mismo el aceptarla tal como es. Fíjate, por ejemplo, en mi matrimonio: a Chris le vuelve loco mi TDAH, y lo entiendo, porque soy un desastre la mayoría del tiempo. Dejo los platos en el fregadero o amontonados en mi escritorio, pierdo todo el tiempo las llaves, mis cosas acaban esparcidas por todo el baño y siempre que tenemos que ir a algún sitio llego tarde. Chris suele esperarme sentado en el coche mientras yo corro de un lado a otro como una loca buscando algo que no encuentro... y esto es solo la punta del desorganizado iceberg que soy.

A lo largo de los años, Chris me ha sacado el tema varias veces y hemos mantenido incontables conversaciones sobre ello. Sobre cómo dejo pañuelitos sucios en la encimera y me olvido de tirarlos a la basura («Es asqueroso, Mel») o sobre lo nervioso que lo pone que lo ignore por estar con el teléfono («¿Me estás escuchando acaso?»).

Sé que mi conducta le hace sentir que yo no respeto su tiempo o no me preocupo por cómo mi caos le afecta.

He intentado cambiar, pues me encantaría hacerlo. Sigo trabajando en ello. Pero no lo consigo: sigo llegando tarde siempre, lo pierdo todo y desordeno algo y me olvido de limpiarlo. Es una característica de mí misma que yo también odio. ¡Cuánto me gustaría chasquear los dedos y cambiarlo!

Chris es puntual, organizado, tranquilo, predecible. Siempre ha sido así y siempre lo será. Y sé que le encantaría que me pareciera más a él, pues su vida sería más fácil y se sentiría más apoyado y respetado.

Pero las relaciones consisten en aprender a cómo querer a alguien tal como es, no como a ti te gustaría que fuera. La teoría

Let Them nos enseña a ver a los demás por quienes son y, por ende, a entender que depende de nosotros decidir qué aceptar y qué no. Así es como ostentamos nuestro poder: a través de nuestras respuestas.

Además, al elegir aceptar las cosas que nunca van a cambiar, empezamos a fijarnos en otras que hemos dado por sentadas. Por ejemplo, aunque hay cosas de Chris que antes solían molestarme, valoro mucho el buen corazón que tiene, lo mucho que se puede confiar en él y lo tranquilo que es. Antes no sabía siquiera que necesitaba eso en una relación. Él, por su parte, valora mi indómito entusiasmo, mi feroz lealtad y mi sentido del humor.

Este es el motivo de que, a pesar de que ciertas conductas mías lo saquen de sus casillas, no son un factor decisivo. Chris ha decidido que todo lo que le aporto como compañera supera las molestias creadas por mi TDAH. Esto significa que ha aceptado que voy a seguir siendo así el resto de mi vida, hasta el punto de que también ha aprendido a reírse y a vivir con ello. Chris me deja ser yo.

La teoría *Let Them* ha fortalecido de esta forma mi matrimonio, enseñándome a mí a aceptar a Chris tal como es y a no quejarme de lo que no… y viceversa.

Y eso es lo que tú también puedes lograr en tus relaciones. En el caso de mi amiga y su marido, puede significar que, por ejemplo, cuando ella se despierta temprano para hacer deporte mientras él sigue durmiendo, se viste en silencio en lugar de dar un portazo como solía hacer antes.

Este ejemplo es importante para que entiendas que elegir querer a alguien tal como es va más allá de dejar de quejarse: consiste en demostrarle a través de tu conducta que lo quieres por quien es, desde la amabilidad y la consideración.

¿DE VERDAD ERES COMPATIBLE CON TU PAREJA?

Antes te hice la pregunta de si serías capaz de seguir con tu pareja durante el resto de tu vida si nunca jamás cambiara. Bueno, pues ¿qué pasa si tu respuesta es «No lo sé» o «No»?

Si no puedes dejar a un lado ese aspecto de la otra persona que te molesta, entonces no puedes ni aceptarla ni quererla tal como es.

Y no es agradable para ninguna de las dos partes que no seas capaz de dejar de dar portazos cuando ves que no se despierta o de ser pasivo-agresivo cuando otra vez llega tarde.

Terminar o no una relación es una decisión profundamente personal que solo tú puedes tomar. En el caso de mi amiga y su marido, no es muy difícil tomarla, pues los hábitos insanos de él no son para ella, que lo ama, un factor decisivo; ni siquiera se acercan.

Mi amiga sabe que para que la relación funcione, ella tiene que esforzarse en aceptarlo y en cambiar su forma de actuar, aportando más empatía y amabilidad a la dinámica entre ambos. Puede seguir intentando inspirarlo a cambiar, pero debe soltar todas las expectativas y las quejas. Es ella quien debe mejorar su actitud, no él. Pues, como él no va a cambiar su forma de ser, debe ser ella quien cambie para que la relación mejore.

Sin embargo, una cosa que les preocupa a muchas de las personas que usan la teoría *Let Them* para determinar si están con la pareja adecuada es la cuestión de la compatibilidad. Hay una diferencia entre estar comprometido con alguien y ser compatible con él.

Es muy común enamorarse y sentir que se está en la relación más increíble del mundo... y con el tiempo que ambas partes vayan en diferentes direcciones, quieran cosas distintas o se den cuenta de que ya no son las mismas.

Cuando esto sucede, es algo muy duro, porque normalmente no es que se hayan desenamorado, sino que ya no encajan tanto como antes.

Antes afirmé que para que una relación dure en el tiempo hacen falta dos cosas:

1. Que las personas implicadas quieran que la relación funcione y que, por ende, trabajen para lograrlo.
2. Que los asuntos que dan lugar a problemas no requieran que ninguna de las partes renuncie a sus sueños ni transija sus valores.

Puede que te encuentres en una situación en la que tanto tu pareja como tú quieren que la relación funcione y están dispuestos a trabajar en pos de ello. No obstante, cuando no se es compatible, existen posibilidades de que la relación no funcione, independientemente de lo mucho que se esfuercen para lograrlo.

Esta es, cuando ocurre, una de las cosas más tristes y difíciles de asumir en el amor, y una elección profundamente personal.

Por ejemplo, pongámonos en el caso de que estás enamorado y comprometido con alguien británico que quiere volver a vivir en Londres, pero tú siempre has deseado vivir cerca de tu familia, en Atlanta. O un caso muy típico: uno de ustedes quiere hijos y el otro no.

Pueden hablarlo, pelear, entender el punto de vista del otro. Pueden discutir los pros y los contras, darle mil vueltas al tema, pero nunca llegar a un acuerdo. Pueden llevar años diciendo: «No tenemos por qué decidirlo ahora».

Pero el ahora ya llegó y siguen en un callejón sin salida.

Tu pareja quiere mudarse; tú no.

Tú quieres hijos; la otra persona no.

Ambos están enamorados y comprometidos..., pero puede que simplemente no sean compatibles.

¿Cómo saber, pues, que esto es realmente un problema?

Veamos cómo averiguarlo. Tomemos el ejemplo de que tu pareja siempre ha querido volver a vivir en Londres, y tú, estar cerca de tu familia en Estados Unidos. ¿Te arrepentirás más de cortar la relación o de mudarte a Londres? Si aceptas vivir en Inglaterra, ¿le guardarás rencor a tu pareja por alejarte de tu familia y amigos?

Ambas opciones van a romperte el corazón. Una implica que renuncies a tu sueño de vivir cerca de tus seres queridos. La otra, que rompas con la persona que hasta ahora ha sido el amor de tu vida.

A la vez, tu pareja está enfrentándose a la misma decisión y al mismo dolor, pero no va a cambiar de idea: desea vivir en Londres. Contigo o sin ti. *Déjala.* Y *déjate* tomar la decisión. ¿Estás dispuesto a comprometerte con la relación?

La cosa es que el 69 por ciento de los problemas que existen en las relaciones son irresolubles. Este dato proviene de una investigación científica de cuarenta años llevada a cabo por los doctores John y Julie Gottman, los investigadores de este tema más famosos del planeta (que además están casados).

Según los doctores Gottman, las parejas pelean sobre todo por cosas que nunca van a cambiar: que uno de los dos siempre llegue tarde a todos lados, que tu pareja no sea tan ambiciosa como te gustaría, que la otra parte se pase el fin de semana entero delante de la tele, que no tengan las mismas aficiones, que la otra persona sea desordenada, demasiado casera o tenga opiniones políticas distintas a ti.

Todos estos son ejemplos de ese 69 por ciento de problemas irresolubles, por eso te corresponde a ti averiguar qué valoras más. ¿Es algo con lo que puedes comprometerte si tu pareja no?

Para algunas personas, mudarse no es un problema. Hay gente que cruzaría el océano con el amor de su vida sin pensárselo un segundo.

Pero, según la investigación de los Gottman, si tu pareja y tú discuten todo el tiempo por lo mismo, seguramente se deba a que tienen personalidades, deseos y sueños muy diferentes. Es decir, que valoran cosas distintas y no tienen la misma idea de cómo vivir el día a día y qué esperan experimentar en la vida. Según los Gottman, casi todos los estancamientos en las relaciones provienen de «sueños incumplidos».

Discute con tu pareja sobre lo de mudarse a Londres o tener o no hijos, pues son problemas importantes. No pueden simplemente dejarlos pasar, ya que están ligados a una idea más general de cómo quieren que sea su vida. Es una decisión muy personal, pero una que vas a tener que tomar.

Mudarse a Londres, por ejemplo, podría ser viable, pero si siempre has querido tener hijos y sabes que vas a terminar arrepintiéndote de no haberlo hecho... Según los Gottman, si para seguir juntos uno de los dos debe renunciar a un sueño, es un problema grave.

¿Y SI HAY ALGUIEN MEJOR?

En la fase de investigación de este libro también me he dado cuenta de que hay mucha gente en relaciones serias que se pregunta: «¿Y si hay alguien mejor por ahí?».

La respuesta es que es algo que nunca sabrás.

Personalmente, creo que esta preocupación nos la han metido en la cabeza la cultura de las citas, las redes sociales y las comedias románticas. Nadie es perfecto. Todos tenemos traumas y problemas que arrastramos, y cuanto mayores nos hacemos, con más cargamos.

Solo tú vives tu vida, por lo que solo tú sabes si no aprecias lo que tienes delante o si tiendes a verlo todo medio vacío. Puede que pienses que la hierba siempre es más verde en otra parte... cuando la realidad es que la hierba es más verde allí donde la riegas.

Lo que me lleva de nuevo a las dos cosas necesarias para que una relación funcione a largo plazo:

1. Que las personas implicadas quieran que la relación funcione y que, por ende, trabajen para lograrlo.
2. Que los asuntos que dan lugar a problemas no requieran que ninguna de las partes renuncie a sus sueños ni transija sus valores.

Llegado cierto punto, vas a tener que elegir. Y quizás eso signifique elegir justo aquello que tienes delante.

Como alguien que lleva casi treinta años casada, te aseguro que todas y cada una de las relaciones pasan en algún momento por alguna época oscura y aterradora. Y ninguna de las parejas que yo conozco que han elegido apoyarse mutuamente y trabajar en sus problemas y obstáculos se ha arrepentido.

Sin embargo, sí conozco bastante gente que se ha divorciado y se arrepiente de no haberse esforzado un poco más en la relación y de no haber tenido el valor de enfrentarse a sus problemas antes.

Puede que, si se hubieran atrevido a tener conversaciones duras o incómodas y a ir a terapia, las cosas hubieran terminado de forma distinta. Porque incluso, aunque aun así no hubiera funcionado, la ruptura (y quizás las secuelas de separarse con hijos) hubiera sido menos dolorosa.

Terminar una relación es una decisión muy personal y muy dura, sobre todo cuando te gustaría que hubiera funcionado. Pero, a veces, uno siente una intuición que le dice que algo simplemente no encaja, y tiene que hacerle caso. O quizás hace ya tiempo que lo sabes, solo que te daba demasiado miedo admitirlo. En ocasiones tenemos que acabar una relación antes de que la relación acabe con nosotros. Si tienes claros tus sueños y deseos, te mereces estar con alguien que te apoye en el camino. Si te quedas con alguien que no los comparta, ambos acabarán pasándola mal.

Aunque, claro, es fácil escribirlo, es fácil decirte «Déjalos». Pero no es fácil romper con alguien a quien todavía quieres. Por eso vas a necesitar más que nunca la teoría *Let Them* para conseguirlo.

CÓMO SOBREVIVIR A UN CORAZÓN ROTO

Quiero hablarle directamente a esa persona que esté pasando por una situación de desamor. Tal vez eres tú, o quizás alguno de tus seres queridos.

Todo lo que voy a compartir ahora proviene de una experiencia muy personal y de la guía de una de las mujeres más inteligentes que conozco: la especialista en psicología profunda, la doctora Anne Davin.

Cuando mi hija Sawyer y yo nos sentamos a trabajar en esta sección del libro, su novio, con quien había estado dos años, terminó la relación. El hombre con el que ella creía que se iba a casar, se marchó. No bromeo. Cuando sucedió, quedó devastada. Por muchos días lloró sin parar, no salió de su habitación ni se duchó. De hecho, quería destruir todo lo que se decía en la sección que acabas de leer. Creo que sus palabras fueron: «Al diablo con la teoría *Let Them*. ¿Qué se supone que debo hacer? ¿*Dejar* que se largue ÉL? ¿*Dejar* que ÉL me termine? ¿*Dejar* que ÉL se acueste con otras personas? ¿*Dejar* que ÉL se enamore de otra? Odio ese consejo».

Lo digo porque escribimos esta parte del libro mientras ella vivía y procesaba esta ruptura en tiempo real. Y lo que están a punto de aprender describe lo que ella sintió y lo que hizo para superar la ruptura. Los consejos combinan la teoría *Let Them* con la experiencia, la investigación y los protocolos de la doctora Anne Davin. Y funciona. Teniendo este contexto, he aquí lo que quiero que sepan.

Un corazón roto es una de las peores cosas que podrás sentir jamás. Pero lo superarás.

Lo peor que se le puede decir a alguien cuya relación acaba de terminar es que se centre en quererse a sí mismo. Es el peor consejo del mundo, porque cuando estamos atravesando una ruptura solemos odiarnos a nosotros mismos.

Dudamos de todo. Nos preguntamos si volveremos a enamorarnos alguna vez. Echamos de menos nuestra antigua vida y deseamos que las cosas vuelvan a ser igual. Anhelamos lo que teníamos. Nos sentimos como si el corazón se nos estuviera rompiendo, porque es así.

Lo que sientes es duelo. La vida que pensabas que ibas a vivir ha muerto. Cuando estamos en una ruptura, atravesamos todas las fases del duelo, las mismas con las que tendríamos que lidiar si un ser querido hubiera muerto. Vas a estar mal. Durante días, semanas e incluso meses, no harás más que pensar en la que era tu pareja.

Tendrás que resistirte día tras día, todo el día, a las ganas de enviarle un mensaje, de llamarla, de escuchar sus notas de voz, de mirar sus fotos, de meterte en sus redes sociales.

Hablando de esto con mi psicóloga, Anne, me dijo:

> Duele tanto porque todo lo relacionado con la que era tu pareja está entrelazado en tu sistema nervioso. Han sido el uno parte del otro mucho tiempo; por eso puedes todavía notar su presencia y escuchar su voz. Estás acostumbrado a hablar con la otra persona todos los días, así que es normal que quieras saber de ella. Sí, la echas de menos, y tu sistema nervioso más, pues sus experiencias vitales estaban entrelazadas. Es normal, pues, sentirse así.

Esta es la explicación neurológica, fisiológica y neuroquímica de una ruptura. Cuando caminas por la calle o estás conduciendo, te imaginas que esa persona está a tu lado. Cuando se te ocurre algo, casi te parece oír lo que te respondería. Si te pasa algo bueno, si algo cambia, te apetece contárselo.

Todo esto no se debe solo a que estés sufriendo, sino a los patrones que hay instaurados en tu vida: tu sistema nervioso, tus pensamientos, las imágenes que atesora tu corazón, las canciones que escuchaban juntos. Cuando te estés vistiendo para el trabajo, cuando te metas en la cama al final del día y cuando te despiertes solo por las mañanas, te acordarás de la que era tu pareja.

Te asustará tanto como desearás encontrártela. Verás cómo se desarrolla su vida desde la distancia, a través de fotos. Te aterrará pensar en el día en que te enteres de que está con alguien nuevo. Lo más duro de una ruptura es que hay que atravesarla. Y lo más difícil para tus seres queridos es que deben dejarte pasar por esto.

No es posible evitarlo: lo sentirás todo en cada célula de tu cuerpo porque debes desaprender lo que era estar con esa persona y aprender a disfrutar otra vez de la vida sin ella. Por esto, por este dolor, es por lo que tanta gente aguanta en una relación más de lo necesario.

La idea del *déjalos* no hará que esto sea más fácil, ni que duela menos.

Anne, mi psicóloga, tiene una regla para el desamor: no tengan contacto alguno durante treinta días. La razón es que un contacto de cualquier tipo —ver una foto, escuchar su voz— activa los patrones recientes del sistema nervioso, lo que te hará dar un paso atrás en el proceso.

Esto es difícil y muy duro, y va a costarte al menos tres meses. Según las investigaciones, eso es lo que se tarda en superar el duelo de una ruptura. A las once semanas, el 71 por ciento de las personas se siente mejor. Utilízalo como punto de referencia, porque la realidad es que, sí, lo superarás. Puede que tardes once días, o puede que sean once semanas. Quizás incluso tardes un poco más. Pero lo superarás.

La teoría *Let Them* te ayudará a hacerlo, a aprender de ello, a ser más fuerte y a estar más conectado contigo mismo y con aquello que quieres y mereces. Pero para empezar tienes que permitirte atravesar el duelo.

Déjate sentirlo. *Déjate* llorar en la cama durante días. *Déjate* repetir la historia una y otra vez en tu cabeza. *Déjate* no tener contacto con la persona en concreto. *Déjate* estar triste, estar incluso en estado de depresión.

Todo este dolor es una respuesta sana ante un corazón roto. Y, cuando estés listo, hay un par de cosas basadas en la ciencia que te ayudarán a aceptar que la relación se ha terminado y que es hora de recoger los trozos de tu vida que queden y seguir adelante.

He aquí algunas recomendaciones para empezar a asentar tu sistema nervioso y superar esta ruptura de forma saludable. Porque no solo es el tiempo el que cura, sino lo que haces con él.

1. Adapta tu entorno a la ruptura.
Agarra todo lo que te recuerde a la que era tu pareja —camisetas, fotos, lo que sea— y quítalo de tu vista. Los patrones de esta persona están tan arraigados en tu cuerpo y mente que el simple hecho de ver algo que te recuerde a ella va a impedirte avanzar. No necesitas tirar ni quemar nada: simplemente mételo todo en una caja hasta que haya pasado tiempo. Y no olviden pedirle a su familia o a sus *roomies* que hagan lo mismo. Es un proceso de desaprendizaje para todos. Aún recuerdo lo que sentí al entrar a la aplicación de nuestro marco digital y pausar en cada foto de Sawyer y su novio. Cada una de esas fotos que borraba era un recordatorio doloroso de que el futuro que todos habíamos deseado nunca existiría. La teoría *Let Them* me ayudó a ceder el control, a confiar en la capacidad de nuestra hija para superar esto y a centrarme en apoyarla de una manera que le sirviera.

2. Dale un un nuevo *look* a tu dormitorio.
Seguramente hayan pasado juntos mucho tiempo en tu dormitorio, por lo que darle a este un lavado de cara te ayudará a entender que te encuentras en un nuevo capítulo de tu vida. Por ejemplo, pinta una pared o compra ese bonito papel tapiz autoadherible. O compra sábanas nuevas, o cambia de sitio los muebles. Ya verás cómo te ayuda.

3. Apóyate en amigos, hermanos, primos y compañeros de trabajo.
Al marcharse de tu vida, esta persona ha dejado un hueco que debes rellenar. Necesitas contar con apoyo, así que pide ayuda. No tengas vergüenza: todo el mundo ha sufrido por alguna ruptura y sabe lo horrible que puede llegar a ser. Pídeles a tus seres queridos que estén pendientes de ti y que te obliguen a dar un paseo o cenar juntos, cualquier cosa con tal de salir de casa.
4. Llena tu agenda de planes.
Busca qué eventos hay próximamente por tu zona y compra ya las entradas, para así obligarte a ir. Ve a visitar a alguien que viva fuera. Diles a tus amigos de hacer planes para no tener demasiado tiempo libre, pues estar distraído de verdad que ayuda. Nada es peor en una ruptura que una mente ociosa: si no te mantienes ocupado haciendo cosas, lo harás pensando en tu ex.
5. Escoge un reto que siempre hayas querido lograr.
Ya sea una montaña que siempre hayas querido escalar, un triatlón para el que nunca tenías tiempo de entrenar, una clase que llevas tiempo queriendo hacer o algo como aprender a tocar la guitarra, este es el momento. Elige un reto y ponte a ello para distraerte con algo que encima te haga sentirte orgulloso de ti mismo. No hay mejor sensación.
6. Hazte una y otra vez esta pregunta.
Si supieras que el verdadero amor de tu vida se encuentra justo al doblar la esquina y que esta ruptura te ha acercado más a él, ¿a qué dedicarías tus noches y fines de semana mientras estás soltero? Uno de los miedos más típicos cuando se atraviesa una ruptura es no encontrar nunca a nadie tan maravilloso como la persona con la que acabamos de romper y quedarnos solos el resto de la vida. Esto no es así. Decidir de forma intencional cómo queremos pasar el tiempo de soltería le indica a nuestro cerebro que sabemos que no estaremos solos para siempre, por lo que debemos aprovechar esta etapa.

Y una cosa más: no te pongas a dieta en venganza.

Es un gran error utilizar una ruptura como excusa para perder peso o matarse en el gimnasio o hacer cualquier cosa que nos vuelva más atractivos con la intención de recuperar a nuestra expareja o de restregarle por la cara lo bueno que estás. En serio, no lo hagas. Lo único que dejas claro con esta conducta es que sigues persiguiendo a tu ex, es decir, que sigue siendo una parte imprescindible de tu motivación y de tu día a día.

Si quieres ir al gimnasio y ponerte en forma por ti, fantástico. Si quieres cuidarte más y priorizar hábitos saludables, genial. Pero no lo hagas por tu ex: hazlo por ti.

Y, sobre todo, date tiempo.

El tiempo no lo cura todo, sino aquello a lo que lo dedicas. Sin embargo, da igual lo ocupado que estés o lo bien que creas empezar a sentirte: hace falta tiempo para procesar lo ocurrido. Date tiempo, porque llevará tiempo. A veces incluso demasiado tiempo. Pero si te levantas cada día dispuesto a dar un pasito más, de repente una mañana te despertarás y te darás cuenta de que no solo te sientes mejor, sino que eres mejor.

TÚ ERES EL AMOR DE TU VIDA

Mientras atraviesas los retos del amor, las rupturas y todo lo intermedio, me parece importante que recuerdes esta verdad fundamental: una relación no te hace merecedor de amor, sino el simple hecho de existir. Desde que nacemos hasta que morimos nos pasamos la vida entera con una misma persona: nosotros mismos. El verdadero amor de tu vida eres tú.

A lo largo de este libro nos hemos centrado en las relaciones con los demás. En cómo dejar de pensar que los demás son el problema, en cómo convertir nuestras relaciones en una fuente de alegría, significado y conexión. Pero hay una relación que sustenta a todas las demás: la que tenemos con nosotros mismos.

Estés soltero, casado, teniendo citas o recuperándote de una ruptura, el poder de crear relaciones maravillosas habita siempre en ti. La teoría *Let Them* nos enseña a gestionar mejor las complejidades de las interacciones humanas, a dejar que los que nos rodean sean ellos mismos, a reclamar nuestro propio poder eligiendo cómo comportarnos. Sin embargo, ahora es momento de aplicar todo lo aprendido en la relación más importante que tendrás jamás: la que mantienes contigo mismo.

Déjalos ser ellos mismos, y por fin *déjate* ser tú.

Gracias a la teoría has descubierto que los demás pueden ser fuente de alegría, mejor salud, apoyo, amor y conexión, y que te mereces todo eso y más. Te mereces relaciones que te hagan mejorar, que nutran tu alma y que reflejen el amor y el respeto que te tienes a ti mismo. Pero, precisamente, aquí está la clave: la base de las buenas relaciones reside en cómo te tratas a ti mismo.

¿Respetas tus propios límites? ¿Te dedicas la misma compasión y amabilidad que les ofreces a los demás? ¿Te permites perseguir tus sueño sin esperar antes la aprobación ajena?

Eres la única persona con la que seguro que pasarás el resto de tu vida. Esto no es un cliché: es una realidad. Así pues, ¿qué clase de relación quieres tener contigo mismo? No voy a decirte que te quieras y punto, sino que me parece importante que entiendas que tienes elección: la de priorizar tus necesidades, tus deseos y tu propia felicidad.

Esto no significa que debas volverte un egocéntrico ni dejar de lado a los demás, sino que reconozcas que el amor, respeto y cuidado con que te tratas a ti mismo establecen la norma para el resto de las relaciones de tu vida. Cuando dejas de buscar la validación ajena y empiezas a honrarte a ti mismo, le mandas al mundo entero el poderosísimo mensaje de cómo mereces que te traten.

No necesitas que nadie te dé permiso para ser feliz, para perseguir tus pasiones, para expresarte o para vivir la vida con la que siempre has soñado. El único permiso que necesitas es el tuyo. Llevas demasiado tiempo esperando a que los demás te den lo que deseas recibir, ya sea amor, aceptación o aprobación, cuando la realidad es que todo lo que buscas empieza en ti.

La teoría *Let Them* no es solo una herramienta para gestionar mejor las relaciones con los demás: es una guía para saber tratarte a ti mismo con el amor, respeto y amabilidad que te mereces. *Déjalos* ser ellos mismos, pero, sobre todo, *déjate* serlo también tú.

Déjate priorizar tu propia felicidad.

Déjate perseguir tus sueños con pasión.

Déjate poner límites que protejan tu paz.

Déjate elegir las relaciones que te inspiren y hagan mejor persona.

Déjate quererte lo suficiente como para dejar aquellas que ya no funcionen.

No se trata de esperar a la pareja adecuada, al amigo adecuado, la oportunidad adecuada, sino de entender que tú mismo puedes ser la fuente de tu propia felicidad, tu realización, tu alegría. Cuando lo comprendes de verdad, todo lo demás encaja.

Así que, al pasar página y seguir con tu vida, recuerda que eres el amor de tu vida. Y que la vida que creas —llena de relaciones profundas, alegría y plenitud— comienza por cómo decides tratarte a ti mismo. *Déjate.*

VEAMOS QUÉ HEMOS APRENDIDO SOBRE EL AMOR QUE MERECEMOS

En este increíble viaje que estamos a punto de terminar has crecido, has descubierto el poder que tienes sobre tu vida y has aprendido que el amor que mereces habita en ti. Y en esta parte del libro en concreto has visto cómo mejorar tu actitud y elegir en qué relaciones deseas quedarte.

Hasta ahora has estado aceptando menos amor del que mereces. La teoría *Let Them* te empodera a reconocer tu valía, a dejar ir a aquellos que no te tratan bien y a centrarte en encontrar a alguien que sí lo haga.

1. **Problema**: aceptas menos amor del que mereces. Persigues gente que no desea comprometerse o que no te quiere como te gustaría, o te niegas a aceptar de verdad a la persona con la que estás y a quererla tal como es. Los demás no tienen poder sobre tus relaciones: lo tienes tú. Es hora de cambiar de actitud.
2. **Realidad**: las relaciones consisten en aprender a querer a la otra per-

sona por quien es, no por quién te gustaría que fuera. En la fase de las citas, esto significa dejar que los demás te revelen quiénes son a través de su comportamiento. Ya en una relación, significa aceptar a tu pareja tal como es, sin presionarla por no ser como tú quieres. También implica tener conversaciones incómodas y tomar decisiones difíciles cuando tu deseo de cómo te gustaría que fuera la otra persona pesa más que su verdadera personalidad.

3. **Solución**: la teoría *Let Them* nos enseña que es nuestra responsabilidad crear buenas relaciones, y que tu poder reside en tomarte el comportamiento ajeno al pie de la letra y cambiar tu actitud según la situación lo requiera. Es al abrirnos al amor que nos merecemos y al cambiar de actitud cuando alcanzamos un amor más profundo. Bienvenido a tu metamorfosis.

Al decirte «Déjalos», aceptas a la gente tal como es y entiendes que sus actos te muestran la verdad de lo que sienten. Al decirte «Déjate», decides el papel del amor en tu vida.

Deja de perseguir el amor y empieza a elegirlo.

CONCLUSIÓN

AQUÍ EMPIEZA TU ERA DE ATREVERTE A SOLTAR

Nos hemos pasado buena parte de este libro hablando de los demás: de sus opiniones, sus emociones y la forma en que sus acciones pueden molestarte, enojarte, frustrarte o decepcionarte. Pero este libro no va, en realidad, sobre lo ajeno: va sobre ti.

Si crees lo contrario es que no has entendido nada. Si sigues pensando que los demás son el problema, necesitas volver a leer el libro entero. La verdad es simple: TÚ tienes el poder y TÚ se lo has estado cediendo a otros.

Imagina que estás debajo de un cielo que cambia constantemente: a veces es azul, otras está lleno de nubes o tronando en plena tormenta. Da igual el tiempo y la energía que destines a intentar mantener el cielo despejado, esperando un sol infinito: al cielo no le importa lo que tú quieras. Será como tenga que ser, con o sin tu ayuda.

La revelación es la siguiente: su belleza no disminuye por culpa de las nubes ni de los rayos. De hecho, es esa mutabilidad, esa imprevisibilidad, la que lo hace verdaderamente magnífico. Las tormentas hacen que la calma brille más; las nubes hacen que el sol sea aún más bonito. Y lo mismo ocurre con la vida.

Llevas todo este tiempo intentando controlar lo incontrolable, forzar al mundo a cumplir tus expectativas. ¿Y si, en lugar de eso, te centras en el control que tienes sobre tu propia respuesta independientemente de lo que el mundo ponga en tu camino? No puedes cambiar el cielo, pero sí cómo te afecta. Da igual lo que ocurra a tu alrededor: siempre puedes decidir cómo responder a ello.

Tú decides si un comentario de un ser querido te afecta la autoestima o te entra por un oído y te sale por el otro. Tú decides si todas las malas citas que has tenido te hacen bajar el listón o volverte aún más exigente. Tú decides si el éxito ajeno te lleva a rendirte o te inspira a esforzarte todavía más.

Es sencillo: tienes poder sobre tus decisiones.

Esta revelación es como comprender por fin la verdadera naturaleza del cielo. Las nubes que una vez te frustraban ahora son parte de una obra de arte siempre cambiante. Las tormentas que antes te asustaban ahora son momentos de poder y belleza que te enseñan a ser resiliente y fuerte. Empiezas a ver la impredecibilidad del cielo como aquello que lo vuelve tan magnífico, tan fascinante.

Piénsalo durante un segundo. El cielo es como es: habrá nubes, se desatarán tormentas, brillará el sol... y todo ello pasará cuando tenga que pasar. No puedes controlarlo, pero sí puedes controlar tu respuesta. Puedes tomar un paraguas, bailar bajo la lluvia, perseguir los rayos de sol.

Las personas y las situaciones son como el tiempo: no puedes controlarlas, y esto es un hecho. No puedes controlar lo que piensan, lo que hacen, si te quieren o no, lo rápido que te atienden en la caja del súper.

Entonces ¿por qué demonios les darías ese nivel de control sobre ti? ¿Por qué les confiarías algo tan importante como tu autoestima, tu paz mental, tu felicidad y tus sueños a los caprichos y estados de ánimo de las personas que te rodean?

Al no usar la teoría *Let Them*, permites que te afecten las preocupaciones, inseguridades, acciones y opiniones ajenas. Al no asumir tu responsabilidad, dejas presas del azar las cosas que quieres en la vida.

Pregúntate (pregúntatelo de verdad): si toda la energía y el tiempo que malgastas resistiéndote a la realidad —deseando que las filas avancen más rápido, que alguien te responda un mensaje, que tu jefe reconozca tu buen trabajo; queriendo tener más amigos, caerle bien a todo el mundo, que tu familia te apoye en tus decisiones—, si todos esos pensamientos, sentimientos y momentos del día a día los dedicaras a algo que realmente te importara, ¿qué sería? ¿Dónde estarías? ¿Quién serías? ¿Qué estarías intentando conseguir?

ESE es el costo de no usar el *déjalos*.

Ahora piensa en todas las oportunidades perdidas: la gente a la que te gustaría haber conocido, la profesión en la que te habría encantado desarrollarte, la música que te habría gustado escuchar, el libro que nunca has escrito, la foto que nunca publicaste, el viaje que no hiciste, aquello que te daba miedo decir en voz alta, esa persona a la que no te atreviste a declararte.

ESE es el costo de no usar el *déjate*.

¿De verdad estás dispuesto a pagarlo? Yo tengo claro que no.

A todos nos encanta buscar excusas de por qué las personas que tienen lo que queremos son de alguna forma distintas a nosotros: nacieron en una familia rica, son más atractivas, han tenido una vida más fácil, o tienen mucha suerte.

Siento tener que decírtelo, pero todo eso son solo evasivas. No hay diferencias que de verdad importen entre tú y las personas que consiguen cosas extraordinarias. No son especiales.

Pero hay algo que seguro las diferencia: no dejan que el mundo que les rodea se interponga entre ellas y sus sueños. Han aprendido a aceptar el cielo tal como es y a seguir avanzando en pos de sus metas sin importar qué ocurra. En algún momento, se hartaron de preocuparse por lo que pensaban los demás y se obligaron a ponerse a trabajar. Y ahora se centran en levantarse cada día y una y otra vez demostrar a través de sus acciones que son dignas y merecedoras de la vida que desean.

Siempre que permites que el miedo a las opiniones ajenas, que el estrés por las amistades o que la preocupación por cómo reaccionará alguien te impidan hacer lo que quieres hacer —llamar a esa persona, llenar la solicitud, trabajar en esa idea de negocio que se te ha ocurrido o esforzarte en algo que te importa—, te estás frenando a ti mismo. Estás desperdiciando tu propio potencial. Estás ahí, congelado, mientras la vida fluye a tu alrededor.

Deja de malgastar el espacio de tu mente en un millón de pequeñas cosas sin importancia. Es momento de dedicar cada segundo de cada día a todas esas cosas maravillosas que sabes que eres capaz de conseguir.

Deja de permitir que el miedo a los juicios ajenos te paralice. Es hora de luchar por tus sueños con valentía, sin descanso y sin disculparte por ello.

Deja de actuar de puntillas con los demás por temor a sus reacciones. Es momento de proteger con firmeza tu propia paz.

Deja de permitir que el éxito ajeno te hunda. Es momento de ponerse a trabajar.

Deja de convertir tu vida social en la responsabilidad de los demás. Es hora de construir las mejores relaciones que has tenido nunca.

Deja de intentar cambiar a los demás cuando no quieren hacerlo. Es hora de dejar que los adultos sean adultos.

Deja de tratar de rescatar a aquellos que están atravesando un mal momento. Es hora de dejar que los demás libren sus propias batallas.

Deja de malgastar tu tiempo y energía intentando que alguien te quiera. Es hora de elegir el amor que te mereces.

Por fin es momento de reclamar tu poder y tu vida. Y la teoría *Let Them* es la clave.

Puedes tener la vida que siempre has querido. Puedes ser millonario, si eso es lo que de verdad deseas. Puedes vivir esa historia de amor con la que tanto has soñado y recorrer el camino profesional que más te reta y te hace sentirte realizado.

La pregunta es: ¿TÚ te permitirás hacerlo? Porque, si es así, nadie podrá detenerte. Tu vida depende de ti.

La parte más importante de la teoría *Let Them* es comprender que tú eres el responsable de tu propia felicidad, de la energía que transmites y de la actitud que eliges tener. Tú eres el responsable de levantarte cada día y esforzarte en progresar en aquello que te importa, así como de identificar precisamente qué te importa. Tú eres el responsable de ser sincero contigo y con los demás por muy difícil que resulte. Tú eres el responsable de tu vida. Nadie te debe nada, pero tú te lo debes todo a ti mismo.

Si no estás donde quieres estar, lo bueno es que es solo culpa tuya. Por lo tanto, basta con que decidas cambiar para hacerlo.

Has malgastado muchos años ya dejándote consumir por los demás, por sus sentimientos, pensamientos y acciones. Permite que este libro, pues, te haga despertar: tú mandas en tu vida. Y esta verdad no es una condena, sino una liberación.

¿Acaso no te parece increíble saber que los demás no pueden afectarte? ¿No te resulta liberador comprender que pueden decir y hacer lo que quieran, pueden burlarse, dudar, ser las personas más exitosas del planeta, sin que nada de ello te afecte si tú no quieres?

¿No es increíble que seas TÚ quien controla lo que piensas, dices y haces? ¿Que seas TÚ quien elige en qué invertir tu tiempo y energía, a qué dices «sí» y a qué dices «no»?

Recuperar tu poder significa reclamar la responsabilidad que tienes sobre tu propia vida. Significa pedirte más a ti mismo porque el tiempo corre y ya has malgastado demasiados minutos en preocuparte por cosas que no importan. Significa centrarte en aquello que puedes controlar y no dedicar más de un segundo a aquello que no.

Piensa de nuevo en el cielo. No importa lo que en él pase, no importa cómo cambie, tú eres quien decide cómo te afecta. Tú decides cómo responder, cómo actuar, cómo vivir. Las nubes, las tormentas, el sol: todos ellos tienen en ti su lugar, pero no te definen. Tú eres el único que puede elegir qué lo hace.

No quiero mentirte: este camino no es fácil. No empezarás a conseguir todo lo que te propongas solo por decirte «Déjalos». Si alguien te promete algo parecido, está mintiendo.

Pero sí puedes tener claro que recuperar tu poder es solo cuestión de tiempo. Tu profesión, tu relación con tu pareja, amigos y seres queridos, tu cuerpo, tus metas: todo eso y más estará ahora bajo tu control.

Así que bienvenido a tu era de atreverte a soltar.

Déjate empezar.

Déjate tomar riesgos.

Déjate escribir un libro.

Déjate ser honesto sobre lo que quieres.

Déjate ponerte en forma.

Déjate buscar el trabajo de tus sueños.

Déjate no malgastar tiempo y energía en gente que no te quiere como a ti te gustaría.

Déjate crear una vida mejor. Una vida que te enorgullezca, que te haga feliz. Una vida en la que uses tu tan valiosa energía para disfrutar de cada instante.

Este libro te ha demostrado que siempre has tenido y tienes control sobre ti, que siempre has tenido poder, siempre has estado al mando. Ahora es momento de demostrarlo.

Quiero que sepas que sea cual sea el sueño que tengas —da igual lo grande, loco, imposible o tonto que pueda parecer— estoy segura de que se encuentra a tu alcance. Si tú no confías en ti, déjame confiar en ti. Si no tienes claro si puedes lograrlo, déjame tenerlo claro por ti.

Y si no sabes por dónde empezar, déjame ayudarte a dar el primer paso. Por si nadie te lo ha dicho, quiero asegurarme de que lo escuches: te quiero, creo en ti y creo en tu capacidad de liberar toda la magia y la alegría que tu vida guarda en su interior.

Todo lo que necesitas es una palabra:

Déjate.

APÉNDICE

CÓMO APLICAR LA TEORÍA *LET THEM* EN LA CRIANZA DE LOS HIJOS

Una de las preguntas que más recibo es cómo aplicar la teoría *Let Them* en la crianza de los hijos. Seamos sinceros: si dejamos que los niños hagan lo que les apetezca, seguramente comerán helado a todas horas, no harán los deberes y evitarán cualquier cosa difícil o tediosa. Sin embargo, como madre he descubierto que cuando dejas que tus hijos sean ellos mismos, la relación entre ustedes mejora y se estrecha hasta un punto que parecía imposible.

Aunque este libro se centra en los adultos, la teoría *Let Them* es también una herramienta maravillosa a usar en la crianza, pues defiende el poder de conectar, apoyar y guiar en lugar de controlar. Después de todo, nuestro trabajo como padres consiste en guiar a nuestros hijos para que se conviertan en lo que están destinados a ser, es decir, *déjalos*.

Esto es tan importante que quería hacerlo bien, así que me puse en contacto con el doctor Stuart Ablon para que me ayudara a crear esta breve guía sobre cómo usar la teoría *Let Them* para padres, *coaches*, cuidadores, profesores o abuelos.

El doctor Ablon es un psicólogo galardonado que dirige el programa Think:Kids en el Hospital General de Massachusetts. También es profesor de Psiquiatría Infantil y Adolescente en la Facultad de Medicina de Harvard y uno de los principales expertos en cambio de conducta. Es autor de cuatro libros e imparte un enfoque práctico y a la vez revolucionario para entender y resolver mejor el comportamiento desafiante mientras desarrollas las habilidades necesarias para proteger la salud mental de tus hijos

Junto al doctor Ablon, he elaborado una guía especial llena de consejos prácticos sobre el uso de la teoría *Let Them* en la crianza. Porque ¿quién no quiere tener una relación increíble con sus hijos?

Puedes descargarla en <melrobbins.com/parenting>.

CÓMO APLICAR LA TEORÍA *LET THEM* EN EL TRABAJO EN EQUIPO

A lo largo de los años he podido colaborar con algunas de las empresas más grandes del mundo, como Starbucks, JPMorgan-Chase, Headspace, Audible y Ulta Beauty, entre otras. Una de las preguntas que más me hacen desde este tipo de compañías es: «¿Cómo puedo motivar a mi equipo?».

Ya sea que lideres un equipo ejecutivo, el turno de noche en un almacén, capacites a un nuevo empleado o intentes administrar un equipo de ligas menores, la respuesta es la misma. Todo se basa en cómo TÚ te desenvuelves en ese rol. Lo que da lugar a un buen equipo es un buen jefe. No es el tamaño del presupuesto, los beneficios o incluso el talento, es la persona que lidera el equipo. Un buen jefe puede liberar el potencial, el impulso, el compromiso y hacer que un equipo sea imparable. ¿Un mal jefe? Hacen lo contrario. Controla cada detalle, ahoga la creatividad, daña las relaciones y crea un entorno de trabajo tóxico donde nadie puede prosperar.

¿Y qué hace que un jefe sea bueno? Aquí es donde entra la teoría *Let Them.*

Puede que creas que es imposible dejar que los miembros de tu equipo hagan lo que les apetezca, pues necesitan alguien que los guíe. Es cierto, pero cuando controlamos cada detalle, corremos el riesgo de ahogar la creatividad, dañar las relaciones y crear un entorno de trabajo tóxico.

En otras palabras, un jefe controlador es un mal jefe.

La teoría *Let Them* te puede ayudar a encontrar el equilibrio adecuado, enseñándote a empoderar a tu equipo a la vez que le proporcionas la estructura que necesita para prosperar. Se trata de soltar el control sin abandonar tus responsabilidades. Y esto comienza contigo.

Para optimizar al máximo esta guía me apoyé en David Gerbitz, un experto en operaciones y liderazgo de primer nivel, con experiencia en algunas de las empresas más respetadas del mundo, para que me ayudara a escribir este capítulo. David es el exdirector de operaciones de Sirius XM/Pandora Media y ha ocupado otros puestos de liderazgo sénior en Amazon, Microsoft, Yahoo y Qurate y Retail Group.

Además, ¡es MI *coach*! Hemos trabajado juntos todo el último año. Creo que todo líder, sin importar su experiencia, puede beneficiarse de tener un *coach*, y yo no soy la excepción. David es extraordinario en lo que hace, no solo por su amplia experiencia en liderazgo operativo y ejecutivo, sino también por su profunda comprensión de lo que en verdad significa ser un líder.

Es por esto que le pedí a David que coescribiera esta guía conmigo. Juntos hemos recopilado estos conceptos para ti, porque compartimos la pasión y la convicción de que los buenos líderes crean un mundo mejor. Y cuando eliges liderar bajo la teoría *Let Them*, no solo construyes un equipo más fuerte, sino que te conviertes en una mejor versión de ti mismo.

Puedes descargarla en <melrobbins.com/work>.

DÉJENME DARLES LAS GRACIAS

A los millones de fans de mi pódcast y de mis redes sociales, ya me sigan o simplemente hayan compartido alguno de mis contenidos, ¡gracias! Si no fuera por ustedes, no podría hacer lo que más me gusta hacer en el mundo. Son la razón de que este libro exista. Su apoyo, pasión, cariño y, por supuesto, tatuajes me han inspirado a hacer algo que juré que nunca volvería a hacer: escribir otro libro. Gracias por ser una parte imprescindible de este increíble viaje. Gracias por ayudarme a crear la que creo que es la obra más importante que he escrito. Una cosa es cierta: este libro es tan suyo como mío. No puedo esperar a ver cómo los ayuda a mejorar su vida y sus relaciones. Merecen amor, alegría y paz, y la teoría *Let Them* puede ayudarles a lograrlo.

A todos los expertos que han aparecido en mi pódcast o en las páginas de este libro: gracias por subirse a un avión sin dudarlo y venir a Boston solo para hablar conmigo. He aprendido mucho de todos y cada uno de ustedes. Tanto si sus investigaciones aparecen en esta obra y su bibliografía como si no, quiero que sepan que conocerlos y hablar con ustedes me ha enseñado mucho y me ha ayudado a mejorar mi propia vida. En nombre de todos los lectores de este libro y de los oyentes de mi pódcast en 194 países, gracias. Gracias por su trabajo y por compartirlo con nosotros.

Sawyer, mi brillante hija, coinvestigadora, coescritora y copiloto: juraste que nunca trabajarías para tu madre, y aquí estamos. Me levanto cada día feliz de que me dijeras que sí cuando te pregunté si podías ayudarme con un «pequeño trabajo de investigación». Te zambulliste conmigo sin dudarlo. Para mí ha sido una de las mejores experiencias del mundo, no solo ser tu madre, sino también llegar a conocerte como compañera de trabajo. Te quiero muchísimo y me encanta trabajar contigo, a pesar de que sé que tienes que decirte todo el rato «Déjala».

Tracey, mi mano derecha, mi hemisferio derecho, la persona que me termina las frases y mi extraordinaria productora ejecutiva: ¿dónde estaría de no ser por ti? Perdida en el mar, seguro. Tú mantienes este barco a flote. Tu mejor cualidad es que no te he visto nunca con el ceño fruncido ni con actitud negativa. Gracias por traer siempre contigo el sol. Tras estos ocho años juntas, me siento afortunada por tu mano tranquila y firme, que nos ha guiado —y lo sigue haciendo— en esta salvaje aventura.

Susie: gracias por llenar mi escritura de risas e historias divertidas. Me haces una mejor escritora. Has llenado este proyecto de mucha profundidad y alma, y tu trabajo es una parte innegable del corazón que palpita en este libro. Eres maravillosa; esta obra no habría llegado muy lejos de no ser por ti. Estoy muy contenta de que nos haya unido y encantada de saber que esta relación no ha hecho más que empezar.

Juna: llegaste como un torbellino, impresionándome a diario con tus increíbles dotes de escritora. Tu capacidad para captar el lenguaje, la fuerza y el tono de este libro me parece extraordinaria. Fuiste esencial para dar forma a esta historia y convertirla en algo poderoso. ¡Y encima me encanta tu forma de pensar!

Lynne: ¿conocen ese sentimiento que surge cuando entra alguien nuevo en su vida y se dan cuenta de que había algo que faltaba en ella todo este tiempo? Esa es Lynne. Llegaste para cubrir una necesidad en mi vida, y solo al trabajar contigo he descubierto cómo es el verdadero apoyo y la verdadera excelencia. Has puesto el listón imposiblemente alto. No creo que pudiera hacer este trabajo sin ti. Ahora, por favor, deja el teléfono y apaga la laptop…, deja de trabajar… ¡y disfruta del fin de semana! Yo no me voy a ninguna parte, ni tú tampoco, así que descansa mientras puedas. <3

Cindy, nuestra ROCKSTAR en Crocs rosas y labial a juego, con el mejor acento de Boston que hayas oído nunca: te quiero con todo mi corazón. Desde el momento en que entraste en nuestra vida, la llenaste de risas y alegrías. Nunca pensé que a los 56 años conocería a una «madre anfitriona» (es el nombre que reciben las mujeres que cuidan de toda una hermandad). Eres tan parte de nuestra familia que a estas alturas Yolo y Homie se emocionan más de verte a ti que de verme a mí.

Amy & Jessie, los mejores de todo Vermont. Al principio nos unió lo mucho que ODIÁBAMOS este pueblo y el hecho de que no teníamos ni idea de qué hacer aquí. Que los cuatro nos mudáramos al mismo sitio no fue una coincidencia, sino una sincronía. En los últimos cuatro años hemos reído y llorado juntos, así como encarado cualquier obstáculo, gracias a una fría zambullida y una tarjeta cada vez (¡increíble Amy!). Y, de paso, hemos logrado emitir desde encima de nuestro garaje, en medio de ninguna parte, el pódcast de más rápido crecimiento de la historia. Hay algo mágico en conocer a dos de tus personas favoritas del mundo tan avanzada la vida. Tengo la sensación de que el capítulo que estamos empezando ahora va a ser el más épico hasta la fecha. Lo más sorprendente de todo es que ahora nos encanta vivir aquí.

Melody, nuestra editora, campeona de corrección de textos y compañera de moda de gafas chulas: gracias por gestionar con gracia mis muchos, muchísimos, retrasos de última hora. Siempre tienes lista una sonrisa, y te has asegurado al detalle de que este libro estuviera perfecto. Te debo una montaña de café y eterna gratitud.

Marc: ya sabes cuánto te adoro. No solo has hecho posible este libro, sino que también te has asegurado de que su mensaje llegara a lectores de todo el mundo. Eres el mejor, un genio a la hora de cerrar tratos y ayudarme a ser la primera autora en hacer las «cosas» que hacemos de una forma tan única (un secreto para todos). Siempre me sentiré agradecida de contar contigo. ;)

Christine, mi cuñada, socia, amante de los pastores australianos y mejor amiga: gracias por ser mi roca. Siento haber tenido tantas crisis mientras escribía este libro; me avergüenzo de todos los mensajes emocionales que te he enviado y de todas las noches en que me he desahogado contigo. Nadie en el mundo entero necesita la parte de esta obra dedicada a la gestión de emociones más que yo. Gracias por ser tan buena. Gracias por guiar nuestra empresa desde ser una compañía emergente fuera de control hasta un negocio de talla mundial. Estoy muy orgullosa de ti, de ser tu socia y de todo lo que hemos construido juntas. No podría haberlo conseguido sin saber que contaba contigo. Todavía me despierto cada día preguntándome cómo hemos podido lograr vivir de esto. Y siempre te escucho responder en mi mente: «Porque somos *b*tches* mágicas».

Chris: gracias por irte de acampada durante las semanas de maratón de escritura. Un libro no puede encuadernarse sin un lomo: eso eres tú para mí. Gracias por mantener unida a nuestra familia. Lo que más me gusta de la vida es poder pasarla contigo.

Kendall y Oakley: basándome en lo que han oído sobre lo agotador que ha sido escribir este libro, puedo imaginarme lo agradecidos que se sentirían de estar en la universidad y en Los Ángeles mientras Sawyer y yo nos enfrentábamos. Siempre me han apoyado en la persecución de mis sueños. Quiero que sepan que sea lo que sea que elijan hacer con su vida, los animaré en cada paso del camino.

Mamá y papá: mamá, creo que te corresponde a ti el mérito de haberme inculcado de pequeña el espíritu de la teoría *Let Them*. Mientras escribía este libro, no dejaba de pensar en ese cojín en el que me cosiste la frase: «Ponte los pantalones de niña grande y afronta la situación». Gracias a ambos por apoyarme sin reservas y por estar siempre ahí cuando los necesito. Sé que están orgullosos de mí y quiero que sepan que yo también lo estoy de ustedes, de su matrimonio y de la vida que han creado.

Anne: gracias por enseñarme a ser una mujer completa. No tengo palabras para describir el impacto que has tenido en mi vida, mi matrimonio y mi capacidad para liberar todo mi potencial. Te quiero.

David: siempre que necesito consejo, otro punto de vista, orientación, una carcajada o un buen *gin-tonic*, te tengo en marcación rápida. Gracias por enseñarme a ser una buena jefa y una mejor amiga. Christine y yo no estaríamos en ningún lado de no ser por ti, pero, sobre todo, ¡no querríamos! Te quiero.

Pete: gracias por una portada tan maravillosa. El diseño es todo lo que soñaba y más. Estoy segura de que he sido una gran molestia y agradezco tu paciencia con todo mi caos de última hora. Gracias por tu creatividad. Espero que te sientas tan orgulloso de tu trabajo como lo estoy yo.

Julie: ¿qué puedo decir? El diseño de las páginas de este libro transmite claridad y luz. Está perfecto. Has logrado que todo encaje y estoy encantada con el resultado. Gracias por tu esfuerzo y tu dedicación.

Lindsay: me cuesta mucho expresar con palabras cuánto aprecio tu apoyo incluso cuando no hay ningún libro nuevo que publicar. Gracias a ti he salido en el programa *Today*; siempre me envías muchas oportunidades. Eres inteligente y dedicada. Me hace mucha ilusión continuar este camino contigo.

A todo mi equipo: gracias por darnos a Sawyer y a mí el espacio para escribir este libro mientras ustedes producían dos episodios del pódcast a la semana, un programa de *coaching* de seis semanas, varias conferencias magistrales y un par de producciones para nuestros socios, entre otras muchas cosas. Son el mejor equipo del planeta. No podría haber logrado nada de esto sin su dedicación y trabajo en equipo.

Los tatuadores y todos aquellos que me han regalado sus historias a través del arte: son lo que me ha inspirado a escribir este libro. Ver despegar el concepto de «Déjalos» ha sido muy alentador. Todo esto empezó con ustedes. Les estaré eternamente agradecida por permitirme compartir con el mundo sus preciosos y significativos diseños.

Patty, Reid, Diane, Lizzi, Arya-Mehr, Marlene, Betsy, Kathleen y todo el equipo de Hay House: me encanta trabajar con ustedes. Es tanto lo que hacen que ni siquiera lo sé todo, así que gracias a todos los que han apoyado, leído, vendido y comercializado este libro. Hace falta un pueblo para sacar adelante un proyecto así. Es un honor para mí formar parte del suyo.

Compañeros de Audible: ¡GUAU!, llevamos trabajando juntos siete AÑOS: No puedo creer todo lo que hemos logrado. Incluso ahora, mientras termino estos agradecimientos y trabajamos en el audiolibro de esta obra, ya estamos sopesando una nueva producción original para Audible. Me siento muy agradecida de formar parte de la misión global de esta empresa. ¡Brindo por los siguientes trabajos juntos!

Align PR: son la primera agencia de relaciones públicas que he contratado jamás, y ha merecido mucho la pena. Me asombra la forma en que piensan, funcionan y sobresalen en su oficio. Me enorgullece contar con los mejores, y esos son USTEDES.

BIBLIOGRAFÍA

He volcado todo lo que tengo y lo que soy en este libro: mi corazón, mi alma y mis años de aprendizaje de la mano de los mejores expertos del mundo. La teoría *Let Them* se basa en la ciencia, la cual nunca deja de evolucionar, como tú y como yo. Lo que se encuentra en estas páginas es un inicio poderosísimo, pero siempre hay más por descubrir. Las conductas y relaciones humanas son fascinantes, y conforme se averigüe más sobre ellas, nuestra comprensión del tema no hará más que crecer. He listado las fuentes en orden alfabético para que a lo largo de la lectura pudieras centrarte en el panorama general y no en un mar de citas.

La teoría *Let Them* no consiste en aislar un estudio, sino en combinar las ideas más poderosas de la psicología, la neurociencia y el comportamiento humano en pos de un conocimiento transformador. Esta obra no es un libro de texto ni un artículo académico, sino una guía. Las fuentes citadas en las próximas páginas son solo un atisbo de las increíbles investigaciones que han terminado derivando en la teoría *Let Them*. Tu viaje no termina aquí, pues no ha hecho más que empezar.

«Exercising to Relax», *Harvard Health Publishing*, febrero de 2011. Disponible en: <https://www.health.harvard.edu/staying-healthy/exercising-to-relax>.

«How to Strengthen Relationships Between Parents and Adult Children», *American Psychological Association*, 18 de mayo de 2023. Disponible en: <https://www.apa.org/news/podcasts/speaking-of-psychology/parent-adult-children-relationships>.

«Self-Acceptance Could Be the Key to a Happier Life, Yet It's the Happy Habit Many People Practice the Least», *ScienceDaily*, University of Hertfordshire, 7 de marzo de 2014. Disponible en: <https://www.sciencedaily.com/releases/2014/03/140307111016.htm>.

Abbott, Alison, «New Theory of Dopamine's Role in Learning Could Help Explain Addiction», *Nature*, 9 de agosto de 2018. Disponible en: <https://www.nature.com/articles/d41586-018-05902-7>.

Alter, Adam, *Anatomy of a Breakthrough: How to Get Unstuck When It Matters Most*, Nueva York, Simon & Schuster, 2023.

Amabile, Teresa y Steven Kramer, *The Progress Principle: Using Small Wins to Ignite Joy, Engagement, and Creativity at Work*, Boston, MA: Harvard Business Review Press, 2011. En español: *El principio del progreso: La importancia de los pequeños logros para la motivación y la creatividad en el trabajo*, Grupo Carvajal, 2012

Amati, Valeria, *et al.*, «Social Relations and Life Satisfaction: The Role of Friends», *Genus* 74, n.º 1 (2018): págs. 1-18.

Aron, Arthur y Elaine N. Aron, «The Importance of Love and Commitment in Close Relationships», *Psychology of Relationships* 45 (2012): págs. 150-172.

Aurelio, Marco, *Meditations*, traducido por Gregory Hays, Nueva York, Penguin Classics, 2006. En español: *Meditaciones*, traducido por David Hernández de la Fuente, Editorial Arpa, 2023.

Bandura, Albert, «On the Functional Properties of Perceived Self-Efficacy Revisited», *Journal of Management* 38, n.º 1 (2012): págs. 9-44.

Barron, Helen C., *et al.*, «Unmasking Latent Inhibitory Connections in Human Cortex to Reveal Dormant Cortical Memories», *Neuron* 107, n.º 2 (2020): págs. 338-348. Disponible en: <https://www.sciencedirect.com/science/article/pii/S0896627320303470?dgcid=author>.

Baumeister, Roy F. y Mark R. Leary, «The Need to Belong: Desire for Interpersonal Attachments as a Fundamental Human Motivation», *Psychological Bulletin* 117, n.º 3 (1995): págs. 497-529.

Ben-Shahar, Tal, *Happier: Learn the Secrets to Daily Joy and Lasting Fulfillment*, Nueva York, McGraw-Hill, 2007. En español: *Más feliz, a pesar de todo: Cultivar la esperanza, la resiliencia y el propósito en tiempos difíciles*, traducido por Paula González Fernández, Barcelona, Alienta Editorial, 2022.

Bilyeu, Lisa, *Radical Confidence: 11 Lessons on How to Get the Relationship, Career, and Life You Want*, Nueva York, Simon and Schuster, 2024.

Bolte Taylor, Jill, *My Stroke of Insight: A Brain Scientist's Personal Journey*, Nueva York, Viking, 2008. En español: *Un ataque de lucidez*, Editorial Debate, 2009.

Bolte Taylor, Jill, *Whole Brain Living: The Anatomy of Choice and the Four Characters That Drive Our Life*, Nueva York, Hay House, 2021. En español: *Cerebro lúcido: Los cuatro personajes que hay en tu cerebro y cómo integrarlos para decidir quién quieres ser*, Gaia Ediciones, 2022.

Bolte, Annette, Thomas Goschke, y Julius Kuhl, «Emotion and Intuition», *Psychological Science* 14, n.° 5 (2003): págs. 416-421. Disponible en: <https://doi.org/10.1111/1467- 9280.01456>.

Brach, Tara, *Radical Acceptance: Embracing Your Life with the Heart of a Buddha*, Nueva York, Bantam, 2004.

Brehm, Jack W. y Elizabeth A. Self, «The Intensity of Motivation», *Annual Review of Psychology* 40, n.° 1 (2009): págs. 109-131.

Brown, Brené, *Daring Greatly: How the Courage to Be Vulnerable Transforms the Way We Live, Love, Parent, and Lead*, Nueva York, Gotham, 2012. En español: *El poder de ser vulnerable: ¿Qué te atreverías a hacer si el miedo no te paralizara?*, traducido por Alicia Sánchez Millet, Urano, 2016.

Brown, Brené, *I Thought It Was Just Me (but It Isn't): Telling the Truth About Perfectionism, Inadequacy, and Power*, Nueva York, Gotham Books, 2008. En español: *Creía que solo me pasaba a mí, pero no es así: La reivindicación de la autenticidad, el coraje y el poder frente al perfeccionismo, la inadecuación y la vergüenza*, traducido por Nora Steinbrun, Gaia Ediciones, 2013.

Bryant, Erin, «Dopamine Affects How Brain Decides Whether Goal Is Worth Effort», *NIH Research Matters*, 17 de abril de 2017. Disponible en: <https://www.nih.gov/news-events/nih-research-matters/dopamine-affects -how-brain-decides-whether-goal-worth-effort>.

Buunk, Bram P. y Frederick x. Gibbons, «Social Comparison: The End of a Theory and the Emergence of a Field», *Organizational Behavior and Human Decision Processes* 102, n.° 1 (2007): págs. 3-21.

Buunk, Bram P., y Frederick x. Gibbons, «Social Comparison: The End of a Theory and the Emergence of a Field», *Perspectives on Psychological Science* 9, n.° 3 (2014): págs. 234-252.

Clark, C. y J. Greenberg, «Fear of Rejection and Sensitivity to Social Feedback: Implications for Mental Health», *Clinical Psychology Review* 84 (2021): pág. 101945.

Clark, Margaret S. y Edward P. Lemay, «Close Relationships and Well-Being: The Role of Compassionate Goals», *Social and Personality Psychology Compass* 4, n.° 5 (2010): págs. 289-301.

Collins, R. L., «For Better or Worse: The Impact of Upward Social Comparison on Self-Evaluations», *Psychological Bulletin* 119, n.° 1 (1996): págs. 51-69.

Conti, Paul, *Trauma: The Invisible Epidemic: How Trauma Works and How We Can Heal from It*, Nueva York, Sounds True, 2021. En español: *Trauma, la epidemia invisible*, Zenith, 2024.

Corcoran, Katja y Thomas Mussweiler, «Social Comparison and Rumination: Insights into the Motivational Impact of Others' Success», *Journal of Personality and Social Psychology* 103, n.° 4 (2012): págs. 712-727.

CRUM, ALIA J. y DEREK J. PHILLIPS, «Self-Fulfilling Prophecies, Placebo Effects, and the Social-Psychological Creation of Reality» en *Handbook of Social Psychology*, 2.ª ed., Springer, 2015.

CRUM, ALIA J. y ELLEN J. LANGER, «Mindset Matters: Exercise and the Placebo Effect», *Psychological Science* 18, n.º 2 (2010): págs. 165-171.

CSIKSZENTMIHALYI, MIHALY, *Flow: The Psychology of Optimal Experience*, Nueva York, Harper & Row, 1990. En español: *Fluir (flow): Una psicología de la felicidad*, traducido por Nuria López, Debolsillo, 2008.

CHRISTAKIS, NICHOLAS A. y JAMES H. FOWLER, *Connected: The Surprising Power of Our Social Networks and How They Shape Our Lives*, Nueva York, Little, Brown, 2011. En español: *Conectados: El sorprendente poder de las redes sociales y cómo nos afectan*, Madrid, Taurus Pensamiento, 2010.

DAMASIO, ANTONIO R., *Descartes' Error: Emotion, Reason, and the Human Brain*, Nueva York, Penguin Books, 1994. En español: *El error de Descartes*, traducido por Joandomènec Ros, Ediciones Destino, 2011.

DAMOUR, LISA, *The Emotional Lives of Teenagers: Raising Connected, Capable, and Compassionate Adolescents*, Londres, Atlantic Books, 2023.

DAMOUR, LISA, *Under Pressure: Confronting the Epidemic of Stress and Anxiety in Girls*, Londres, Atlantic Books, 2019.

DAMOUR, LISA, *Untangled: Guiding Teenage Girls Through the Seven Transitions into Adulthood*, Londres, Atlantic Books Ltd., 2016. En español: *Desenredadas: Una guía para comprender y acompañar a las adolescentes en las siete fases clave hacia la edad adulta*, traducido por Remedios Diéguez Diéguez, Ediciones Paidós, 2024.

DAVIDSON, RICHARD J. y SHARON BEGLEY, *The Emotional Life of Your Brain*, Nueva York, Plume, 2012. En español: *El perfil emocional de tu cerebro*, traducido por Ferran Meler Ortí, Ediciones Destino, 2012.

DAY, KRISTEN, CORINNE CARREON y CAITLIN STUMP, «The Influence of the Physical Environment on Health Behavior: Implications for Cancer Survivorship», *Public Health Reports* 126 (2011): págs. 112-121.

DEMIR, MELIKŞAH, *et al.*, «Friendships, Psychological Well-Being, and Happiness: A Study on the Role of Socialization Goals in Emerging Adulthood», *Journal of Happiness Studies* 16, n.º 6 (2015): págs. 1559-1574.

DIJKSTERHUIS, AP, *et al.*, «The Mechanisms of Social Comparison in Success and Failure Contexts», *Journal of Experimental Social Psychology* 46, n.º 6 (2010): págs. 923-929.

DUHIGG, CHARLES, *The Power of Habit: Why We Do What We Do in Life and Business*, Nueva York, Random House, 2014. En español: *El poder de los hábitos*, traducido por Wendolín Perla Torres, Vergara, 2019.

DUNBAR, ROBIN I. M., *How Many Friends Does One Person Need? Dunbar's Number and Other Evolutionary Quirks*, Cambridge, Harvard University Press, 2010. En español: *Amigos: El poder de nuestras relaciones más importantes*, traducido por Fernando Borrajo, Ediciones Paidós, 2023.

DUNNING, DAVID, «The Dunning-Kruger Effect: On Being Ignorant of One's Own Ignorance» en *Advances in Experimental Social Psychology*, vol. 44, editado por Mark P. Zanna, Elsevier, 2011: págs. 247-296.

DURVASULA, RAMANI, *It's Not You*, Nueva York, Post Hill Press, 2024.

DURVASULA, RAMANI, *Should I Stay or Should I Go?: Surviving a Relationship with a Narcissist*, Nueva York, Post Hill Press, 2015. En español: *No eres tú: Identifica y sana tu relación con un narcisista*, Océano, 2024.

DWECK, CAROL S., *Mindset: The New Psychology of Success*, Nueva York, Random House, 2006. En español: *Mindset: La actitud del éxito*, traducido por Pedro Ruiz de Luna González, Editorial Sirio, 2016.

EAGLEMAN, DAVID, *Livewired: The Inside Story of the Ever-Changing Brain*, Nueva York, Pantheon Books, 2020. En español: *Una red viva: La historia interna de nuestro cerebro*, traducido por Damià Alou, Editorial Anagrama, 2024.

EKMAN, PAUL, «What Scientists Who Study Emotion Agree About», *Perspectives on Psychological Science* 11, n.º 1 (2016): págs. 31-34.

EPSTEIN, MARK, *Thoughts Without a Thinker: Psychotherapy from a Buddhist Perspective*, Nueva York, Basic Books, 1995. En español: *Pensamientos sin pensador*, Lumen Humanitas, 2013.

EVANS, GARY W., «The Built Environment and Mental Health», *Annual Review of Public Health* 29, n.º 1 (2011): págs. 403-416.

FERRISS, TIMOTHY, *Tools of Titans: The Tactics, Routines, and Habits of Billionaires, Icons, and World-Class Performers*, Boston, Houghton Mifflin Harcourt, 2017. En español: *Armas de titanes: Los secretos, trucos y costumbres de aquellos que han alcanzado el éxito*, traducido por Dulcinea Otero-piñeiro, Deusto, 2017.

FESTINGER, LEON, «A Theory of Social Comparison Processes: Retrospective and Contemporary Perspectives», *Organizational Behavior and Human Decision Processes* 123, n.º 2 (2012): págs. 100-121.

FINKEL, ELI J. y ROY F. BAUMEISTER, «Attachment and Marriage: New Developments in the Science of Close Relationships», *Advances in Experimental Social Psychology* 42 (2010): págs. 1-50.

FIORI, KATHERINE L., *et al.*, «Friendship Quality in Late Adulthood: The Role of Positive and Negative Social Exchanges in Well-Being», *Journal of Aging and Health* 32, n.º 3-4 (2020): págs. 163-176.

FISHBACH, AYELET y STACEY R. FINKELSTEIN., «How Positive and Negative Feedback Motivate Goal Pursuit», *Social and Personality Psychology Compass* 6, n.º 5 (2012): págs. 359-366.

FOGG, B. J., *Tiny Habits: The Small Changes That Change Everything*, Boston, Mariner Books, Houghton Mifflin Harcourt, 2020. En español: *Hábitos mínimos: Pequeños cambios que lo transforman todo*, traducido por Antonio P. Moya Valle, Urano, 2021.

FORD, MICHAEL E. y CLYDE W. NICHOLS, «A Framework for Explaining Social Cognitive Influences on Behavior» en *Advances in Experimental Social Psychology*, vol. 52, editado por Mark P. Zanna, Elsevier, 2015: págs. 193-246.

FRANKL, VIKTOR E., *Man's Search for Meaning*, Nueva York, Washington Square Press, 1985. En español: *El hombre en busca de sentido*, traducido por Alberto Ciria y Ana Schulz, Herder Editorial, 2024.

GALLAGHER, WINIFRED, *Rapt: Attention and the Focused Life*, Nueva York, Penguin Books, 2009. En español: *Atención plena: El poder de la concentración*, traducido por Victoria Simó Perales, Urano, 2010.

GALLO, AMY, SHAWN ACHOR, MICHELLE GIELAN y MONIQUE VALCOUR, «How Your Morning Mood Affects Your Whole Workday», *Harvard Business Review*, Harvard Business School Publishing, 5 de octubre de 2016. Disponible en: <https://hbr.org/2016/07/how-your-morning-mood-affects-your-whole-workday>.

GARRETT, NEIL y TALI SHAROT, «Updating Beliefs Under Perceived Threat», *Affective Brain Lab*, agosto de 2018. Disponible en: <https://affectivebrain.com/wp-content/uploads/2018/08/Updating-Beliefs-Under-Perceived-Threat.pdf>.

GARRETT, NEIL, *et al.*, «Updating Beliefs Under Perceived Threat», *Nature Neuroscience* 22, n.º 12 (2019): págs. 2066-2074. Disponible en: <https://affectivebrain.com/wp-content/uploads/2019/12/s41593-019-0549-2.pdf>.

GILBERT, PAUL, *The Compassionate Mind Workbook*, Londres, Robinson, 2010.

GILBERT, PAUL, *The Compassionate Mind: A New Approach to Facing Challenges*, Londres, Constable & Robinson, 2009. En español: *La mente compasiva: Una nueva forma de enfrentarse a los desafíos vitales*, traducido por Gema Moraleda Díaz, Editorial Eleftheria, 2018.

GOLDSTEIN, JOSEPH, *One Dharma: The Emerging Western Buddhism*, Nueva York, HarperCollins, 2003. En español: *Un único dharma: El emergente budismo occidental*, traducido por Fernando Pardo, La Liebre de Marzo, 2005.

GOTTMAN, JOHN M., *The Relationship Cure: A 5 Step Guide to Strengthening Your Marriage, Family, and Friendships*, Nueva York, Harmony Books, 2002.

GOTTMAN, JOHN M., y NAN SILVER., *The Seven Principles for Making Marriage Work: A Practical Guide from the Country's Foremost Relationship Expert*, Nueva York, Harmony Books, 2015. En español: *Siete reglas de oro para vivir en pareja: Un estudio exhaustivo sobre las relaciones y la convivencia*, traducido por Sonia Tapia Sánchez, Debolsillo, 2010.

GOTTMAN, JOHN, JULIE GOTTMAN y DOUG ABRAMS, *Eight Dates: Essential Conversations for a Lifetime of Love*, Nueva York, Workman Publishing, 2019. En español: *El secreto de las ocho citas: Conversaciones esenciales para una vida de amor*, traducido por Santiago del Rey Farrés, Roca Editorial, 2024.

GRANT, HEIDI y Carol S. Dweck, «Clarifying Achievement Goals and Their Impact», *Journal of Personality and Social Psychology* 85, n.º 3 (2009): págs. 541-553.

GREENFIELDBOYCE, NELL, «The Human Brain Never Stops Growing Neurons, a New Study Claims», *PBS NewsHour*, 25 de marzo de 2019. Disponible en: <https://www.pbs.org/newshour /science/the-human-brain-never-stops-growing-neurons-a-new-study-claims>.

Greitemeyer, Tobias, «Effects of Exposure to Others' Opinions on Social Influence: Mechanisms of Conformity, Compliance, and Obedience», *Psychological Bulletin* 135, n.° 6 (2009): págs. 895-915.

Grenny, Joseph, «4 Things to Do Before a Tough Conversation», *Harvard Business Review*, 22 de enero de 2019. Disponible en: <https://hbr.org/ 2019/01/4-things-to-do-before-a-tough-conversation>.

Gross, James J., y Ross A. Thompson, «Emotion Regulation: Conceptual Foundations» en *Handbook of Emotion Regulation*, 2.ª ed., editado por James J. Gross, Nueva York, Guilford Press, 2014: págs. 3-24.

Guell, Xavier, A. David G. Leslie y Jeremy D. Schmahmann., «Functional Topography of the Human Cerebellum: A Meta-Analysis of Neuroimaging Studies», *NeuroImage* 124 (2016): págs. 107-118. Disponible en: <https://www.ncbi.nlm.nih.gov/pmc/articles /PMC5789790/>.

Hall, Jeffrey A., «How Many Hours Does It Take to Make a Friend?», *Journal of Social and Personal Relationships* 36, n.° 4 (2019): págs. 1.278-1.296.

Hamm, Jill v., y Beverly S. Faircloth, «The Role of Friendship in Adolescents' Sense of School Belonging», *New Directions for Child and Adolescent Development* 2015, n.° 148 (2015): págs. 61-78.

Hartup, Willard W., y Nancy Stevens, «Friendships and Adaptation Across the Life Span», *Current Directions in Psychological Science* 8, n.° 3 (2011): págs. 76-79.

Hayes, Steven C., Kirk D. Strosahl y Kelly G. Wilson, *Acceptance and Commitment Therapy: An Experiential Approach to Behavior Change*, Nueva York, Guilford Press, 1999. En español: *Terapia de aceptación y compromiso: Proceso y práctica del cambio consciente (mindfulness)*, traducido por Ramiro Álvarez Fernández, Desclée de Brouwer, 2014.

Heckhausen, Jutta, «Developmental Regulation in Adulthood: Age-Normative and Sociocultural Constraints as Adaptive Challenges», *Psychology and Aging* 27, n.° 4 (2012): págs. 937-950.

Heckhausen, Jutta, y Heinz Heckhausen, eds., *Motivation and Action*, Cambridge, Cambridge University Press, 2009.

Hill, Sarah E., y David M. Buss, «Envy and Status in Social Groups: An Evolutionary Perspective on Competition and Collaboration», *Evolutionary Psychology* 8, n.° 3 (2010): págs. 345-368.

Hussey, Matthew, *Love Life: How to Raise Your Standards, Find Your Person, and Live Happily (No Matter What)*, Londres, HarperCollins UK, 2024.

Hyun, Jinshil, Martin J. Sliwinski y Joshua M. Smyth, «Waking Up on the Wrong Side of the Bed: The Effects of Stress Anticipation on Working Memory in Daily Life», *The Journals of Gerontology: Series B*, 2018. Disponible en: <https://doi.org/10.1093 /geronb/gby042>.

Insel, Thomas R., «The NIMH Research Domain Criteria (RDoC) Project: Precision Medicine for Psychiatry», *American Journal of Psychiatry* 171, n.º 4 (2014): págs. 395- 397. Disponible en: <https://www.ncbi.nlm.nih.gov/pmc/articles/PMC5854216/>.

Johnson, Colleen L., y Lillian E. Troll, «Friends and Aging: The Interplay of Intimacy and Distance», *Generations* 36, n.º 1 (2012): págs. 32-39.

Johnson, M. D., y Franz J. Neyer, «(Eventual) Stability and Change Across Partnerships», *Journal of Family Psychology* 33, n.º 6 (2019): págs. 711-721. Disponible en: <https://doi. org/10.1037/fam0000523>.

Kabat-Zinn, Jon, *Full Catastrophe Living: Using the Wisdom of Your Body and Mind to Face Stress, Pain, and Illness*, Nueva York, Delacorte Press, 1990. En español: *Vivir con plenitud las crisis: Cómo utilizar la sabiduría del cuerpo y de la mente para enfrentarnos al estrés, el dolor y la enfermedad*, traducido por David González Raga y González Sanvi, Editorial Kairós, 2016.

Kabat-Zinn, Jon, *Wherever You Go, There You Are: Mindfulness Meditation in Everyday Life*, Nueva York, Hachette Books, 2013. En español: *Mindfulness en la vida cotidiana: Donde quiera que vayas, ahí estás*, traducido por Meritxell Prat Castellà, Ediciones Paidós, 2022.

Kahneman, Daniel, *Thinking, Fast and Slow*, Nueva York, Farrar, Straus and Giroux, 2011. En español: *Pensar rápido, pensar despacio*, traducido por Joaquín Chamorro Mielke, Debate, 2012.

Kanfer, Ruth, y Gilad Chen, «Motivation in Organizational Behavior: Insights and Directions», *Organizational Behavior and Human Decision Processes* 136 (2016): págs. 121-133.

Kanojia, Alok, *How to Raise a Healthy Gamer: Break Bad Screen Habits, End Power Struggles, and Transform Your Relationship with Your Kids*, Londres, Pan Macmillan, 2024. En español: *Cómo criar a un gamer sano: Pon fin a las luchas de poder, acaba con los malos hábitos frente a las pantallas y transforma la relación con tus hijos*, traducido por Marta Valdivieso, Alienta Editorial, 2024.

Kaplan, Rachel, y Stephen Kaplan, *The Experience of Nature: A Psychological Perspective*, Ann Arbor, University of Michigan Press, 2011.

Koob, George F., y Nora D. Volkow, «Neurobiology of Addiction: A Neurocircuitry Analysis», *The Lancet Psychiatry* 3, n.º 8 (2016): págs. 760-773.

Kross, Ethan, y Ozlem Ayduk, «Self-Distancing: Theory, Research, and Current Directions», *Advances in Experimental Social Psychology* 55 (2017): págs. 81-136.

Kurth-Nelson, Zeb, *et al.*, «Computational Approaches to Neuroscience: Modeling Belief Updating Under Threat», *PLoS Computational Biology* 15, n.º 2 (2019). Disponible en: <https://journals.plos.org/ploscompbiol/article?id=10.1371/journal.pcbi.1007089#ack>.

La Guardia, Jennifer G., y Richard M. Ryan, *Self-Determination Theory: Basic Psychological Needs in Motivation, Development, and Wellness*, Nueva York, Guilford Press, 2013.

Lavy, Shiri, y Hadassah Littman-Ovadia, «The Effect of Love on Personal Growth and Self-Perception in Relationships», *Journal of Positive Psychology* 6, n.º 3 (2011): págs. 209-216.

LEARY, MARK R., y ROY F. BAUMEISTER, «The Nature and Function of Self-Esteem: Sociometer Theory» en *Advances in Experimental Social Psychology*, vol. 32, editado por Mark P. Zanna, Elsevier, 2012: págs. 1-62.

LEARY, MARK R., y ROY F. BAUMEISTER, «The Nature and Function of Self-Esteem: Sociometer Theory» en *Advances in Experimental Social Psychology*, vol. 32, editado por Mark P. Zanna, Nueva York, Academic Press, 1995: págs. 1-62.

LEDOUX, JOSEPH, *The Emotional Brain: The Mysterious Underpinnings of Emotional Life*, Nueva York, Simon & Schuster, 1996. En español: *El cerebro emocional*, Planeta, 1999.

LEVINE, PETER A., y GABOR MATÉ, *In an Unspoken Voice: How the Body Releases Trauma and Restores Goodness*, Berkeley, CA: North Atlantic Books, 2010. En español: *En una voz no hablada: Cómo el cuerpo se libera del trauma y restaura su bienestar*, traducido por Rosi Steudel, Gaia E diciones, 2021.

LEVITT, MARY J., *et al.*, «Close Relationships Across the Life Span», *Wiley Interdisciplinary Reviews: Cognitive Science* 2, n.° 1 (2011): págs. 1-12.

LEWINE, HOWARD E., M. D., «Understanding the Stress Response», *Harvard Health*, Harvard Medical School, 6 de julio de 2020. Disponible en: <https://www.health.harvard.edu/staying-healthy/understanding-the-stress-response>.

LUTHAR, SUNIYA S., y NATASHA L. KUMAR, «Friendship Quality, Social Skills, and Resilience in Adolescence», *Child Development* 89, n.° 3 (2018): págs. 876-890.

LYONS, SCOTT, *Addicted to Drama: Healing Dependency on Crisis and Chaos in Yourself and Others*, Nueva York, Hachette Go, 2023.

LYUBOMIRSKY, SONJA, *et al.*, «Why Are Some People Happier Than Others? The Role of Cognitive and Motivational Processes in Well-Being», *American Psychologist* 56, n.° 3 (2011): págs. 239-249.

MADDUX, JAMES E., *Self-Efficacy, Adaptation, and Adjustment: Theory, Research, and Application*, Springer, 2013.

MARGARET MEAD, citado en *The World Ahead: An Anthropologist Anticipates the Future*, editado por Ruth Nanda Anshen, Nueva York, Berghahn Books, 2000: pág. 24.

MARQUES, LUANA, *Bold Move: A 3-Step Plan to Transform Anxiety into Power*, Londres, Hachette UK, 2023. En español: *Vivir con audacia: 3 pasos para convertir la ansiedad en tu superpoder*, traducido por Eric Levit Mora, HarperCollins, 2023.

MARSH, HERBERT W., y John W. Parker, «Determinants of Student Self-Concept: Is It Better to Be a Relatively Large Fish in a Small Pond Even If You Don't Learn to Swim as Well?», *Journal of Personality and Social Psychology* 47, n.° 1 (1984): págs. 213-231.

MCGONIGAL, KELLY, *The Willpower Instinct*, Nueva York, Avery, 2012. En español: *Autocontrol*, traducido por Núria Martí Pérez, Books4pocket, 2016.

McPherson, Miller, Lynn Smith-Lovin y Matthew E. Brashears, «Social Isolation in America: Changes in Core Discussion Networks Over Two Decades», *American Sociological Review* 74, n.° 3 (2009): págs. 353-375.

Mikulincer, Mario, y Phillip R., Shaver. *Attachment in Adulthood: Structure, Dynamics, and Change*, 2.° ed., Nueva York, Guilford Press, 2016.

Miller, William R., y Stephen Rollnick, *Motivational Interviewing: Helping People Change*, 3.ª ed., Nueva York, Guilford Press, 2012. En español: *La entrevista motivacional: Ayudar a las personas a cambiar*, traducido por Montserrat Asensio Fernández, Ediciones Paidós, 2015.

Mineo, Liz, «Over Nearly 80 Years, Harvard Study Has Been Showing How to Live a Healthy and Happy Life», *Harvard Gazette*, 11 de abril de 2017. Disponible en: <https://news.harvard.edu/gazette/story/2017/04/over-nearly-80-years-harvard-study-has-been-showing-how-to-live-a-healthy-and-happy-life/>.

Mora, Florentina, Sergio Segovia y José R. Del Arco, «Aging, Stress, and the Hippocampus», *Aging Research Reviews* 11, n.° 2, (abril de 2012): págs. 123-129. Disponible en: <https:// pubmed.ncbi.nlm.nih.gov/23403892/>.

Morin, Alexandre J. S., y Christophe Maïano, «The Social Comparison Process and Its Implications for Goal Pursuit and Achievement Motivation», *Social and Personality Psychology Compass* 5, n.° 6 (2011): págs. 359-374.

Murray, Sandra L., y Jennifer L. Derrick, «The Power of Reassurance: How Emotional Security Impacts Commitment in Relationships», *Journal of Personality and Social Psychology* 100, n.° 4 (2011): págs. 575-592.

Murray, Sandra L., y John G. Holmes, *Interdependent Minds: The Dynamics of Close Relationships*, Nueva York, Guilford Press, 2013.

Mussweiler, Thomas, «Comparison Processes in Social Judgment: Mechanisms and Consequences», *Psychological Review* 109, n.° 3 (2012): págs. 472-489.

Neff, Kristin D., *Self-Compassion: The Proven Power of Being Kind to Yourself*, Nueva York, HarperCollins, 2011. En español: *Sé amable contigo mismo: El arte de la compasión hacia uno mismo*, traducido por Remedios Diéguez Diéguez, Ediciones Paidós, 2024.

Nerurkar, Aditi, *The 5 Resets: Rewire Your Brain and Body for Less Stress and More Resilience*, Londres, HarperCollins UK, 2024. En español: *Los 5 cambios antiestrés: Reconecta tu mente y tu cuerpo para una vida más relajada*, traducido por Remedios Diéguez Diéguez, Zenith, 2025.

Norbury, Agnes, y Raymond J. Dolan, «Anticipatory Neural Activity Predicts Attenuated Learning in Perceived Threat», *Nature Neuroscience* 22, n.° 3 (2019): págs. 437-448. Disponible en: <https://affectivebrain.com/wp-content /uploads/2020/01/41562_2019_793_OnlinePDF_2.pdf>.

Oettingen, Gabriele, Doris Mayer, A. Timur Sevincer, Elizabeth J. Stephens, Hyeon-ju Pak y Meike Hagenah, «Mental Contrasting and Goal Commitment: The Mediating Role of Energization», *Personality and Social*

Psychology Bulletin 35, n.º 5 (2009): págs. 608-22. Disponible en: <https://doi.org/10.1177/0146167208330856>.

Oettingen, Gabriele, Hyeon-ju Pak y Karoline Schnetter, «Self-Regulation of Goal-Setting: Turning Free Fantasies about the Future into Binding Goals», *Journal of Personality and Social Psychology* 80, n.º 5 (2001): págs. 736-753. Disponible en: <https://doi.org/10.1037/0022-3514.80.5.736>.

Oliver, Mary, «The Summer Day» en *New and Selected Poems*, 94, Boston, Beacon Press, 1992.

Oswald, Debra L., y Elizabeth M. Clark, «Best Friends Forever? High School Best Friendships and Adult Friendship Development», *Journal of Adolescence* 84 (2020): págs. 153-165.

Pilat, Dan, y Krastev, Sekoul M.D., «Why Do We Take Mental Shortcuts?», *The Decision Lab*, The Decision Lab, 27 de enero de 2021. Disponible en: <https://thedecisionlab.com /biases/heuristics/>.

Platt, Michael L., *et al.*, «Beyond Utility: Social and Biological Roots of Decision-Making in the Brain», *Nature Neuroscience* 19, n.º 10 (2016): págs. 1.303-1.310.

Porges, Stephen W., *The Polyvagal Theory: Neurophysiological Foundations of Emotions, Attachment, Communication, and Self-Regulation*, Nueva York, W. W. Norton & Company, 2011. En español: *La teoría polivagal: Fundamentos neurofisiológicos de las emociones, el apego, la comunicación y la autorregulación*, traducido por Miriam Ramos Morrison y González Váz, Pleyades, 2017.

Reeve, Johnmarshall, *Understanding Motivation and Emotion*, 7.ª ed., Nueva York, John Wiley & Sons, 2018. En español: *Motivación y emoción*, McGraw-Hill Interamericana de España, 2010.

Reis, Harry T., y Susan L. Gable, «Social Support and the Regulation of Personal Relationships», *Advances in Experimental Social Psychology* 52 (2015): págs. 201-245.

Robbins, Mel, entrevista con Aditi Nerurkar, *The Mel Robbins Podcast*, pódcast, 23 de mayo de 2024. Disponible en: <https://podcasts.apple.com/us/podcast/1-stress-doctor-5-tools-to-protect-your-brain-from/id1646101002?i=1000656467802>.

Robbins, Mel, entrevista con Alok Kanojia, *The Mel Robbins Podcast*, pódcast, 5 de junio de 2024. Disponible en: <https://podcasts.apple.com/us/podcast/the-mel-robbins-podcast/id1646101002?i=1000657879202>.

Robbins, Mel, entrevista con Alok Kanojia, *The Mel Robbins Podcast*, pódcast, 2 de septiembre de 2024. Disponible en: <https://podcasts.apple.com/us/podcast/the-mel-robbins-podcast/id1646101002?i=1000668009088>.

Robbins, Mel, entrevista con Lisa Bilyeu, *The Mel Robbins Podcast*, pódcast, 28 de marzo de 2024. Disponible en: <https://podcasts.apple.com/us/podcast/the-mel-robbins-podcast/id1646101002?i=1000650685813>.

Robbins, Mel, entrevista con Lisa Damour, *The Mel Robbins Podcast*, pódcast, 18 de mayo de 2023. Disponible en: <https://podcasts.apple.com/us/podcast/the-mel-robbins-podcast/id1646101002?i=1000613472370>.

ROBBINS, MEL, entrevista con Luana Marques, *The Mel Robbins Podcast*, pódcast, 20 de julio de 2023. Disponible en: <https://podcasts.apple.com/us/podcast/the-mel-robbins-podcast/id1646101002?i=1000621712441>.

ROBBINS, MEL, entrevista con Matthew Hussey, *The Mel Robbins Podcast*, pódcast, 27 de mayo de 2024. Disponible en: <https://podcasts.apple.com/us/podcast/the-mel-robbins-podcast/id1646101002?i=1000656851968>.

ROBBINS, MEL, entrevista con Robert Waldinger, *The Mel Robbins Podcast*, pódcast, 4 de abril de 2024. Disponible en: <https://podcasts.apple.com/us/podcast/the-mel-robbins-podcast/id1646101002?i=1000651381441>.

ROBBINS, MEL, entrevista con Sarah Jakes Roberts, *The Mel Robbins Podcast*, pódcast, 25 de julio de 2024. Disponible en: <https://podcasts.apple.com/us/podcast/the-mel-robbins-podcast/id1646101002?i=1000663279637>.

ROBBINS, MEL, *The 5 Second Rule: Transform Your Life, Work, and Confidence with Everyday Courage*, Brentwood, Savio Republic, 2017. En español: *El poder de los 5 segundos: Sé valiente en el día a día y transforma tu vida*, traducido por Aina Girbau Canet, Libros Cúpula, 2018.

ROBBINS, MEL, *The High 5 Habit*, Carlsbad, Hay House, 2021. En español: *1 hábito para cambiarte la vida: Cámbialo todo con un simple gesto*, traducido por Aina Girbau Canet, Libros Cúpula, 2022.

ROBERTS, SARAH JAKES, *Power Moves: Ignite Your Confidence and Become a Force*, Nashville, Thomas Nelson, 2024.

RUSBULT, CARYL E., y PAUL A. M. VAN LANGE, «Why Do Relationships Persist? The Role of Investment in Long-Term Commitment», *Psychological Science* 22, n.º 7 (2010): págs. 135-140.

RYAN, RICHARD M., y EDWARD L. DECI, «Promoting Self-Determined Relationships and Well-Being», *Educational Psychologist* 44, n.º 2 (2009): págs. 73-85.

SANGWAN, NEHA, *Powered by Me: From Burned Out to Fully Charged at Work and in Life*, Nueva York, Simon & Schuster, 2023.

SAPOLSKY, ROBERT M., *Why Zebras Don't Get Ulcers*, Nueva York, Henry Holt and Co., 2004. En español: *¿Por qué las cebras no tienen úlcera? La guía del estrés*, traducido por Celina González Serrano y Coll Rodrí, Alianza Editorial, 2008.

SCHORE, ALLAN N., *Affect Regulation and the Repair of the Self*, Nueva York, W. W. Norton & Company, 2003.

SCHWARTZ, BARRY, *The Paradox of Choice: Why More Is Less*, Nueva York, Harper Perennial, 2004.

SELIGMAN, MARTIN E. P., *Flourish: A Visionary New Understanding of Happiness and Well-Being*, Nueva York, Free Press, 2011. En español: *La vida que florece*, traducido por Mercè Diago Esteva y Debritto Cabeza, B de Bolsillo, 2011.

SELIGMAN, MARTIN, *Authentic Happiness: Using the New Positive Psychology to Realize Your Potential for Lasting Fulfillment*, Nueva York, Atria Paperback, 2013. En español: *La auténtica felicidad*, traducido por Mercè Diago Esteva y Debritto Cabeza, B de Bolsillo, 2011.

SÉNECA, *Letters from a Stoic*, traducido por Robin Campbell, Nueva York, Penguin Classics, 2004. En español: *Cartas de un estoico*, Penguin Clasicos, 2025.

SHAPIRO, RON, «How to Have Difficult Conversations Without Burning Bridges», *Harvard Business Review*, 15 de mayo de 2023. Disponible en: <https://hbr.org/2023/05/how-to-have-difficult-conversations-without-burning-bridges>.

SHAROT, TALI, *The Influential Mind: What the Brain Reveals About Our Power to Change Others*, Londres, Hachette UK, 2017.

SHAROT, TALI, *The Optimism Bias: A Tour of the Irrationally Positive Brain*, Nueva York, Vintage, 2011.

SHAROT, TALI, y CASS R. SUNSTEIN, *Look Again: The Power of Noticing What Was Always There*, Nueva York, Simon and Schuster, 2024.

SIEGEL, DANIEL J., *The Developing Mind: How Relationships and the Brain Interact to Shape Who We Are*, 2.º ed., Nueva York, Guilford Press, 2012. En español: *La mente en desarrollo: Cómo interactúan las relaciones y el cerebro para modelar nuestro ser*, traducido por Jasone Aldekoa Arana, Desclée de Brouwer, 2007.

SMITH, JAMES M., y NICHOLAS A. CHRISTAKIS, «Social Networks and Health», *Annual Review of Sociology* 36 (2010): págs. 435-457.

SPRECHER, SUSAN, y PAMELA C. REGAN, «The Importance of Friendship in Romantic Relationships», *Social and Personality Psychology Compass* 8, n.º 8 (2014): págs. 412-425.

SPRECHER, SUSAN, y PAMELA C. REGAN, «The Importance of Reciprocity and Self-Respect in Romantic Relationships», *Personal Relationships* 8, n.º 4 (2014): págs. 419-435.

SWART BIEBER, TARA, *The Source: The Secrets of the Universe, the Science of the Brain*, Londres, Vermilion, 2019. En español: *El principio: Transforma tu mente para atraer cosas buenas a tu vida*, traducido por Remedios Diéguez Diéguez, Zenith, 2021.

SWART, TARA B., «Impact of Cortisol on Social Stress and Health», *Journal of Neuroscience Research* 129, n.º 2 (2023): págs. 304-315.

TANNEN, DEBORAH, *You Just Don't Understand: Women and Men in Conversation*, Nueva York, HarperCollins, 2011.

TESSER, ABRAHAM, y RICHARD H. SMITH, «The Meaning of Success: The Social Psychology of Competition and Achievement», *Annual Review of Psychology* 65 (2014): págs. 519-546.

TOLLE, ECKHART, *The Power of Now: A Guide to Spiritual Enlightenment*, Vancouver, New World Library, 2004. En español: *El poder del ahora: Una guía para la iluminación espiritual*, traducido por Miguel Iribarren Berrade, Gaia Ediciones, 2007.

TSABARY, SHEFALI, *The Conscious Parent: Transforming Ourselves, Empowering Our Children*, Vancouver, Namaste Publishing, 2010. En español: *Padres y madres conscientes: Educar para crecer*, traducido por Joan Soler Chic, B de Bolsillo, 2024.

ULRICH, ROGER S., «Evidence-Based Health-Care Architecture», *The Lancet* 370, n.° 9597 (2011): págs. 139-140.

UPDEGRAFF, JOHN A., y SHELLEY E. TAYLOR, «From Vulnerability to Growth: The Influence of Successful Others on Personal Growth in the Face of Challenge», *Journal of Personality and Social Psychology* 102, n.° 5 (2013): págs. 936-948.

VAILLANT, GEORGE E., «Involuntary Coping Mechanisms: A Psychodynamic Perspective», *Harvard Review of Psychiatry* 19, n.° 3 (2011): págs. 148-152.

VAN BAVEL, JAY J., y DOMINIC J. PACKER, «The Power of Us: Intergroup Situations and Group-Based Persuasion», *Social and Personality Psychology Compass* 10, n.° 8 (2016): págs. 409-420.

VAN DER KOLK, BESSEL, ALEXANDER C. MCFARLANE y LARS WEISÆTH, eds., *Traumatic Stress: The Effects of Overwhelming Experience on Mind, Body, and Society*, Nueva York, Guilford Press, 2007.

VAN DER KOLK, BESSEL, *The Body Keeps the Score: Brain, Mind, and Body in the Healing of Trauma*, Nueva York, Viking, 2014. En español: *El cuerpo lleva la cuenta: Cerebro, mente y cuerpo en la superación del trauma*, traducido por Montserrat Foz Casals, Editorial Eleftheria, 2023.

VAN DIJK, WILCO W., y MARCEL ZEELENBERG, «The Paradox of Envy: Comparing Ourselves with Better-Off Others May Cause Personal Growth», *Journal of Personality and Social Psychology* 86, n.° 2 (2014): págs. 192-203.

VOGEL, E. A., J. P. ROSE, L. R. ROBERTS y K. ECKLES, «Social Comparison, Social Media, and Self-Esteem», *Psychology of Popular Media Culture* 3, n.° 4 (2014): págs. 206-222. Disponible en: <https://doi.org/10.1037/ppm0000047>.

VOHS, KATHLEEN D., *et al.*, «Decision Fatigue Exhausts Self-Regulatory Resources— But So Does Accommodating to Unrealistic Social Expectations», *Journal of Personality and Social Psychology* 104, n.° 6 (2014): págs. 940-950.

VOHS, KATHLEEN D., y ROY F. BAUMEISTER, eds., *Handbook of Self-Regulation: Research, Theory, and Applications*, 2.° ed., Nueva York, Guilford Publications, 2016.

WALDINGER, ROBERT, y MARC SCHULZ, *The Good Life: Lessons from the World's Longest Study on Happiness*, Nueva York, Random House, 2023. En español: *Una buena vida: El mayor estudio mundial para responder a la pregunta más importante de todas: ¿Qué nos hace felices?*, traducido por Gema Moraleda, Editorial Planeta, 2023.

White, Katherine, y Darrin R. Lehman, «Culture and Social Comparison Seeking: The Role of Self-Motives», *Personality and Social Psychology Bulletin* 31, n.° 2 (2005): págs. 232-242. Disponible en: <https://doi.org/10.1177/0146167204271326>.

Willis, Judy, «The Neuroscience behind Stress and Learning», *Nature Partner Journal Science of Learning*, Nature Publishing Group, 16 de octubre de 2016. Disponible en: <https://npjscilearncommunity.nature.com/posts/12735-the-neuroscience-behind-stress-and-learning>.

Willis, Judy, «What You Should Know About Your Brain», *Educational Leadership* 67, n.° 4 (enero de 2010).

Wiseman, Richard, *The Luck Factor*, Nueva York, Miramax Books, 2003.

Wood, Alex M., *et al.*, «The Role of Gratitude in the Development of Social Support, Stress, and Depression: Two Longitudinal Studies», *Journal of Research in Personality* 45, n.° 4 (2011): págs. 466-474.

Wood, Joanne v., y Abraham Tesser, «Ruminating on Unchangeable Success: Downward Social Comparison and Self-Improvement Strategies», *European Journal of Social Psychology* 41, n.° 4 (2011): págs. 387-396.

Wrzus, Cornelia, *et al.*, «Social Network Changes and Life Events Across the Life Span: A Meta-Analysis», *Psychological Bulletin* 139, n.° 1 (2013): págs. 53-80.

Zaki, Jamil, «Empathy: A Motivated Account», *Psychological Bulletin* 140, n.° 6 (2014): págs. 1608-1647.

Zaki, Jamil, *The War for Kindness: Building Empathy in a Fractured World*, Nueva York, Crown Publishing, 2019.

ACERCA DE LA AUTORA

Mel Robbins es autora de varios *bestsellers* de *The New York Times* y una experta de renombre mundial en actitud mental, motivación y creación de hábitos, cuyo trabajo ha sido traducido a 41 idiomas. Con millones de libros vendidos, siete títulos #1 en Audible y miles de millones de vistas en video, el impacto de Mel es verdaderamente global. Como presentadora de *The Mel Robbins Podcast*, uno de los más populares a nivel mundial, Mel empodera a oyentes de 194 países todos los días. Su empresa de medios, 143 Studios, produce contenido galardonado, eventos transformadores y programas de capacitación originales para clientes como Starbucks, JPMorgan Chase, LinkedIn, Headspace y Ulta Beauty. Conocida por su habilidad para simplificar temas complejos en acciones diarias prácticas, Mel Robbins ofrece su trabajo más poderoso y profundo hasta la fecha con *La teoría Let Them*.

melrobbins.com

CÓMO ESTAR EN CONTACTO CONMIGO

Si te ha gustado este libro, realmente te gustará:

Mi *newsletter*
Uno de los más populares del mundo: cada semana llega a las bandejas de entrada de más de dos millones de personas. Es íntimo, inspirador y está repleto de buenas ideas y consejos útiles.

Apúntate gratis en **melrobbins.com/newsletter**.

Mi pódcast
Según la revista *TIME*, ***The Mel Robbins Podcast*** «les aporta a los oyentes una razón para creer en ellos mismos». Es uno de los mejor valorados del mundo. Semanalmente se emiten nuevos episodios en todas las plataformas de pódcasts y en **youtube.com/melrobbins**.

Mis redes sociales
Puedes encontrarme en todas las redes sociales como **@melrobbins**.

Descubre más en melrobbins.com